AF320068

Cours et Méthode
d'Enseignement Moral
par
M. Vessiot

COURS ET MÉTHODE

D'ENSEIGNEMENT MORAL

D'ENSEIGNEMENT MORAL

PAR

M. VESSIOT

INSPECTEUR GÉNÉRAL HONORAIRE DE L'ENSEIGNEMENT
PRIMAIRE

PARIS

LIBRAIRIE CLASSIQUE EUGÈNE BELIN

BELIN FRÈRES

RUE DE VAUGIRARD, 52

1896

Tout exemplaire de cet ouvrage non revêtu de notre griffe sera réputé contrefait.

SAINT-CLOUD. — IMPRIMERIE BELIN FRÈRES.

PRÉFACE

S'il est un enseignement qu'il importe de graver profondément dans la mémoire, c'est assurément l'enseignement moral, puisqu'il fournit à l'enfant des règles de conduite pour le reste de sa vie. Comme le meilleur moyen d'en assurer l'intelligence et l'efficacité, c'est d'en varier les formes, nous donnons cet enseignement sous trois formes différentes : didactique, proverbiale, et narrative ou poétique.

Chacune de nos leçons contient donc :

1° Un *exposé* clair et succinct de la question;

2° Une série correspondante de *Maximes* ou *Pensées* qui la résument et la condensent;

3° Des *traits* ou *exemples* qui sont la mise en pratique de la leçon, ou des morceaux de poésie qui en reproduisent le fond sous une forme attrayante ou saisissante.

A ce triple enseignement nous avons ajouté un questionnaire qui permet au maître de s'assurer que la leçon a été comprise, et qui lui fournit l'occasion d'y ajouter les éclaircissements nécessaires.

Ainsi présentée successivement sous des aspects divers, une même leçon doit pénétrer plus avant dans les esprits et y laisser des traces plus durables.

Avant de lire ou faire lire l'exposé, le maître peut toujours, s'il le juge convenable, préparer l'esprit des élèves par un entretien familier sur la question

du jour. En effet, il n'en est pas de l'enseignement
moral comme des autres. Quand, par exemple, l'enfant commence à étudier l'histoire, il ne sait rien de
ce qu'on va lui enseigner ; tout autrement en est-il de
la morale : l'enfant en porte en lui-même le principe
et le fond. Par suite, il s'agit moins de lui enseigner
des choses entièrement nouvelles, que de lui éclaircir
des idées encore vagues et confuses et de développer
des sentiments que la nature a mis en lui et que
l'éducation domestique a déjà éveillés. Le maître
peut donc, à l'aide de quelques questions, mettre
en quête l'esprit de ses élèves, et leur faire trouver
par eux-mêmes les idées qu'ils auront plaisir ensuite
à retrouver dans l'exposé.

AUX ENFANTS DES ÉCOLES

La sainte loi.

Enfant, la sainte loi, c'est la loi du devoir,
Que ta raison proclame et que ton cœur devine ;
C'est l'astre rayonnant, la lumière divine,
Pour éclairer tes pas, ta force et ton vouloir.

C'est l'exemple sacré du père, qui le soir
Te rappelle la route où sa fierté chemine ;
C'est la voix du foyer que l'espoir illumine,
Où la paix du travail en chantant vient s'asseoir.

Enfant, la sainte loi, c'est, dans la lutte amère,
L'honneur de ta famille et l'amour de ta mère,
Gardant, comme un drapeau, la vertu des aïeux ;

C'est ton œuvre féconde et ta jeunesse pure,
Ta probité sans tache et ton front sans souillure,
Ta patrie adorée, et son nom glorieux !

Frédéric BATAILLE.

(28 octobre 1895.)

COURS ET MÉTHODE

D'ENSEIGNEMENT MORAL

CHAPITRE PREMIER

LA CONSCIENCE

PREMIÈRE LEÇON

La satisfaction morale et le remords.

EXPOSÉ

Quand on se conduit mal, on est mécontent de soi, on éprouve une sorte de malaise intérieur; et si l'on vient à commettre quelque faute grave, quelque mauvaise action, ce n'est pas seulement du mécontentement, du malaise qu'on ressent, mais une souffrance vive et cuisante qui s'appelle le *remords*.

Au contraire, lorsqu'on se conduit bien, on est content de soi, on éprouve une sorte de bien-être intérieur, de satisfaction intime; et si l'on a fait quelque bonne, quelque belle action, si l'on a accompli un acte de vertu, de dévouement, alors ce n'est plus seulement du bien-être, de la satisfaction qu'on éprouve, mais une jouissance exquise et pure.

De quelle nature sont cette souffrance et cette jouissance, qui sont la conséquence de nos actes? Ressemblent-elles à la douleur physique, au plaisir

1.

des sens ? Aucunement ; ce sont des souffrances et des jouissances de l'âme.

Mais toutes les joies et les douleurs de l'âme ne ressemblent pas à la satisfaction morale et au remords. Celles que nous causent des événements heureux ou malheureux, comme l'arrivée d'un ami longtemps attendu, la perte d'un parent, n'ont pas le même caractère, parce que les causes sont d'une nature différente ; les bonheurs et les malheurs ne sont pas des actions bonnes ou mauvaises, ils sont les effets du hasard ou de volontés étrangères à la nôtre, ils ne sont pas les conséquences de notre conduite.

Quelle est donc la puissance qui nous fait éprouver ces jouissances et ces souffrances morales d'un genre si particulier ?

C'est la conscience ; elle réside en nous comme un juge invisible, et, à chacune de nos actions, elle rend son jugement, nous blâme ou nous loue, nous punit ou nous récompense.

Dire d'un homme qu'*il a une bonne conscience,* qu'*il est en paix avec sa conscience,* qu'*il n'a rien sur la conscience,* que *sa conscience ne lui reproche rien,* etc., c'est dire qu'il obéit à sa conscience et qu'il se conduit bien. Par contre, en parlant d'un homme qui s'est mal conduit, on dira : *Il a une mauvaise conscience, il n'a pas la conscience tranquille, il a la conscience chargée,* etc.

Dans tous les hommes la conscience est la même, c'est-à-dire qu'elle juge leur conduite et la rémunère de la même manière ; mais entre les consciences, s'il n'y a pas de différences de nature, il y a des différences de degré. Celle d'un enfant ne peut être aussi développée que celle d'un homme ; celle de l'ignorant est d'ordinaire moins éclairée que celle d'un homme instruit. Le milieu où l'on vit, les mœurs publiques influent aussi sur le développement de la conscience ; mais c'est de notre conduite surtout qu'elle se ressent.

Une bonne conduite rend la conscience de plus en plus délicate ; au contraire, une mauvaise conduite la rend de moins en moins scrupuleuse. A mesure qu'on prend l'habitude du vice, la conscience s'émousse, elle s'endurcit, elle finit par devenir indifférente au mal et ne plus nous faire sentir de remords. Quand l'homme en est arrivé là, on dit de lui qu'*il n'a plus de conscience;* c'est comme si l'on disait qu'il a perdu la qualité d'homme ; car c'est par la conscience que l'homme diffère le plus de l'animal.

PENSÉES. — MAXIMES

1. La conscience est un juge invisible qui siège en nous et juge sans appel.

2. Les autres juges peuvent se tromper; la conscience est infaillible.

3. On peut échapper à la justice; on n'échappe pas à sa conscience.

4. Il n'est pire souffrance que le remords, parce qu'il nous force à penser sans cesse à nos fautes; il n'est plus douce récompense que la satisfaction morale, parce qu'elle nous rappelle nos bonnes actions.

5. Ce n'est pas le jugement d'autrui qu'il faut craindre, c'est celui de notre conscience.

6. Une bonne conscience adoucit toutes les peines; une mauvaise conscience empoisonne tous les plaisirs.

QUESTIONNAIRE

Quand l'homme a fait une mauvaise action, qu'éprouve-t-il ? — Quand il s'est bien conduit, que ressent-il ? — Les événements heureux ou malheureux produisent-ils en nous les mêmes effets ? — Pourquoi ? — Qu'est-ce que la conscience ? — Que signifient les expressions suivantes : *Il n'a rien sur la conscience; il a la conscience chargée ?* — La conscience n'est-elle pas semblable chez tous les hommes ? — Est-elle toujours aussi éclairée, aussi scrupuleuse ? — D'où proviennent ces différences ? — Qu'est-ce qui fait que la conscience s'émousse et s'endurcit ? — Qu'en concluez-vous ?

LECTURES. — **Le parricide.**

Un fils avait tué son père.
Ce crime affreux n'arrive guère
Chez les tigres, les ours; mais l'homme le commet.
Ce parricide eut l'art de cacher son forfait,
Nul ne le soupçonna : farouche et solitaire,
Il fuyait les humains et vivait dans les bois,
Espérant échapper aux remords comme aux lois.
Certain jour on le vit détruire à coups de pierre
    Un malheureux nid de moineaux.
    « Eh ! que vous ont fait ces oiseaux ?
Lui demande un passant : pourquoi tant de colère ?
    — Ce qu'ils m'ont fait ! répond le criminel :
Ces oisillons menteurs, que confonde le Ciel,
Me reprochent d'avoir assassiné mon père. »
Le passant le regarde : il se trouble, il pâlit;
    Sur son front son crime se lit :
Conduit devant le juge, il l'avoue, il l'expie.

    O des vertus dernière amie,
Toi qu'on voudrait en vain éviter ou tromper,
Conscience terrible, on ne peut t'échapper.
(FLORIAN.)

L'examen de conscience.

Mes amis, nous sommes tous enclins à critiquer les défauts des autres; nous ferions mieux de nous corriger de nos propres défauts. C'est ce que faisait le poète latin Horace.

C'est lui qui disait à son jardinier : « Voyons lequel de nous deux aura le plus tôt fait, toi d'arracher les mauvaises herbes de mon jardin ou moi de déraciner mes mauvais penchants?» Et, pour y réussir, il avait pris une bonne habitude, que vous ferez bien de prendre vous-mêmes et le plus tôt sera le meilleur; tous les jours, il passait un examen. Et quelle espèce d'examen? Voyons, devinez.

Les enfants avaient peine à comprendre quel examen un grand poète pouvait bien avoir à subir.

— C'est lui qui faisait les questions et c'est lui aussi qui y répondait; il s'examinait lui-même.

— Ah! je sais, dit le petit Pierre, c'est un examen de conscience.

— Précisément; écoutez-le.

« Quand je suis seul dans ma chambre, ou quand je me promène, je me dis : — Pourquoi t'es-tu mis en colère? (Horace était très vif, comme beaucoup d'entre vous.) Pourquoi as-tu blessé ton ami? — Mais il est trop médisant. — Et toi, es-tu donc sans défauts? Tu es bien sévère pour les autres et bien indulgent pour toi-même. »

C'est ainsi qu'il se corrigeait. Imitez-le, mes chers enfants, et le soir en vous couchant, ou si le sommeil vous gagne, le matin en vous levant, dites-vous aussi : « Voilà qui est mal, je ne le ferai plus; voici qui est bien, et je vais le faire. »

Pour nos enfants, page 135.
(Lecène et Cie, éditeurs.)

DEUXIÈME LEÇON

La voix de la conscience.

EXPOSÉ

. Nous savons que la conscience nous récompense ou nous punit selon que nous avons bien ou mal agi; mais une punition n'est juste qu'autant qu'on a fait le mal sciemment, et une récompense n'est méritée que si l'on a fait le bien volontairement. Aussi, avant que nous agissions, la conscience, qui est la justice même, commence-t-elle par nous faire distinguer le bien du mal; elle nous éclaire et nous avertit. Dès que l'idée d'une action se présente à notre esprit, au même instant cette action nous apparaît comme bonne ou mauvaise, de sorte que nous savons à quoi nous en tenir et que nous pouvons nous décider en pleine connaissance de cause.

Mais la conscience ne se borne pas à nous instruire; elle ne se contente pas de nous dire : *Ceci est bien, cela est mal*, elle ajoute : *Fais ceci, ne fais pas cela;* ce ne sont pas seulement des indications, des renseignements qu'elle nous donne, ni même des conseils plus ou moins pressants; ce sont des ordres formels : « Fais ceci, ne fais pas cela »; elle ordonne, elle défend.

Qui de nous n'a entendu au dedans de lui-même cette voix grave et sévère qui tour à tour nous instruit, nous dirige et nous juge, nous donne des avertissements, des ordres, ou nous adresse des reproches?

Quelle est donc cette voix? Est-ce la nôtre? Non; car, si c'était la nôtre, nous pourrions la faire parler au gré de nos désirs; nous pourrions la faire taire, quand elle nous importune et nous condamne. Or, lorsqu'elle s'élève, nous essaierions en vain de lui faire dire le contraire de ce qu'elle dit, ou de la réduire au silence. Elle n'est pas à nos ordres, elle ne nous obéit pas, elle nous commande; elle n'est pas au service de notre volonté; au contraire, elle a pour mission de l'éclairer et de la conduire. Elle parle à tous les hommes, et à tous elle tient le même langage; ce qu'elle ordonne ou défend aux uns, elle l'ordonne et le défend aux autres; grâce à elle, les hommes ont une morale commune, la même règle pour leur conduite, et les mêmes fondements pour leurs lois. Si grande est son autorité, que si l'on vient à nous donner des ordres contraires aux siens, c'est à elle que nous nous sentons tenus d'obéir; si grand est le prix de son approbation, que quiconque a pour lui sa conscience, peut se passer de l'approbation des hommes et vivre en paix avec lui-même.

La voix de la conscience n'est donc pas la nôtre, puisque nous ne pouvons rien sur elle, puisqu'elle parle à tous nos semblables comme à nous-mêmes et puisque aucune autorité n'est au-dessus de la sienne et ne peut prévaloir contre elle.

Elle n'est pas l'expression d'une volonté changeante comme la nôtre, mais d'une volonté immuable et souveraine ; elle est l'interprète de la volonté divine, qui se sert d'elle pour nous faire connaître nos devoirs. Il faut donc l'écouter avec respect, avec recueillement, avec soumission : il faut l'écouter avant d'agir pour suivre ses ordres, et, si l'on a eu le malheur de les enfreindre, il faut savoir écouter ses reproches et en profiter, au lieu de s'étourdir pour ne pas les entendre et pour se soustraire à un châtiment mérité.

PENSÉES. — MAXIMES

1. La raison nous fait discerner le vrai du faux; la conscience nous fait distinguer le bien du mal.

2. C'est peu de nous éclairer, la conscience nous dirige; à ses avertissements elle ajoute des ordres, aux ordres des arrêts.

3. La conscience est à la fois un guide, un maître, un juge.

4. Nous ne pouvons la fuir, car nous la portons avec nous.

5. Nous ne pouvons la réduire au silence, car elle commande et n'obéit pas.

6. En vain, pour ne pas l'entendre, on cherche à s'étour-

dir : cette voix du dedans domine tous les bruits du dehors.

7. Nulle autorité qu'elle ne surpasse : elle commande aux maîtres, aux esclaves, aux rois comme aux sujets.

8. Elle n'est pas l'expression de notre volonté changeante, mais l'interprète de la volonté immuable et souveraine; ses ordres sont nos devoirs.

QUESTIONNAIRE

Que faut-il pour qu'une action mérite récompense ou châtiment? — Quelle est la faculté qui nous fait distinguer le bien du mal? — La conscience se borne-t-elle à nous faire connaître le caractère des actions? — Pouvons-nous la faire parler à notre gré? — Pouvons-nous lui imposer silence? — Y a-t-il une autorité supérieure à la sienne? — Au nom de qui parle-t-elle? — Comment devons-nous nous conduire à son égard?

LECTURE. — **Le tilbury.**

Dans les villes, et surtout dans les grandes, il y a des voitures de tout genre : les omnibus, les tramways, les fiacres, les équipages, les charrettes et les chariots, les tilburys et les bogheys se serrent, se rasent, se croisent, se coupent; la plupart vont vite, trop vite, comme vous allez voir; clic, clac, hop, hop, hue, hue! et des cris et des jurons; c'est un vacarme à ne pas s'entendre. Si vous voulez traverser la rue, soyez prudents, choisissez le moment, et surtout ne tombez pas, vous courriez le risque de ne plus vous relever. Malheureusement il y a des boiteux, il y a des infirmes, il y a des vieillards, il y a des sourds, et c'est à quoi ceux qui conduisent ne songent pas assez souvent.

L'autre jour, j'allais à mes affaires, j'entends un cri de douleur. Je regarde : un vieillard gisait au milieu de la rue; le cheval d'un tilbury l'avait renversé; la roue lui avait passé sur le corps. On s'arrête, on s'attroupe, on entoure le vieillard, on crie après le cocher, on court après la voiture; mais la voiture était sourde ou faisait la sourde oreille et le cheval allait à fond de train.

Pendant qu'on relevait le vieillard et qu'on le portait chez le pharmacien, le tilbury courait, courait jusqu'à ce qu'enfin, se croyant assez loin, le conducteur modéra l'allure de son cheval. A mesure que celui-ci ralentissait le pas, et que la rue devenait moins bruyante, notre homme se mit à réfléchir, et dans le silence qui se faisait autour de lui, il commença à entendre une voix qui d'abord parlait doucement, mais qui, peu à peu, élevait le ton. Cette voix ne venait pas de la rue, où il n'y avait plus personne, elle venait de lui-même, c'était la voix de sa conscience; car c'est une chose bien singulière et pourtant bien certaine, que nous portons quelqu'un au dedans de nous, et ce quelqu'un-là, c'est à la fois notre conseiller, notre juge et notre maître. Donc la voix disait :

« Ce que tu fais est mal, très mal; lancer son cheval dans une rue qui est pleine, c'est une grande imprudence; renverser quelqu'un, c'est un malheur; mais lui passer sur le corps et se sauver ensuite, c'est une lâcheté, c'est un crime. Qu'as-tu à répondre ? »

Le coupable cherchait une excuse et ne la trouvait pas.

« Tu vas t'arrêter, » reprit la voix. Notre homme ne s'arrêta pas tout court, mais il mit son cheval au pas.

« Arrête, te dis-je, » fit la voix d'un ton impérieux et irrité.

Notre homme s'arrêta.

« Maintenant, tourne bride, et allons voir ce que tu as fait. »

L'homme ramena son cheval, mais lentement, si lentement que la voix reprit encore :

« Plus vite, plus vite ! Tu as fait le mal, tu dois tout faire, tout, pour le réparer; et puisse-t-il être réparable ! Qui sait si nous arriverons à temps? Qui sait si la victime de ton imprudence n'est pas mourante à cette heure? Hâtons-nous. »

Il en coûtait à l'imprudent de se montrer après sa fuite; mais sa conscience fut la plus forte et le ramena plus encore que son cheval auprès du vieillard.

Heureusement le mal était moins grand qu'il n'eût pu l'être; grâce à la légèreté de la voiture, la jambe du vieillard était meurtrie, mais non cassée. Le coupable se confondit en excuses, alla chercher un docteur, fit soigner le vieillard à ses frais; chaque jour il lui rendait visite et n'épargnait et ne négligeait rien pour se faire pardonner sa faute et pour la réparer. Il fut assez heureux pour y réussir.

Comme le vieillard était encore vert, il se rétablit, et comme il avait bon cœur, il pardonna.

Un jour, je l'aperçus dans le tilbury qui l'avait renversé, assis à côté de l'auteur de l'accident; le tilbury allait au pas.

Pour nos enfants.
(Lecène et Cie, éditeurs.)

TROISIÈME LEÇON

De la liberté morale ou libre arbitre.

EXPOSÉ

Quand nous faisons notre devoir, la conscience nous approuve, et le jugement de nos semblables s'accorde avec celui de notre conscience : personne ne blâme les hommes vertueux ; non seulement on les approuve, mais on les estime, on les aime, et parfois on les admire. Au contraire, on méprise les méchants, on les hait, et parfois on les abhorre. Voilà les sentiments qu'inspirent les *hommes* par leurs actions.

Il n'en est pas de même des *choses* : l'eau qui coule, le feu qui brûle, le vent qui souffle, ne provoquent ni éloge ni blâme, ni estime ni mépris, ni amour ni haine, ni admiration ni horreur ; c'est que les choses ne peuvent pas agir volontairement, elles sont soumises non à la *loi morale*, qu'on peut violer, mais à des *lois fatales*, qu'on ne peut pas enfreindre ;

elles n'ont ni intelligence pour comprendre, ni liberté pour choisir, ni volonté pour accomplir.

Les *animaux*, quelques-uns du moins, ont de l'intelligence, de la mémoire et de la volonté : mais ils n'ont ni le sentiment, ni l'idée du bien et du mal, c'est-à-dire qu'ils n'ont pas de conscience ; ils obéissent, non à la loi morale, mais à cette impulsion intérieure qu'on nomme *instinct*. Les animaux ne sont donc ni estimables, ni blâmables. Si on les bat, ce n'est pas parce qu'ils sont coupables et dignes de châtiment, c'est pour leur inspirer de la crainte et les empêcher de faire ce qui nous nuit ou nous déplaît. Un chien de chasse qui, mangeant la caille tuée par son maître, a reçu des coups, se rappelle le lieu, le moment, la cause ; il garde surtout le souvenir de la douleur, et ce souvenir fait qu'une autre fois il résiste à l'instinct.

Ainsi, ni les *choses* ni les *bêtes* ne sont innocentes ou coupables, dignes de récompense ou de châtiment, parce qu'elles n'ont pas même l'idée du devoir. Tout autrement en est-il de *l'homme :* l'homme sait, comprend, sent ce qu'il *doit* faire ; il connaît son devoir et *peut* l'accomplir ; en un mot, il est *libre*. Entre deux actions dont l'une est bonne et l'autre mauvaise, il peut *choisir ;* avant de se déterminer, il peut réfléchir ; sa détermination prise, il peut en changer ; l'action commencée, il peut s'arrêter ; c'est seulement quand l'action est consommée que sa liberté expire.

C'est parce que l'homme est libre qu'il encourt le blâme, le mépris, les châtiments ou qu'il mérite l'approbation, l'estime, les récompenses, qui sont, avec le remords ou la satisfaction intérieure, ce qu'on appelle *les sanctions* de la loi morale.

Un acte forcé ne peut donner ni satisfaction ni remords; un accident, un malheur, un bonheur causent de la peine ou de la joie, mais non des souffrances ou des jouissances morales, car ils ne sont pas des actes de notre volonté. Seuls, les actes *librement* et *volontairement* accomplis sont *méritoires*, seuls ils relèvent de la conscience.

PENSÉES. — MAXIMES

1. Les *choses* sont soumises à des lois fatales; les *bêtes*, à l'instinct; l'*homme*, à la loi morale, c'est-à-dire au devoir.

2. La *fatalité* contraint; l'*instinct* pousse; le *devoir* oblige sans contraindre.

3. Le meilleur usage que l'homme puisse faire de sa liberté, c'est d'obéir volontairement à la loi du devoir.

4. L'obéissance forcée est une souffrance, l'obéissance volontaire est un plaisir; l'une abaisse, l'autre ennoblit.

5. Pour obéir à la morale, il faut d'abord commander à ses passions.

QUESTIONNAIRE

Quels sentiments nous inspirent les actions des *hommes?* — En est-il de même des *choses?* — A quelles lois sont-elles soumises? — Ces lois peuvent-elles être violées? — En quoi les *animaux* diffèrent-ils des *hommes?* — A quoi obéissent-ils? — Sont-ils dignes d'estime ou de blâme? — Pourquoi les punit-on? — L'homme n'est-il pas *libre?* — Que signifie ce mot? — Quelles sont les conséquences de cette *liberté morale?* — Qu'entendez-vous par *sanctions* de la loi morale? — Quels sont, parmi nos actes, ceux qui sont *méritoires?*

LECTURES. — Le jambon volé.

Sur le devant d'une boutique s'étalait un jambon de fort belle apparence. Certain passant le voit, s'arrête, et, cédant à la tentation, le saisit et l'emporte en courant; mais il avait été vu.

«Au voleur! au voleur!» crie le charcutier, en s'élançant à sa poursuite.

Le charcutier était agile; il attrape le voleur, et lui arrachant le jambon :

« Pourquoi m'as-tu volé? crie-t-il.

— Je n'ai pas pu me retenir.

— Eh bien! ni moi non plus, je ne peux pas me retenir; » — et brandissant son lourd jambon, il en assène un coup terrible sur la tête du voleur qui chancelle et tombe.

La foule s'était rassemblée; la police accourt; on relève l'assommé, on arrête l'assommeur; on les met côte à côte dans la même voiture, le jambon près d'eux, un sergent en face; et les voilà partis pour le tribunal.

Arrivés devant le juge, chacun d'eux, pour se défendre, ne manqua pas de répondre : «C'était plus fort que moi : je n'ai pas pu me retenir. »

Mais le juge n'entendait pas de cette oreille.

« On peut toujours, dit-il, s'empêcher de mal faire; » — et, les condamnant tous les deux : « Vous apprendrez à vos dépens, vous, Monsieur le voleur, à respecter le bien d'autrui; vous, Monsieur l'assommeur, à ménager la vie des gens, et à ne pas vous faire justice à vous-même. »

Morale. — Si, pour justifier une action mauvaise, il suffisait de dire : « Je n'étais plus maître de moi, je n'ai pas pu me retenir, » il n'y aurait plus de coupables, mais le nombre des crimes irait toujours croissant.

A.V.

Xercès et la mer ou la liberté morale.

DIALOGUE

« Henri, avez-vous entendu parler de Xercès?

— Non, Monsieur, répondit Henri, qui parle presque toujours sans se donner le temps de réfléchir.

— Si, Monsieur, dit Georges : Xercès était un roi des Perses.

— Qui voulut soumettre la Grèce, — ajouta Jules.

— Et qui fut vaincu à Salamine, — acheva le maître.

Pour faire passer d'Asie en Europe son armée innombrable, il avait ordonné qu'on jetât un pont de bateaux sur l'Hellespont, qu'on appelle aujourd'hui... ?

— Le détroit des Dardanelles, dit Jules.

— Bien. Mais, une tempête ayant éclaté, la mer emporta le pont. Savez-vous ce que fit Xercès ?

— Il en fit faire un autre.

— Oui ; mais auparavant, pour se venger de la mer, il ordonna qu'on la battît de verges, et qu'on lui jetât des chaînes, et qu'on la marquât d'un fer chaud. Pourquoi riez-vous, Jules?

— C'est Xercès qui me fait rire.

— Et qu'a-t-il donc de si risible?

— C'est son idée d'aller battre la mer.

— Eh bien?

— Il était fou! dit Paul.

— Fou? c'est bientôt dit. J'ai vu un enfant, un étourdi, qui, s'étant heurté le front contre une porte, se mit à battre la pauvre porte à grands coups de pied, à grands coups de poing. Cet enfant, le connaîtriez-vous, Paul? »

Maître Paul baissa l'oreille.

« Cet enfant ressemblait à Xercès; mais il était excusable, n'étant qu'un enfant, et plus jeune que vous ne l'êtes aujourd'hui; quant à Xercès, homme fait, et, de plus, roi, c'est-à-dire conducteur d'hommes, il était inexcusable. Savez-vous pourquoi?

— C'est qu'un roi ne doit pas s'emporter.

— Ni les rois, ni les hommes, — répliqua le maître.

— C'est que cela ne sert à rien de battre la mer.

— A la bonne heure, ni la mer, ni les portes, ni une chose quelconque. Et pourquoi ?

— Parce qu'elles ne sentent rien.

— Sans doute, c'est peine perdue; mais n'y a-t-il pas une raison meilleure?

— Je ne vois pas.

— Quand vous punit-on ?

— Quand j'ai fait une faute.

— Eh bien ! est-ce que la mer était en faute ?

— Oh ! non, Monsieur : elle ne l'avait pas fait exprès.

— Pouvait-elle le faire exprès ?

— Comment l'eût-elle pu, n'ayant pas de volonté ?

— Pas de volonté, ni de liberté. Comme tout ce qui n'est que matière, la mer est soumise à des lois qu'on appelle fatales, parce que nul ne peut les enfreindre, parce que rien n'en peut empêcher l'accomplissement. C'est donc un acte déraisonnable de châtier des êtres qui, n'étant pas libres, ne sauraient ni bien ni mal faire. Mais Xercès était un despote, habitué à se faire obéir, enivré de sa toute-puissance, et qui, dans son aveugle orgueil, s'irritait de ne pas commander aux éléments, comme il commandait à ses sujets, véritables esclaves. Le châtiment suppose donc, dans ceux auxquels on l'inflige, le pouvoir d'obéir ou de désobéir, c'est-à-dire la liberté morale qu'on appelle aussi *libre arbitre*. Ce pouvoir, le possédez-vous ?

— Oui, Monsieur.

— Sans doute, car il vous arrive de désobéir. Vous êtes donc des êtres libres : aussi est-ce à bon droit qu'on vous punit, quand vous agissez mal, comme aussi c'est avec raison qu'on vous récompense, quand vous agissez bien. »

Contes à mes petits amis.

(Lecène et Cie, éditeurs.)

QUATRIÈME LEÇON

L'obligation morale ou devoir.

EXPOSÉ

Selon qu'une action est bonne ou mauvaise, la conscience nous ordonne de la faire ou de l'éviter ; et, aussitôt que la conscience parle, nous nous sentons tenus de l'écouter. Un homme en danger appelle-t-il au secours : va, dit la conscience, et en même temps nous nous sentons *obligés* d'obéir, obligés mais non *forcés;* c'est une obligation purement morale, et non une contrainte physique; la preuve, c'est que nous pouvons désobéir.

Cette obligation que nous sentons d'obéir aux ordres de la conscience, c'est-à-dire à la loi morale, c'est le *devoir.*

Toute loi suppose un législateur. Quel est l'auteur de la loi morale? Est-ce un roi? Est-ce un peuple? Non, car ni roi ni peuple n'aurait pu l'imposer à tous les hommes, et cependant tous les hommes reconnaissent cette loi; elle est universelle.

Les autres lois, civiles, politiques ou religieuses, diffèrent de peuple à peuple; la loi morale est la même partout.

Les autres lois changent sans cesse; la loi morale est *immuable.*

Les autres lois peuvent s'abroger; la loi morale est *indestructible.* Il ne dépend de nous ni de faire que ce qui est bien soit mal, ni d'anéantir l'idée du devoir et l'obligation qui en découle.

Si les hommes avaient établi la loi morale, ils pourraient la changer ou la supprimer comme les autres. Cette loi n'est donc pas d'origine humaine, mais d'origine divine.

La loi morale ou devoir n'est pas toujours facile à observer; car l'homme a de mauvais instincts qui le poussent à l'enfreindre; aussi faut-il que sa volonté soit soutenue par l'espoir des récompenses et par la crainte du châtiment. Cet ensemble de peines et de récompenses constitue ce qu'on appelle les *sanctions* de la loi. Elles sont de plusieurs genres.

D'abord la conscience nous récompense par la *satisfaction morale* et nous punit par le *remords;*

c'est la *sanction morale*. En second lieu, une bonne conduite nous vaut l'estime de nos semblables, tandis qu'une mauvaise conduite nous attire leur mépris; c'est la *sanction sociale*.

Ensuite, les délits sont punis par l'amende et la prison; les crimes par la prison et même par la mort; c'est la *sanction pénale*. Quant aux belles actions, elles sont souvent récompensées par l'Etat, par l'Académie, par des associations, et quelquefois par des particuliers.

Mais dans cette vie, tous les crimes ne sont pas châtiés, et parfois les criminels échappent à la justice. Il arrive même que la justice humaine se trompe et que l'innocent est puni. De plus, toutes les belles actions ne sont pas récompensées. Et cependant notre conscience et notre raison nous disent que toute bonne action mérite récompense, que tout crime mérite châtiment, et que l'innocent puni comme coupable a droit à un dédommagement. Voilà pourquoi l'immense majorité des hommes a toujours compté sur la justice divine pour réparer les injustices des hommes. C'est là l'origine de la croyance en une autre vie, croyance qui fait l'espoir et la consolation des opprimés et des malheureux dans ce monde.

MAXIMES. — PENSÉES

1. La loi morale commande sans contraindre; les lois physiques contraignent sans commander.

2. Le meilleur usage à faire de notre liberté, c'est d'obéir volontairement à la loi morale.

3. Si les hommes avaient fait la loi morale, ils pourraient la défaire.

4. Nous portons en nous notre maître; ce maître, c'est la conscience. Nous pouvons lui désobéir, mais nous ne pou-

vons ni étouffer sa voix, ni braver impunément sa puissance.

5. Ce que la justice humaine est impuissante à faire en ce monde, la justice divine l'accomplira dans l'autre.

QUESTIONNAIRE

Que nous ordonne la conscience? — Que nous défend-elle? — Quand la conscience parle, que se passe-t-il en nous? — Quelle différence y a-t-il entre l'*obligation morale* et la *contrainte*? — Comment nomme-t-on cette obligation d'obéir à la loi morale? — Une loi peut-elle se faire toute seule? — Quels sont les caractères des lois que font les hommes? — Pouvons-nous changer ou supprimer la loi morale? — Si les hommes pouvaient détruire cette loi, ne l'auraient-ils pas détruite? — Pourquoi? — Quelle est donc l'origine de la loi morale?

LECTURES. — Le devoir et le droit.

« Georges? qu'est-ce que faire son devoir?

— Monsieur, c'est faire ce qu'on doit.

— Nous sommes bien avancés; mais que doit-on faire?

— On doit faire son devoir.

— Voilà ce qui s'appelle tourner en cercle et sur place; pour réponse vous me donnez la question : le devoir consiste à faire ce qu'on doit, c'est-à-dire son devoir.

» Puisque la définition du devoir vous paraît difficile, allons aux exemples.

» Jacques bat son petit frère : fait-il bien?

— Non, Monsieur; il fait mal.

— Paul aide son père : fait-il mal?

— Non, monsieur; il fait bien.

— Jacques garde un écu qu'il a trouvé : fait-il bien?

— Non, Monsieur; il fait mal.

— Paul donne à un pauvre la moitié de son pain : fait-il mal?

— Non, Monsieur; il fait bien.

— Lequel des deux a rempli son devoir, Paul ou Jacques?

— Paul.

— En quoi donc consiste le devoir?

— A faire le bien.

— Nous y voilà ; est-ce tout ?

— Et à ne pas faire le mal.

— Est-il bien nécessaire d'ajouter cela ? qui fait l'un ne fait pas l'autre. Ecrivez donc votre définition :

« Faire son devoir, c'est faire ce qui est bien. »

— Pierre, qu'est-ce que le droit ?

— Monsi ar, je n'en sais rien.

— A la bonne heure ; cela m'apprendra à vous demander une définition au lieu de vous la faire faire. Je vais me corriger. Avez-vous le droit de prendre l'argent d'autrui ?

— Non, Monsieur.

— Avez-vous le droit de dépenser le vôtre ?

— Oui, Monsieur.

— Avez-vous le droit de le garder ?

— Oui, Monsieur.

— Vous pouvez donc à votre choix dépenser, ou garder, ou donner votre argent ; c'est votre droit.

— Sans doute.

— Vous pouvez être ou dépensier, ou économe, ou charitable : c'est votre droit ?

— Assurément.

— Est-ce également bien d'être économe ou dépensier?

— Il est mieux d'être économe.

— Est-ce aussi bien d'être économe que charitable ?

— Etre charitable vaut mieux.

— On peut donc, tout en usant de son droit, agir ou mal, ou bien, ou très bien.

— Prenons un autre exemple. Avez-vous le droit de parler ?

— Oh ! sans doute.

— Mais de la parole vous pouvez user plus ou moins bien, plus ou moins mal. — N'est-ce pas? il y a des enfants mal embouchés, il y en a de bavards, il y en a de médisants ; c'est leur droit de parler, pourtant.

— Oui, Monsieur.

— Toujours ?

— Non, Monsieur.

— Partout ?

— Non, Monsieur.

— Exemple?

— En classe, je n'ai pas le droit de parler, à moins que l'on ne m'interroge.

— Très bien; en classe, votre devoir est de garder le silence. Le droit n'est donc pas absolu; il ne peut s'exercer que sous certaines conditions; il a une limite.

— C'est vrai.

— Et cette limite, c'est...?

— Le devoir.

— Parfait. Ainsi c'est le devoir qui règle l'exercice du droit. Vous voyez donc combien grande est l'erreur de ceux qui placent le droit avant le devoir; autant mettre le guide derrière le voyageur. Mais, revenons à notre définition. Est-ce votre droit de faire du mal aux autres?

— Non, Monsieur.

— Et à vous-même?

— Non plus.

— Alors le droit consiste à faire ce qui ne nuit ni aux autres, ni à nous-mêmes, c'est-à-dire à faire...?

— Ce que le devoir permet, car on n'a jamais le droit de faire le mal. »

Le peuple du Gange.

Autrefois, sur les bords du Gange, vivait un peuple gouverné par des rois. Les rois sont comme les autres hommes; rarement ils se contentent du pouvoir qu'on leur a confié ou qu'ils ont usurpé, presque toujours ils travaillent à l'étendre. Ainsi firent les rois du Gange; mais, à force de prendre, ils finirent par lasser la patience de leurs sujets, qui les renversèrent et abolirent la royauté.

Détruire est facile et même, paraît-il, agréable. Mais quand la maison est à bas, il faut se mettre à reconstruire, car on ne tarde guère à s'apercevoir que la plus incommode de toutes les maisons vaut encore mieux qu'une caverne. Ainsi le plus mauvais gouvernement est préférable à l'anarchie; car, si un despote fait du mal, il en empêche encore davantage. En l'absence d'un maître, chacun devient un tyran pour ses semblables, et, au lieu d'avoir quelque chose à craindre d'un seul, l'on a tout à craindre de tous.

Nos gens l'apprirent à leurs dépens. Las du pillage et du meurtre : « Faisons des lois, dirent-ils, et vivons en paix sous ces lois. » On se réunit donc, on délibère.

Un des meilleurs, un des plus sages, un de ceux qui pendant l'anarchie s'étaient contentés de souffrir le mal sans le faire, demanda la parole et dit : « Vous voulez faire des lois ? est-ce bien nécessaire ? »

Un tel début surprit, venant d'un homme qui, plus que tout autre, avait eu à souffrir de l'absence des lois. Mais, sans se laisser émouvoir de l'étonnement qu'il causait : « Les lois, poursuivit-il, les lois existent. »

Ici, l'étonnement redoubla; car c'était chose notoire qu'il n'y avait jamais eu d'autre loi que la volonté du prince, et que, lui mort, la loi était morte avec lui.

« Les lois existent, reprit notre homme, et la preuve, c'est que plusieurs d'entre vous et moi-même qui vous parle n'avons pas cessé d'y obéir. »

Il se fit un silence général; chacun attendait l'explication de ce qui semblait une énigme; l'explication ne se fit pas attendre.

« Cet homme, — dit l'orateur, en désignant l'un des assistants, — cet homme a-t-il jamais commis un vol, un meurtre ? »

Tous les regards se tournèrent vers celui que montrait l'orateur : c'était un vieillard à l'air grave et doux. « A-t-il jamais fait du mal à aucun d'entre vous ?

— Non, c'est vrai, — firent les assistants.

— Ne l'avez-vous pas vu plus d'une fois secourir les pauvres, défendre les opprimés ?

— Il est vrai.

— Et ses enfants ne suivent-ils pas l'exemple de leur père ? Ne sont-ils pas, comme lui, bons et justes ?

— Nous le reconnaissons.

— Eh bien ! pensez-vous qu'en agissant ainsi, il n'ait pas obéi aux lois ? »

Les assistants se regardaient les uns les autres d'un air qui semblait dire : Il pourrait bien avoir raison ; mais où veut-il en venir ?

« Si le roi, que nous avons mis à mort, lui avait commandé un crime, croyez-vous qu'il eût obéi ?

— Non, sans doute.

— Il n'obéissait donc au prince qu'à une seule condition : c'est que le prince lui-même respecterait la loi.

— Mais quelle loi, puisqu'il n'y en avait pas ?

— Il n'y en avait pas ? Et pourquoi donc avez-vous frappé le prince ? N'est-ce point parce qu'il vous prenait vos biens, parce qu'il attentait à vos jours ?

— Sans doute.

— C'est-à-dire qu'il faisait ce qu'il n'avait pas le droit de faire ?

— Assurément.

— Et parce qu'il ne faisait pas ce qu'il avait le devoir de faire ?

— Oui.

— Et qu'est-ce donc qu'une loi, sinon une défense de faire certaines choses, une obligation d'en faire d'autres ? Il y avait donc une loi, puisque le prince la violait ; et si lui devait s'y soumettre, comment nous, ses sujets, pourrions-nous la méconnaître ? Elle n'est pas écrite, sans doute ; mais elle n'en existe pas moins. C'est à elle que notre vénérable concitoyen obéissait sous les rois ; c'est à elle qu'il obéit encore ; c'est en son nom que vous avez détruit la tyrannie ; c'est elle encore que vous invoquez, quand vous avez à vous plaindre de quelque violence. Ne la cherchez pas hors de vous ; rentrez en vous-mêmes, et vous l'y trouverez. Son nom est la justice ; son siège est la conscience, et son auteur est Dieu ; par elle, c'est lui qui vous parle et vous commande. Si vous étiez bien résolus à lui obéir, vous n'auriez pas besoin d'autres lois. Malheureusement il est des hommes qui se bouchent les oreilles pour ne pas entendre cette voix du dedans. A ceux-là il faut une voix menaçante qui du dehors leur crie : « Obéis, ou je frappe, » et qui frappe en effet les rebelles. Faisons donc, si vous le voulez, des lois écrites, des lois armées, qui, par la force et la crainte, mettent un terme à l'anarchie dont nous souffrons. Mais, sachez-le bien, ces lois, que vous allez faire, elles seront sans force et sans vertu, si vous n'êtes décidés d'abord à respecter la loi naturelle, dont les vôtres ne sauraient être qu'une traduction plus ou moins affaiblie. »

Quand il eut fini, l'assemblée demeura quelque temps silencieuse; on eût dit que chacun était descendu en soi-même. Après un moment de silence, on reprit la délibération. Il fut décidé qu'on ferait un code simple et court. Le vieillard au visage grave et doux fut chargé de le faire, et c'était justice, car il n'avait qu'à écrire ce qu'il s'était prescrit à lui-même.

Le peuple du Gange vécut longtemps heureux sous ces lois; malheureusement tout passe, et ce peuple n'est plus. On a retrouvé cependant, gravé sur une table de marbre, un article de son code; à en croire les paléographes, cet article serait ainsi conçu :

« Obéis à ta conscience, c'est la loi des lois. »

A. V.

CINQUIÈME LEÇON

De la responsabilité.

EXPOSÉ

Etant libres, nous sommes par là même responsables de nos actions, c'est-à-dire qu'on a le droit de nous en demander compte et de nous en attribuer les conséquences. C'est à nous que revient le mérite de nos bonnes actions, et c'est à nous à porter la peine des mauvaises. Si l'on punissait quelque autre des fautes que nous avons commises, ou si on récompensait quelque autre du bien que nous avons fait, nous crierions à l'injustice.

Toutes nos actions n'ont ni la même valeur, ni la même importance. Il en est d'indifférentes, il en est de bonnes et de mauvaises, il en est de très bonnes et de très mauvaises. Leurs conséquences sont en rapport avec leur importance : ainsi, parmi les mauvaises, les unes ne font de tort qu'à nous-mêmes, et l'on peut laisser à la conscience le soin de nous en punir; les autres, comme la calomnie, le vol, l'homicide, sont préjudiciables ou funestes à nos semblables, et la société ne peut les laisser impunies; car une société où le crime resterait impuni ne pourrait évidemment subsister. Mais la répression doit être juste, c'est-à-dire proportionnée à la culpabilité; or on est plus ou moins coupable selon qu'on est plus ou moins responsable : voyons donc ce qui peut accroître ou diminuer la responsabilité.

Un fou commet un meurtre; est-il coupable? Non, puisqu'il n'a pas sa raison. — Dans un accès de délire, un homme en tue un autre : est-il coupable ? Non, puisque le délire lui a ôté momentanément l'usage de sa raison; ni l'un ni l'autre ne sont responsables.

Un chasseur tire un chevreuil; il tue un de ses compagnons de chasse qu'il n'avait pas vu; il a été imprudent, il n'est pas criminel; il a commis un homicide par imprudence, mais non un meurtre.

Dans un accès de colère, un homme en frappe un autre d'un coup mortel; il est coupable, car il devait et pouvait résister à la colère. Si cependant sa colère était excusable, si, par exemple, il avait été insulté, provoqué, sa culpabilité est moindre, mais il n'est pas innocent.

Dans un moment d'ivresse, un homme commet un meurtre : il est coupable, car il dépendait de lui de ne pas s'enivrer. Il est plus coupable encore, si ce n'est pas accidentellement qu'il était en état d'ivresse, et s'il avait l'habitude de l'ivrognerie.

Un enfant, un jeune homme, un homme fait, commettent le même crime ; le premier est moins coupable, le second l'est davantage, le troisième l'est plus encore ; car avec l'âge la conscience s'éclaire et la volonté se fortifie.

De même si un ignorant et un homme instruit commettent le même crime, le second est plus coupable, parce que l'instruction nous fait mieux connaître et comprendre nos devoirs, et nous apprend à mieux user de notre liberté.

Ainsi la responsabilité a des degrés : elle croît et décroît selon que l'homme est plus ou moins libre, que sa conscience est plus ou moins éclairée. Nulle chez l'idiot ou le fou, elle peut être atténuée par l'âge, l'ignorance et les circonstances ; mais, que l'homme soit jeune ou vieux, ignorant ou instruit, poussé par une passion ou par une autre, du moment qu'il jouit de sa raison ou qu'il l'a troublée par sa faute, il est et demeure responsable.

PENSÉES. — MAXIMES

1. A chacun suivant ses œuvres.
2. Crime impuni, semence de crimes.
3. Chacun est responsable de ses actes.
4. C'est à celui qui fait le mal à le réparer.
5. Qui casse les verres, les paie, dit le proverbe.
6. La responsabilité naît avec la raison ; elle croît, décroît et s'éteint avec elle.
7. L'enfant qui n'a pas encore de raison, le fou qui n'en a plus, ne sont pas responsables.
8. Mais l'homme qui s'enivre, et, par sa faute, se prive

2.

momentanément de sa raison, celui-là demeure responsable des actes que l'ivresse lui fait commettre.

QUESTIONNAIRE

Que signifient ces mots : *L'homme est responsable de ses actions?* — Toutes nos actions ont-elles la même valeur? — Parmi les actions mauvaises, quelles sont celles que la société ne peut laisser impunies? — Que faut-il pour que la punition soit juste? — Qu'est-ce qui fait qu'un acte est plus ou moins coupable? — Un homicide par imprudence est-il un *crime?* — La colère peut-elle excuser un crime? — L'ivresse est-elle une excuse? — L'âge ne peut-il accroître ou diminuer la culpabilité? — Si un ignorant et un homme instruit commettent le même crime, sont-ils également coupables? — Qu'est-ce qui fait qu'un homme est plus ou moins responsable? — Quand l'est-il pleinement?

LECTURE. — Ce n'est pas moi!

CAUSERIE

Si nous revendiquons, et, du reste, à bon droit, l'honneur d'avoir fait quelque chose de bien, nous ne saurions, sans inconséquence, décliner la responsabilité du mal que nous avons pu faire. C'est pourtant ce qui arrive tous les jours. Les enfants ne sont que trop enclins à rejeter les uns sur les autres la responsabilité de leurs torts ou de leurs fautes. Prenons quelques exemples dans la vie scolaire.

Nous voici en classe; la leçon a commencé; un bruit se fait entendre : c'est une bille qui roule sur le plancher. A la question du maître : Qui a jeté cette bille? personne ne répond. Si le maître croit connaître ou deviner le coupable et qu'il l'interpelle directement, « Ce n'est pas moi », répondra plus d'une fois l'enfant mis en cause. C'est lui pourtant; il a donc menti, et, ce qui n'est pas moins blâmable, il a détourné sur un autre les soupçons du maître et peut-être la punition. Au total, un mensonge, une petite lâcheté, et, comme conséquence possible, une injustice involontaire; voilà le bilan de l'élève qui n'a pas eu le courage d'accepter la responsabilité de sa faute.

On sort de classe; un élève trop pressé pousse un de

ses camarades qui tombe et se fait mal. Cette fois, le coupable ne peut pas nier; on l'a vu, on l'a pris sur le fait. Mais il cherche une excuse : « Il ne l'a pas fait exprès », ou « Un autre l'avait poussé », etc.

Passons dans la rue; des enfants jouent ensemble : comme il arrive malheureusement, ils se lancent des pierres, jeu mauvais, jeu dangereux. Un passant est atteint à la tête; il est blessé, il saigne. Les enfants se sauvent; on court après eux; on attrape quelques fuyards; mais chacun de dire : « Ce n'est pas moi, ce n'est pas moi. » Il y a pourtant un coupable, et la faute est grave. Pour ma part, je connais une petite fille, qui, se trouvant dans le voisinage de ces terribles joueurs, a eu l'œil droit crevé d'un coup de pierre; elle avait quatre ans.

Nul assurément ne peut se flatter de n'avoir jamais commis ni un acte de légèreté, ni un acte d'imprudence, mais nul n'est excusable d'en décliner la responsabilité et surtout de la détourner sur un autre. Celui qui n'accepte pas la responsabilité des fautes qu'il a commises, celui-là n'a plus le droit de se plaindre si on conteste le mérite du bien qu'il a pu faire.

A. V.

SIXIÈME LEÇON

Dieu.

EXPOSÉ

Nous ne pouvons regarder une belle œuvre, tableau, statue, édifice, sans demander aussitôt le nom du peintre, du sculpteur, de l'architecte; nous ne pouvons lire un beau livre, un beau morceau de prose ou de poésie, sans désirer en connaître l'auteur; nous ne pouvons voir une machine ingénieuse sans vouloir qu'on nous dise le nom de l'inventeur.

Eh bien, il y a des spectacles plus beaux que toutes les œuvres humaines : ce sont les spectacles de la nature, la mer immense, la terre verdoyante, la voûte azurée, le ciel scintillant d'étoiles ; il y a une œuvre plus grandiose et plus parfaite que toutes les créations du génie de l'homme : c'est l'univers, avec l'innombrable armée de corps célestes, soleils, étoiles, planètes, comètes, qui le composent.

Nous ne pouvons contempler ces merveilles, sans que notre esprit s'élève vers l'Etre tout-puissant qui en est l'auteur, et que nos cœurs se remplissent à la fois d'admiration pour ses œuvres et de vénération pour lui.

Ce n'est pas seulement la grandeur et la beauté de l'univers qui nous frappent, c'est l'ordre et l'harmonie qui y règnent ; nous sentons, nous voyons que cet univers obéit à des lois immuables, et ces lois proclament leur auteur.

Si nous ramenons nos regards sur nous-mêmes, si nous observons ce prodigieux concert d'organes nombreux et divers dont notre corps se compose et qui y entretiennent le mouvement et la vie ; si nous songeons que ce corps, ses organes, ses sens, ses membres sont au service d'une volonté, et que cette volonté est éclairée par la raison, dirigée par la conscience, comment pourrions-nous admettre qu'un être si admirable soit un produit du hasard ?

Tout nous révèle donc l'existence et la puissance de Dieu ; l'univers, par sa beauté, sa grandeur, ses lois ; l'homme, par le merveilleux assemblage de ses organes, par sa raison, son intelligence, sa conscience, et par la loi morale gravée dans son cœur.

PENSÉES. — MAXIMES

1. Sans Dieu, le monde est une énigme.

2. Dieu parle à nos yeux par les spectacles de la nature; il parle à nos cœurs par la voix de la conscience.

3. L'âme meut le corps, et pourtant elle ne se voit pas; Dieu gouverne l'univers et demeure invisible.

4. Une morale sans Dieu, c'est une plante sans racine.

QUESTIONNAIRE

A la vue d'un chef-d'œuvre ou même d'une œuvre quelconque, quelle est la première question qui nous vient aux lèvres? — La vue de l'univers ne provoque-t-elle pas une question semblable? — Quels sentiments nous inspirent les beautés de la nature? — Que nous révèlent l'ordre et les lois qui règnent dans l'univers? — La perfection du corps humain, le jeu de nos organes, le concert de nos facultés n'éveillent-ils pas en nous la même pensée? — N'en est-il pas de même de la loi morale gravée dans notre cœur?

LECTURES. — Le sculpteur et l'enfant.

Un enfant regardait travailler son père; celui-ci mettait la dernière main à une statue merveilleusement sculptée.

L'enfant suivait d'un regard attentif les moindres mouvements du ciseau et semblait réfléchir. Profitant d'un moment où l'artiste s'était arrêté et faisait quelques pas en arrière pour mieux juger son œuvre :

« Père, — lui dit-il, — toi qui es si habile, tu devrais bien me faire une fleur comme celle-ci. » Et en parlant, il tendait au sculpteur une violette fraîchement cueillie.

Surpris par cette question, le sculpteur resta quelque temps les yeux sur l'enfant, l'air absorbé, sans rien dire. Il se faisait en lui comme un grand travail de pensée. Enfin sa figure s'éclaira, et comme s'il sortait d'un rêve et se retrouvait lui-même :

« C'est pourtant vrai! mon cher enfant, — s'écria-

t-il en prenant la violette, et en regardant tour à tour la
statue et la fleur; — c'est pourtant vrai! Le plus habile
ouvrier du monde ne saurait faire la plus simple des
fleurs; que dis-je? pas même un brin d'herbe, pas même
un grain de poussière ; il arrange, taille, polit, il ne crée
pas. »

Et prenant dans ses bras l'enfant tout surpris de l'émotion qu'il avait causée à son père :

« Merci, — lui dit-il en l'embrassant, — merci ; tu
m'as fait du bien. Au moment où je regardais mon œuvre
avec complaisance, presque avec orgueil, tu m'as rappelé
le grand ouvrier, le seul qui ait le pouvoir de donner la
vie à ses œuvres ; car les nôtres, à nous, n'en offrent
que l'image. »

Puis, posant l'enfant à terre, comme il le voyait tout
ému, il le prit par la main et l'emmena au jardin pour le
distraire, non toutefois sans donner un dernier regard à
sa statue. Chose étrange ! il lui sembla que sa statue
s'était animée et qu'elle le regardait en souriant d'un air
d'intelligence.

A. V.

Le tableau sans peintre.

ANECDOTE

Il y avait dans l'antiquité un peintre fameux nommé
Apelle (1).

Désireux d'atteindre à la perfection, il exposait ses
tableaux, et, se tenant caché derrière, il écoutait les passants.

Un jour qu'il avait exposé un véritable chef-d'œuvre,
voici ce qu'il entendit :

« De qui est ce tableau?

— D'Apelle.

— Où est-il, cet Apelle?

---

(1) Apelle vivait du temps d'Alexandre le Grand ; ses tableaux les plus
célèbres sont un portrait de ce prince, et une Vénus sortant des eaux.

— Je l'ignore. »

Apelle riait sous cape.

« Est-il en vie?

— Je ne sais.

— Pourquoi ne se fait-il pas voir?

— Je ne saurais vous le dire.

— Il devrait se montrer.

— Il vous montre son œuvre.

— Je veux voir l'ouvrier.

— Doutez-vous qu'il existe?

— Peut-être.

— Comment? un tableau sans peintre !

— Je ne crois qu'à ce que je vois, et encore !

— L'ami, il faut vous purger (1).

— Qu'est-ce à dire?

— Deux grains d'ellébore.

— Prenez en dix vous-même. »

L'autre allait répliquer et la conversation risquait de tourner en querelle, et peut-être en pugilat (2), quand un passant, le tirant par la manche, lui dit à l'oreille :

« Ne savez-vous pas à qui vous avez affaire? C'est un de ces gens qui doutent de tout, même de leur propre existence (3).

— Alors, tout s'explique, » dit l'autre; et, remerciant celui qui l'avait charitablement averti, il s'éloigna en haussant les épaules.

Quant à Apelle, il en rit encore, mais il continue à se tenir caché.

A. V.

Contes à mes petits amis.

(Lecène et Cie, éditeurs.)

---

(1) Voir La Fontaine, *le Lièvre et la Tortue*. Livre VI, fable x.

(2) Combat à coups de poing.

(3) Les folies ne datent pas d'aujourd'hui ; au quatrième siècle avant Jésus-Christ, le philosophe Pyrrhon enseignait à douter de tout. .

SEPTIÈME LEÇON

Devoirs envers Dieu.

EXPOSÉ

Le nom des personnes qu'on respecte et qu'on aime est, lui aussi, digne de respect. Ainsi le nom d'un père, d'une mère, d'un bienfaiteur, d'un grand homme, a quelque chose de sacré.

À plus forte raison le nom de Dieu qui est notre père à tous, qui est la bonté et la perfection même, doit-il être respecté, vénéré. Nous ne devons donc pas le prononcer à la légère, ni surtout en faire un usage sacrilège, comme le font ceux qui jurent grossièrement par ce nom sacré.

Il n'est pas de peuple qui ne reconnaisse l'existence de Dieu et ne lui rende hommage. Tous ont une religion. Ces religions diffèrent, il est vrai, par la forme et le culte ; mais, au fond, elles ont toutes le même objet.

Si imparfaite que soit une religion, elle mérite pourtant notre respect, parce qu'elle est un hommage rendu à la Divinité.

On entend par *culte* l'ensemble des manifestations extérieures du sentiment religieux. Chaque religion a son culte obligatoire.

Mais, en dehors des cultes particuliers aux diverses religions, il y a une manière commune à tous les peuples, à tous les hommes, d'honorer la Divinité : c'est de se soumettre à sa volonté.

Cette volonté, c'est la *loi morale*. Dieu nous la fait connaître par notre conscience et notre raison. Par elle, il nous apprend à distinguer le bien du mal, et nous ordonne de pratiquer l'un et d'éviter l'autre.

L'accomplissement de nos devoirs est le premier hommage à rendre à Dieu ; c'est aussi le meilleur, car les marques extérieures de respect ne sont qu'hypocrisie, si notre conduite est en contradiction avec elles.

La prière est aussi pour nous un devoir ; si souvent nous adressons des prières à nos parents, si nous les remercions de tout ce qu'ils font pour notre bonheur, à plus forte raison devons-nous adresser à Dieu, qui est notre père à tous, des prières et des actions de grâce.

PENSÉES. — MAXIMES

1. Le nom d'un être vénéré doit nous être vénérable.

2. Les religions sont comme des cours d'eau qui coulent en tous sens et découlent d'une source commune.

3. La meilleure prière est une bonne action.

4. L'âme se tourne vers Dieu comme les yeux vers la lumière, comme la fleur vers le soleil.

QUESTIONNAIRE

Ne respectez-vous pas le nom de votre père ? — N'est-il pas un autre nom qui a encore plus de droits à votre respect ? — Toutes les religions n'ont-elles pas, malgré leurs différences, une croyance commune, un fond commun ? — A ce titre, ne méritent-elles pas toutes le respect ? — Qu'entend-on par ce mot *culte* ? — N'y a-t-il pas, en dehors des pratiques des cultes, une manière d'honorer la Divinité ? — Comment se manifeste la volonté divine ? — Quel est le meilleur hommage à rendre à la Divinité ? — Ne devons-nous pas lui adresser aussi des prières et des actions de grâce ?

LECTURES. — **Vœux de l'enfant.**

O Père qu'adore mon père,
Toi qu'on ne nomme qu'à genoux,
Toi dont le nom terrible et doux
Fait courber le front de ma mère ;

Puisque tu réponds de si loin
Aux vœux que notre bouche adresse,
Je veux te demander sans cesse
Ce dont les autres ont besoin.

Mon Dieu, donne l'onde aux fontaines,
Donne la plume aux passereaux,
Et la laine aux petits agneaux,
Et l'ombre et la rosée aux plaines.

Donne aux malades la santé,
Au mendiant le pain qu'il pleure,
A l'orphelin une demeure,
Au prisonnier la liberté.

Donne une famille nombreuse
Au père qui craint le Seigneur ;
Donne à moi sagesse et bonheur
Pour que ma mère soit heureuse !

LAMARTINE.

La prière pour tous.

Ma fille, va prier ! — D'abord, surtout pour celle
Qui berça tant de nuits ta couche qui chancelle,
Pour celle qui te prit jeune âme dans le ciel,
Et qui te mit au monde, et depuis, tendre mère,
Faisant pour toi deux parts dans cette vie amère,
Toujours a bu l'absinthe et t'a laissé le miel !

Puis ensuite pour moi ! j'en ai plus besoin qu'elle ;
Elle est, ainsi que toi, bonne, simple et fidèle ;
Elle a le front limpide et le cœur satisfait.
Beaucoup ont sa pitié : nul ne lui fait envie ;
Sage et douce, elle prend patiemment la vie ;
Elle souffre le mal sans savoir qui le fait.

Va donc prier pour moi ! — Dis pour toute prière :
« Seigneur, Seigneur mon Dieu, vous êtes notre père,
Grâce, vous êtes bon ! grâce, vous êtes grand ! »
Laisse aller ta parole où ton âme l'envoie :

Ne t'inquiète pas, toute chose a sa voie,
Ne t'inquiète pas du chemin qu'elle prend.

> Prie encor pour tous ceux qui passent
> Sur cette terre de vivants !
> Pour ceux dont les sentiers s'effacent
> A tous les flots, à tous les vents !
> Pour l'insensé qui met sa joie
> Dans l'éclat d'un manteau de soie,
> Dans la vitesse d'un cheval !
> Pour quiconque souffre et travaille,
> Qu'il s'en revienne ou qu'il s'en aille,
> Qu'il fasse le bien ou le mal !
>
> Prie aussi pour ceux que recouvre
> La pierre du tombeau dormant,
> Noir précipice qui s'entr'ouvre
> Sous notre foule à tout moment.

A genoux ! à genoux ! à genoux sur la terre
Où ton père a son père, où ta mère a sa mère,
Où tout ce qui vécut dort d'un sommeil profond !
Abîme où la poussière est mêlée aux poussières,
Où sous son père encor on retrouve des pères,
Comme l'onde sous l'onde en une mer sans fond.

V. Hugo.

CHAPITRE II

LA FAMILLE

PREMIÈRE LEÇON

Devoirs des enfants envers leurs parents.

EXPOSÉ

Mes chers amis, vous savez ce que c'est qu'une mère; vous savez avec quelle tendresse elle veille sur vous depuis votre naissance, de quelle sollicitude elle vous entoure, comme elle vous soigne quand vous êtes malade, que de peines elle se donne, que de fatigues elle s'impose pour que rien ne vous manque et pour que vous soyez heureux.

Vous savez aussi combien votre père vous aime, et comme il travaille du matin au soir pour subvenir à tous vos besoins. Vous êtes l'unique pensée de vos parents, l'objet de leurs préoccupations constantes, de leurs craintes et de leurs espérances. Ils songent aussi à votre avenir. Quand vous aurez quitté l'école, ils s'efforceront de vous faire apprendre un bon métier ou de vous faire embrasser une bonne profession qui vous mette pour toujours à l'abri du besoin.

Ce n'est pas tout; ils ne se contentent pas de veiller sur vos jours, sur votre santé, et d'assurer votre avenir, ils veulent que vous deveniez d'honnêtes gens, que vous marchiez dans la bonne voie, le front haut, la conscience tranquille; et, pour cela, ils s'efforcent de vous corriger de vos défauts et de vous inspirer l'amour du bien.

En retour de tant de soins, de peines, de fatigues, de soucis et de sacrifices, vous leur devez cette affection vive et profonde, cette affection tendre et pieuse qu'on nomme la *piété filiale*. L'enfant qui n'aimerait pas ses parents serait un être dénaturé, digne de haine et de mépris.

Mais la piété filiale ne doit pas rester cachée au fond du cœur ; il faut qu'elle se montre, qu'elle se manifeste, non seulement par des paroles, mais par des actes, non seulement par des caresses, mais par des services ; en un mot vous devez prouver votre amour par la *reconnaissance*.

Tout jeune l'enfant peut déjà être utile à ses parents, il peut être prévenant, obligeant, empressé ; il peut les aider de mille manières. Chaque année, chaque mois, chaque jour le met plus en état de leur rendre des services ; car chaque jour ses forces s'accroissent, son esprit se développe, sa raison mûrit, et chaque jour il peut prendre une part de plus en plus active aux travaux communs. Un enfant qui a un bon cœur et de la bonne volonté devient bien vite pour ses parents un auxiliaire précieux, il contribue à l'aisance de la famille et à son bonheur.

Mais c'est surtout quand il est devenu un homme et que ses parents sont devenus vieux, qu'il doit leur témoigner son amour et sa reconnaissance ; car la vieillesse est pénible à supporter ; elle affaiblit les forces, elle amène les infirmités ; elle demande des soins, des consolations et des secours.

Il y a encore pour les enfants un autre moyen de se montrer reconnaissants. Rien n'est plus doux au cœur d'un père et d'une mère que d'entendre louer leurs enfants ; rien ne leur est plus amer que de les voir déconsidérés et méprisés. C'est donc par une conduite irréprochable, c'est par une vie pure et sans tache, que les enfants peuvent le plus efficacement contribuer au bonheur de leurs parents et leur adoucir les maux inséparables de la vieillesse.

PENSÉES. — MAXIMES

1. Nul ne nous aime plus que nos parents ; nous devons donc les aimer plus que personne au monde.

2. Si un seul bienfait mérite de la reconnaissance, quelle ne doit pas être notre affection pour ceux à qui nous devons tout.

3. L'autorité des parents a un caractère sacré, car ils remplissent une mission divine, qui est de nous former à la vertu ; nous devons donc les aimer *pieusement* ; notre amour pour eux doit être de la *piété filiale*.

4. C'est peu d'aimer, il faut prouver qu'on aime.

5. L'amour filial se prouve par la reconnaissance ; la reconnaissance inspire la soumission ; la soumission ne va pas sans le respect.

6. Pour des parents, la plus douce des récompenses, c'est la bonne conduite de leurs enfants.

7. C'est dans leurs vieux jours que les parents apprennent à connaître leurs enfants.

8. Celui qui se conduit mal envers ses parents se conduira plus mal encore envers les autres ; mauvais fils, méchant homme.

9. La piété filiale est la source de toutes les vertus.

QUESTIONNAIRE

Quels soins vous a donnés et vous donne votre mère ? — Quelles preuves d'affection votre père vous donne-t-il ? — Ne songent-ils qu'au présent ? — Ne pensent-ils qu'à vos besoins matériels ? — Que leur devez-vous en retour du bien qu'ils vous font ? — Comment se manifeste la *piété filiale?* — Un enfant ne peut-il se rendre utile à ses parents ? — A quelle époque de leur vie les parents ont-ils surtout besoin de l'affection et des secours de leurs enfants ? — Comment ceux-ci peuvent-ils le plus efficacement contribuer au bonheur de leurs parents ?

LECTURES. — Un fils modèle.

Comment n'est-on pas attendri devant la conduite de Martin Luquet? C'est dans un village perdu des Basses-Alpes, à Escoublon, que cet homme de chétive santé, souvent malade, n'a cessé, depuis l'adolescence jusqu'à l'âge de vingt-six ans, de travailler afin de soulager ses parents dans l'indigence. Il allait se marier quand son père mourut, et, sur-le-champ, il renonça à s'établir, pour ne pas quitter sa mère, déjà vieille. A force de labeur, il avait amené un peu de bien-être au logis, lorsque, il y a huit ans, sa mère fut atteinte de paralysie générale. Son état exige des soins continuels et répugnants; elle est d'une humeur chagrine, gémit sans cesse, blesse son fils à chaque instant par un reproche injuste, par une parole dure. Mais, toujours travaillant et soignant sa chère malade, ce fils exemplaire ne la quitte que pour aller ramasser du bois dans la forêt ou laver, comme une femme, à la rivière, le peu de linge qu'il possède; car la paralytique doit être très souvent changée. Elle a maintenant quatre-vingts ans et son fils en a quarante et un. Dans une masure délabrée, ouverte à tous les vents, où ne brûle, par les plus grands froids, qu'un maigre tison, il reste nuit et jour au chevet de sa mère. Il gagne fort peu, étant continuellement interrompu par ses fonctions de garde-malade. Privé de nourriture et de sommeil, il voit chaque jour ses forces diminuer. Rien ne l'abat, rien ne le décourage. Fier, il ne demande assistance à personne; modeste, il s'étonne des louanges qu'on lui adresse; résigné, il ne se plaint jamais.

(Extrait du rapport de F. Coppée sur les prix de vertu. Année 1893.)

Une leçon de calcul.

Un inspecteur faisait un jour une visite d'école dans le Tyrol, il demanda quelle était l'élève la plus habile en calcul. L'instituteur la lui ayant désignée : « Je vais vous faire, dit l'inspecteur, une question difficile.

» Combien avez-vous déjà coûté à vos parents? »

Elisa, fort embarrassée, pencha la tête sans mot dire.

« Vous n'avez, sans doute, jamais fait ce compte; cependant, c'est un des plus importants, et les enfants n'y pensent point assez. Voyons, comptons ensemble. Nourriture, vêtements, blanchissage, etc., nous pouvons bien mettre pour tout cela un franc par jour.

— Oh! dit l'enfant, je crois que c'est trop peu.

— Cela fait trente francs par mois. Maintenant combien de mois dans l'année?

— Douze.

— Bien; et quel âge avez-vous?

— Dix ans.

— Calculez donc. Combien avez-vous coûté jusqu'ici à vos parents? »

La petite fille fit le calcul. « 3600 francs, » dit-elle avec surprise et comme effrayée d'une si grosse somme.

« Ce n'est pas tout, ajouta l'inspecteur; il faudrait compter encore les dépenses de médecins et de remèdes quand vous avez été malade, puis les livres d'école. Pensez aussi à toutes les peines de votre mère, aux nuits qu'elle a passées à votre chevet; aux fatigues de votre père qui travaille tout le jour pour sa famille. Dites, mon enfant, est-ce que l'amour, les fatigues et les peines des parents doivent se calculer en argent?

— Oh! non, répondit Elisa.

— Eh bien, si tout cela ne peut s'évaluer en argent, comment, vous enfant, pouvez-vous payer vos parents de tout ce qu'ils ont fait pour vous, dès votre entrée dans la vie? »

La petite fille réfléchit un instant et dit :

« En les aimant de tout notre cœur, en leur obéissant toujours, et quand nous serons grands en travaillant pour eux.

— Vous avez raison, mon enfant, une bonne conduite et un cœur aimant peuvent seuls récompenser vos parents. »

(*Extrait du journal* « L'Instruction primaire ».)

L'amour maternel et l'amour paternel.

Rien n'attache plus étroitement, plus fortement que la souffrance ; et c'est parce que la mère a pour son enfant couru un danger mortel qu'elle l'aime si profondément, qu'elle l'aime jusqu'à la mort.

Après l'avoir nourri de son sang, elle va maintenant le nourrir de son lait. Nouvelles peines, nouveaux soucis ; insomnies, angoisses, anxiété au moindre danger ; redoublement d'amour, accroissement de tendresse. Il va maintenant grandir sous la sollicitude de sa mère ; et combien lui aura-t-elle donné d'elle-même, de tout son être, de son sang, de son lait, de son cœur, de son âme, avant qu'il arrive à vivre sans secours ! Ah ! l'on peut bien le dire, l'enfant est fait de la mère. Aussi cette union si intime, si profonde, elle subsistera pendant le reste de la vie. La mère vit dans ses enfants, elle souffre en eux, leurs joies sont les siennes, toutes leurs émotions douces ou pénibles produisent en elle un retentissement agréable ou douloureux.

Moins sensible est l'amour paternel ; il y entre moins de tendresse et plus de raison.

Dans l'enfant il voit un être dont il faut assurer l'existence, il entrevoit l'homme qu'il lui faut préparer à la vie. La venue de ce petit hôte lui crée de nouveaux devoirs ; il doit pourvoir au présent et songer à l'avenir. Tandis qu'au foyer la mère veille sur l'enfant et lui prodigue les soins que réclame sa faiblesse, les baisers qui sèchent ses larmes et calment ses chagrins, lui, au dehors, il travaille pour sa famille accrue, il s'impose un surcroît de peine. Le sentiment d'une responsabilité et d'une dignité nouvelles ennoblit ses travaux, augmente ses forces, stimule son courage. C'est l'accomplissement de ces devoirs qui donne à l'amour paternel cette gravité douce et pensive qui le distingue de l'amour maternel. Dans l'œuvre de l'éducation qui commence avec le commencement de la vie, le père mêle à la tendresse maternelle un peu de cette fermeté qui la préserve des faiblesses dangereuses ; il fait au besoin sentir l'arrêt d'une volonté, à laquelle l'enfant doit d'abord céder en attendant qu'il la respecte et la comprenne. La mère, de son côté, tempère l'autorité paternelle et la préserve des sévérités inutiles. Ainsi l'enfant grandit sous la double et salutaire influence d'une tendresse éclairée et d'une fermeté adoucie.

A. V.

DEUXIÈME LEÇON

Devoirs des enfants envers leurs parents
(*suite*).

EXPOSÉ

Amour et *reconnaissance*, voilà donc les premiers devoirs d'un enfant, ou plutôt le premier devoir, car la reconnaissance n'est que la preuve de l'amour. Il en est un autre, c'est l'*obéissance*. Dans les premières années de la vie, tout est danger pour un enfant, car il ignore tout encore, et, sans l'obéissance, il ne pourrait échapper à la mort.

Mais il y a des dangers d'une autre espèce. Tout enfant a des défauts, que ses parents s'efforcent de corriger ; souvent il a de mauvais instincts qu'il leur faut combattre. S'il ne se montre docile, il prend de mauvaises habitudes, il devient vicieux, il se perd ; seule, la docilité peut le préserver du mal et en faire par la suite un honnête homme.

Lorsqu'un enfant commet quelque faute grave, ce sont les parents qui en supportent les premières conséquences. S'il se rend coupable d'un délit, d'un vol par exemple, la loi les rend responsables et les oblige à réparer le préjudice que leur enfant a causé.

La loi veut donc que les parents empêchent leurs enfants de mal faire ; or, comment le pourraient-ils, s'ils n'étaient obéis ? Les enfants doivent donc obéir ; tout, du reste, les porte à la soumission, leur affection, leur conscience et leur intérêt.

C'est au nom de la loi morale, de la loi civile, c'est dans l'intérêt de la société, de la famille et des enfants eux-mêmes que les parents commandent ; leur autorité est sacrée.

Les dépositaires d'une si grande autorité ne méritent pas seulement l'obéissance, ils ont droit au *respect*. Le respect est la marque extérieure de la soumission ; il se manifeste par le langage, par les manières, par toute la personne. La politesse est une forme du respect ; si nous devons être polis même avec des inconnus, des étrangers, à combien plus forte raison devons-nous l'être envers nos parents : un ton sec, familier, hautain ; un langage grossier, des manières trop libres, sont des manques de respect, que dis-je ? de véritables offenses.

Quel homme de cœur souffrirait qu'on manquât de respect à ses parents ? Pour un bon fils, une offense à ses parents est une offense personnelle ; il la ressent jusqu'au fond du cœur. Si donc nous voulons que tout le monde les respecte, donnons nous-même l'exemple du respect.

Amour, reconnaissance, obéissance et *respect*, tels sont donc vos devoirs envers vos parents ; mais le premier contient tous les autres ; car on ne saurait se montrer ingrat, indocile et irrespectueux envers ceux qu'on aime de toute son âme et de tout son cœur.

PENSÉES. — MAXIMES

1. Tout homme doit obéissance aux lois ; pour un enfant, la loi, c'est la volonté paternelle.

2. Désobéir à ses père et mère, c'est renverser l'ordre établi par la nature, par la raison et par les lois.

3. L'enfant qui désobéit à ses parents se met par là même au-dessus d'eux et hors de la famille; sa désobéissance est à la fois un acte de déraison et d'ingratitude.

4. La plus sûre marque de respect, c'est l'obéissance.

QUESTIONNAIRE

Après l'amour et la reconnaissance, quel est le premier devoir des enfants? — Pourquoi l'obéissance leur est-elle nécessaire quand ils sont tout jeunes? — Pourrait-on bien élever des enfants indociles? — Si les enfants commettent des fautes graves, qui la loi en rend-elle responsable? — Au nom de qui les parents commandent-ils? — Qu'est-ce que le respect? — Pourquoi les parents doivent-ils être respectés? — Quel est le meilleur moyen de faire respecter nos parents? — Récapitulez les devoirs des enfants. — Quel est celui qui contient tous les autres? — Pourquoi?

LECTURES. — **Bon fils, bon père.**

Deux marchands associés avaient réalisé d'assez beaux bénéfices. Un jour, Pierre, qui possédait déjà deux maisons, annonça à Jérôme qu'il allait en acheter une troisième. « Et vous, mon ami, que faites-vous de l'argent que vous gagnez? — J'en fais deux parts, dit Jérôme; la première me sert à payer mes dettes. — Vos dettes? mais personne ne vous connaît de créanciers. — J'en ai pourtant. Mes parents sont âgés et pauvres, comme les vôtres; je leur viens en aide. N'est-ce pas là payer ses dettes? — C'est vrai, reprit Pierre assez embarrassé. — La seconde part, continua Jérôme, je la place à gros intérêts. — A gros intérêts, dit l'autre, je serais enchanté de savoir... — Oui, à gros intérêts, car je l'emploie à faire donner à mes enfants une bonne et solide éducation. »

(*Certificat d'études primaires*, Nord, 1885.)

Leçon d'un grand-papa.

LE GRAND-PÈRE. — Allons, mon petit Paul et ma petite Jeanne, venez ici : je serais curieux de savoir comment vous savez votre morale. — Quels sont les devoirs des enfants envers leurs parents.

PAUL. — Les enfants doivent obéir à leurs parents.

LE GRAND-PÈRE. — C'est cela. Pourquoi les enfants doivent-ils obéir à leurs parents?

JEANNE. — Parce que leurs parents le leur commandent.

LE GRAND-PÈRE. — Sans doute... Mais pourquoi leurs parents le leur commandent-ils?

PAUL. — Je le sais, grand-père; c'est parce que les parents ont plus d'expérience que leurs enfants.

LE GRAND-PÈRE. — Sais-tu bien ce que cela veut dire?

PAUL. — Oui, cela veut dire que nos parents savent mieux que nous ce qui nous est utile.

LE GRAND-PÈRE. — A merveille! et mademoiselle que voici l'a appris, l'année dernière, à ses dépens. Sa maman lui avait défendu d'aller jouer au bord du ruisseau qui coulait dans le jardin, parce qu'elle pouvait tomber dans l'eau. Mademoiselle y est allée quand même; ce que sa maman craignait est arrivé : elle est tombée dans l'eau; elle ne s'est pas noyée parce que son grand-père n'était pas loin et qu'il est arrivé à temps pour la retirer, mais elle a attrapé un bon rhume.

JEANNE. — Oh! grand-père, je ne désobéirai plus jamais.

LE GRAND-PÈRE. — Je prends note de cette promesse, et toi, Paul, qui es plus grand que ta sœur, retiens bien ceci : le commandement d'un père et d'une mère a toujours droit de se faire entendre, parce qu'un père et une mère sont la raison de l'enfant qui n'en a pas encore.

PAUL. — Mais, grand-père, papa, qui est un homme, doit-il encore t'obéir comme quand il était petit?

LE GRAND-PÈRE. — Non, mon enfant. Il a maintenant assez de raison pour se conduire lui-même. Cependant il me demande encore souvent conseil, d'abord par respect pour son vieux père, et aussi parce qu'à l'occasion mon conseil peut n'être pas mauvais.

LIARD,

Cours de morale.

(Cerf, éditeur.)

Respect dû aux parents.

Quelle que puisse être la conduite de leurs parents, les enfants n'ont pas le droit de les juger avec sévérité, ni de se prévaloir de leurs faiblesses, ni de prendre leurs torts pour excuses de leurs propres manquements, ni de se départir du respect qui leur est dû. Indépendamment du respect qui s'attache à la personne, il y a un respect obligatoire qu'exige le rôle, la mission, l'autorité ; au-dessus du père il y a la paternité. Un père, a-t-on dit, est toujours un père, en faisant allusion à l'inépuisable trésor de la bonté paternelle. Le mot n'est pas moins vrai en ce sens qu'un père, fût-il répréhensible, fût-il coupable, fût-il criminel, doit conserver encore aux yeux de l'enfant un caractère sacré. Ce n'est pas à l'enfant qu'il appartient de le condamner, ni de s'affranchir du sentiment qu'impose la paternité ; et de même qu'il y a toujours au fond d'un cœur paternel un reste d'indulgence pour le fils le plus ingrat, ainsi faut-il qu'il reste toujours dans le cœur d'un fils un indestructible respect pour le père le plus indigne ; un fils doit toujours être un fils ; les fautes de l'un ne détruisent pas les devoirs de l'autre. Heureusement il en est presque toujours ainsi ; et c'est là une preuve de la puissance unique de ces liens formés par le sang. Au lieu que, dans les relations ordinaires de la vie, le moindre tort suffit à relâcher et parfois à rompre les nœuds de l'amitié, ceux de la famille résistent aux plus fortes secousses ; même séparés par les conséquences de leurs fautes, les membres de la famille restent encore moralement unis.

(*L'Education à l'école*, chap. XIX.)

(Lecène et Cⁱᵉ, éditeurs.)

TROISIÈME LEÇON

Devoirs envers les grands-parents.

EXPOSÉ

Si les enfants ont des devoirs à remplir envers leurs père et mère, ils en ont aussi à remplir envers leurs grands-parents. Sans doute, c'est à leurs parents qu'ils doivent l'obéissance, mais lorsque ceux-ci sont absents, ou lorsque la mort les a enlevés, c'est aux grands-parents que revient l'autorité paternelle avec ses droits et ses devoirs.

Leurs petits-enfants doivent être doux, obligeants, prévenants envers eux, à cause de leur grand âge; ils doivent les aimer de tout leur cœur, d'abord parce que leurs parents leur doivent la vie, ensuite parce qu'eux-mêmes en reçoivent mille témoignages d'affection.

En effet, le grand-père et la grand'mère ont souvent plus de tendresse pour leurs petits-enfants que pour leurs propres enfants; cette tendresse va parfois jusqu'à la faiblesse; et ils se montrent plus enclins à excuser leurs fautes qu'à les en punir. Ils aiment à les voir jouer autour d'eux, à entendre leur babil, à les mener à la promenade, à leur conter des histoires. Les enfants seraient donc bien ingrats s'ils ne leur rendaient amour pour amour.

Mais si les grands-parents ont droit à leur affection, ils n'ont pas moins de droits à leur respect. Par elle seule, la vieillesse est vénérable; les vieillards ont une expérience qui doit nous rendre respectueux à leur égard et dociles à leurs conseils; dans le cours de la vie ils ont eu bien des épreuves à traverser, bien des souffrances physiques et morales à supporter : il est rare que leurs dernières années ne soient pas rendues plus pénibles encore par les maladies ou les infirmités ; enfin ils sont sans cesse menacés par la mort. Toutes ces raisons donnent à la vieillesse un caractère touchant, qui commande le respect ; et quand à la vieillesse vient se joindre la dignité paternelle, quand un vieillard est le père de notre père, alors il doit nous être sacré.

Leurs petits-enfants doivent donc faire tout ce qui dépend d'eux pour leur adoucir les maux de leur vieillesse ; ils ne peuvent commencer la vie sous de meilleurs auspices qu'en s'attirant la bénédiction de leurs grands-parents.

PENSÉES. — MAXIMES

1. Obéir à ses parents, c'est bien ; prévenir leurs volontés, c'est mieux.

2. Un grand-père ne doit pas avoir besoin de commander ; ses désirs doivent être des ordres.

3. Dans la famille les extrêmes se rapprochent ; les grands-parents se font les camarades de leurs petits-enfants.

4. Ne pas aimer ses grands-parents, c'est être deux fois ingrat.

5. On ne peut mieux commencer la vie qu'en aidant ses vieux parents à finir doucement et heureusement la leur.

QUESTIONNAIRE

A qui les enfants doivent-ils l'obéissance ? — Ne doivent-ils pas aussi obéir à leurs grands-parents, et dans quels cas ? — Pour quelles raisons doivent-ils les aimer ? — Les grands-parents n'ont-ils pas une tendresse particulière pour leurs petits-enfants? — Pourquoi les vieillards ont-ils droit au respect ? — Ce respect ne doit-il pas s'accroître encore quand les vieillards sont nos grands-parents ? — Nos devoirs envers eux diffèrent-ils beaucoup de nos devoirs envers nos père et mère ?

LECTURES. — Bonté des grands-parents.

Petite-fille et grand-père

Jeanne était au pain sec dans le cabinet noir,
Pour un crime quelconque : et, manquant au devoir,
J'allai voir la coupable en pleine forfaiture
Et lui glissai dans l'ombre un pot de confiture
Contraire aux lois. Tous ceux sur qui, dans ma cité,
Repose le salut de la société
S'indignèrent, et Jeanne a dit d'une voix douce :
« Je ne toucherai plus mon nez avec mon pouce ;
Je ne me ferai plus griffer par le minet. »
Mais on s'est récrié : « Cette enfant vous connaît ;
Elle sait à quel point vous êtes faible et lâche.
Elle vous voit toujours rire quand on se fâche :
Pas de gouvernement possible. A chaque instant
L'ordre est troublé par vous ; le pouvoir se détend,
Plus de règle. L'enfant n'a plus rien qui l'arrête.
Vous démolissez tout. » — Et j'ai baissé la tête.
Et j'ai dit : « Je n'ai rien à répondre à cela.
J'ai tort. Oui, c'est avec ces indulgences-là
Qu'on a toujours conduit les peuples à leur perte.
Qu'on me mette au pain sec. — Vous le méritez, certes ;
On vous y mettra. » Jeanne alors, dans son coin noir,
M'a dit tout bas, levant ses yeux si beaux à voir,
Pleins de l'autorité des douces créatures :
« Eh bien ! moi, je t'irai porter des confitures. »

Victor Hugo,
l'Art d'être grand-père.

Portraits des grands-parents.

« La grand'maman est assise près du feu pendant l'hiver, près de la fenêtre en été. Ses lunettes sur le nez, elle tricote ou elle file. Elle n'aime pas qu'on la dérange. Elle vous gronde quelquefois, quand vous faites trop de bruit ou lorsque, en jouant, vous passez trop près d'elle.

3.

Mais que de beaux récits elle sait faire, et comme vous devenez attentifs, lorsqu'elle vous parle du temps où elle était jeune, lorsqu'elle vous raconte les fêtes auxquelles elle a assisté ou qu'elle vous chante les vieux airs du pays.

» Si le grand-papa a été cultivateur, il consulte volontiers le baromètre et l'aspect du ciel, il aime à prédire le temps qu'il fera ; il indique l'époque des semailles, de la fenaison, de la moisson ; s'il a été ouvrier, il raconte son tour de France ; s'il a été soldat, comme tant de Français, vous savez bien ce qui lui fait plaisir à dire et ce qui vous fait plaisir à entendre. Vous l'interrogez sur ses campagnes. — Quand il touche à ce sujet, on ne s'aperçoit plus qu'il est vieux. Ses yeux brillent, sa voix s'élève. Il revoit le champ de bataille, ses camarades blessés ou tués à côté de lui, un capitaine qui l'a félicité, le général qui a peut-être attaché sur sa poitrine un bout de ruban. Puis il s'interrompt avec un soupir. Nous n'avions pas encore été vaincus. En Afrique, en Crimée, le drapeau tricolore conduisait à la victoire. Depuis on a été malheureux. Quand il songe à cela, le grand-papa s'afflige et s'indigne ; une larme qu'il ne veut pas essuyer, mais qui coule jusqu'à sa barbe grise, montre qu'il est ému. Il ne désespère pas, cependant ; il reprend confiance en vous regardant. N'oubliez jamais ce regard ; il vous trace le devoir que vous aurez à remplir, un jour, quand vous serez grands. »

MÉZIÈRES,
Cours d'éducation civique et morale.
(Delagrave, éditeur.)

La grand'mère.

Quand la famille est assemblée
En décembre, pour la veillée,
La grand'mère file le lin
D'un mouvement doux et câlin...

Elle est près de la cheminée,
Et sa quenouille enrubannée

Tremble au-dessus du vieux rouet
Qui ronfle comme un grand jouet.

Fin et soyeux, le doux·lin lisse
En longs fils blonds de ses doigts glisse
Et sur la bobine se tord ;
Sur un chenet la chatte dort.

Le front penché, grand'mère file
Pour les beaux messieurs de la ville,
Tandis que la brise d'hiver
Mène au dehors son train d'enfer.

Silencieuse, devant l'âtre
Où la flamme gaîment folâtre,
Grand'mère songe au bon vieux temps,
Au clair soleil de ses vingt ans.

Enfant que la jeunesse appelle,
Comme elle était joyeuse et belle,
Quand elle allait cueillir au pré
La marguerite au cœur doré !

Elle a gardé fraîche mémoire
Et raconte plus d'une histoire
Aux petits qui n'ont pas encor
Le regret de leurs rêves d'or.

Souriante, la chère vieille
Branle la tête et puis sommeille ;
Les voisins se sont dit adieu ;
Le chat ronronne au coin du feu.

Ron ! Ron ! Dormez, dormez, grand'mère,
Le rêve est doux quand on espère !
Dormez ! Le vent d'hiver s'est tu...
Que le printemps vous soit rendu !

Frédéric BATAILLE,
Lectures françaises illustrées de l'école.
(Lemerre, éditeur.)

QUATRIÈME LEÇON

Devoirs des enfants les uns envers les autres.

EXPOSÉ

Si tous les hommes doivent s'aimer entre eux, comme le leur commande le précepte de l'Évangile : *Aimez-vous les uns les autres;* si tous les citoyens d'un même pays doivent s'aimer fraternellement, comme le veut la devise républicaine : *Liberté, égalité, fraternité;* quelle ne doit pas être l'affection des frères et sœurs les uns pour les autres?

Ils ont bien des raisons de s'aimer entre eux ; le même sang coule dans leurs veines, ils ont sucé le même lait, ils portent le même nom.

Ils se ressemblent non seulement par les traits du visage, mais souvent aussi par l'esprit, par le cœur. Cette ressemblance, à la fois physique et morale, est la marque de leur communauté d'origine, et de la concorde qui doit régner entre eux. Les père et mère, bien qu'unis par leur propre choix, se ressemblent moins l'un à l'autre que leurs enfants les uns aux autres, parce que les parents revivent et se retrouvent comme unis et confondus dans leurs enfants.

Cette ressemblance originelle, tout contribue à l'accroître ; vivant sous le même toit, mangeant à la même table, jouant, travaillant ensemble, recevant la même éducation, chaque jour doit resserrer le lien qui les unit.

Alors même que les frères et sœurs n'auraient pas toutes ces raisons de s'aimer les uns les autres, la piété filiale leur en ferait un devoir. C'est pour eux la meilleure manière de témoigner aux parents leur affection et leur reconnaissance ; c'est le meilleur moyen de les rendre heureux ; car rien n'est plus doux à leur cœur que la concorde fraternelle et la paix domestique.

Comment l'amour fraternel doit-il se manifester ? Par des actes de bienveillance, de prévenance, d'obligeance ; par des concessions, des services et des sacrifices même.

Entre des frères et sœurs il y a bien des différences ; s'ils sont égaux aux yeux de leurs parents, ils diffèrent par l'âge, par le sexe, par le caractère, par la santé, par les aptitudes ; et ces différences leur créent des devoirs divers.

Un frère aîné a plus de raison : à lui donc de donner le bon exemple. Il a plus de force : à lui par conséquent d'aider, de protéger, de défendre les autres. Si un malheur arrive, si le père vient à mourir, à lui de le remplacer et de pourvoir dans la mesure de ses forces, à l'entretien de la famille et à l'éducation de ses frères et sœurs. Ceux-ci de leur côté doivent lui faciliter l'accomplissement de sa tâche en se montrant dociles et respectueux à son égard ; puisqu'il remplit le rôle de père, il faut qu'il ait quelque chose de l'autorité paternelle.

Il en est de même d'une sœur aînée ; elle est pour ses frères et sœurs comme une seconde mère ; elle les soigne, les aide, les encourage et, dans l'occasion, les console.

Si la mère est enlevée à la famille, c'est la sœur aînée qui la remplace ; aussi a-t-elle droit aux mêmes sentiments qu'une mère inspire, c'est-à-dire à l'amour, au respect et à la soumission.

PENSÉES. — MAXIMES

1. Nés des mêmes parents, objets d'un même amour, vivant de la même vie, comment des frères et sœurs ne s'aimeraient-ils pas entre eux?

2. L'amour fraternel découle de l'amour filial; les meilleurs fils sont aussi les meilleurs frères.

3. Aimer ses frères et sœurs, c'est encore une manière d'aimer ses parents.

4. La concorde fraternelle est une preuve de piété filiale.

5. La grandeur et la sincérité de l'affection se mesure à la somme de dévouement qu'elle produit.

6. Entre les frères et sœurs, l'âge, le sexe, la santé, le caractère, les aptitudes mettent bien des différences; mais, quelles que soient ces inégalités, leur amour doit être égal.

7. Un frère aîné, une sœur aînée, ont une part de l'autorité paternelle et maternelle; en cas de malheur ils deviennent les chefs de la famille; ils ont donc droit à la soumission et au respect des plus jeunes.

QUESTIONNAIRE

Quel est le précepte évangélique par excellence? — Quelle est la devise républicaine? — Que doit être l'amour fraternel? — Pour quelles raisons les frères et sœurs doivent-ils s'aimer entre eux? — N'y a-t-il pas entre eux plus d'une ressemblance? — L'amour fraternel n'est-il pas une preuve de piété filiale? — Pourquoi? — Comment l'amour fraternel doit-il se manifester? — N'y a-t-il pas entre frères et sœurs des inégalités de tout genre? — Quels sont les devoirs que créent les différences d'âge?

LECTURES. — Deux petits frères.

J'ai vu, dans un des plus misérables villages de l'Ecosse, deux pauvres enfants, dont l'aîné, dès l'âge de trois ans, avait, pendant le jour entier, été laissé constamment seul auprès de son plus jeune frère. Il le soignait, l'habillait, le nourrissait, ne l'abandonnait jamais d'un seul instant, et remplissait tous les devoirs de la mère la plus attentive. Quand l'heure du repas approchait, il faisait rentrer son pupille dans la cabane, allumait un petit feu qu'il gouvernait très habilement, et préparait les simples aliments qui les nourrissaient tous les deux.

« Prenez garde, Daniel, lui dit un voisin, pendant qu'il donnait à manger à son élève, prenez garde de brûler votre frère ! — Il n'y a pas de danger, répondit-il, c'est moi qui goûte toujours la première cuillerée. »

Mme NECKER DE SAUSSURE.

Deux sœurs.

Elles vont la main dans la main ;
On ne les voit jamais qu'ensemble ;
Sans que l'une à l'autre ressemble,
Toujours dans le même chemin,
Elles vont la main dans la main.

Jamais de pleurs ni de querelles ;
A ces deux cœurs qui ne font qu'un,
Livres, jouets, tout est commun ;
Tout gaîment se partage entre elles ;
Jamais de pleurs ni de querelles.

LAPRADE.
(Lemerre, éditeur.)

L'amour fraternel.

D'où naît l'amour fraternel ? Il a sa source dans la communauté d'origine ; c'est parce que les frères et sœurs sont nés des mêmes parents, qu'ils sont naturellement enclins à s'aimer les uns les autres. D'abord le même sang coule dans leurs veines, ils ont sucé le même lait, et sous ce rapport ils sont plus semblables entre eux que ne le sont les parents eux-mêmes, puisque les parents se trouvent comme unis et fondus en eux ; on peut donc dire que physiquement les frères et sœurs ne font qu'un ; c'est la même chair.

C'est aussi la même âme ; car avec la vie les parents transmettent à leurs enfants leurs âmes en quelque sorte mêlées et confondues. Tandis que, malgré le mariage, les parents conservent chacun sa nature propre et son caractère individuel, leurs enfants, au contraire, les unissent en eux; ils leur offrent la réalisation et la consommation de leur union morale, une image vivante où ils se retrouvent tous les deux ensemble, indissolublement et définitivement unis.

Ainsi la communauté d'origine crée dans les frères et sœurs une ressemblance physique et morale qui les lie étroitement. Ils sont comme plusieurs exemplaires d'un même type, plusieurs copies d'un même modèle, si bien qu'en s'aimant les uns les autres, ce sont en réalité leurs parents qu'ils aiment, et que l'amour fraternel est à la fois une dérivation et une forme de l'amour filial.

L'amour fraternel augmente avec la piété filiale; les meilleurs fils sont les meilleurs frères; parce que la concorde fraternelle est pour eux le meilleur moyen de témoigner aux parents leur reconnaissance et leur affection; en s'aimant entre eux, ils sont sûrs de complaire à ceux qui les aiment d'un égal amour.

Cette condition remplie, l'amour fraternel ne peut que grandir; car, dans la vie domestique, tout concourt à le développer, puisque tout y est commun; on y dort sous le même toit, on mange à la même table, on y travaille, on y joue ensemble; ensemble on s'y égaie, ensemble on s'y attriste; les joies et les douleurs des parents ont leur écho dans l'âme des enfants; et si quelque malheur vient à frapper la famille, si le père ou la mère viennent à disparaître, ce deuil resserre encore le lien fraternel.

A. V.

CINQUIÈME LEÇON

Devoirs des frères et sœurs (*suite*). Différences d'âge, de sexe, de caractère, de constitution, d'esprit; devoirs qui en résultent.

EXPOSÉ

Différents par l'âge, les enfants d'une même famille le sont aussi par le caractère, et chacun a ses défauts. Celui-ci est vif, colère, emporté; cet autre est susceptible, boudeur; un autre est moqueur, railleur; un autre, capricieux. Tous ces défauts, il faut les supporter; sans indulgence, sans bonté, sans patience, les frères et sœurs sont toujours en querelle, ils ôtent tout son charme à la vie domestique, ils font le tourment de leurs parents.

Envers leurs sœurs, les frères ont des devoirs particuliers à remplir. Ils doivent les traiter avec plus d'égards encore et plus de douceur qu'ils ne traitent leurs frères.

En leur présence, tout mot grossier, tout geste libre, tout ce qui est de nature à blesser la délicatesse, à offenser la pudeur, est une faute grave. Une jeune fille est l'ornement du foyer, sa vertu est l'honneur de la famille; les frères doivent donc l'entourer de respect.

La nature met partout des inégalités; des frères et sœurs ont rarement les mêmes avantages extérieurs et la même santé. Si l'un est fort et robuste, l'autre peut être chétif et maladif; si l'un est beau et bien fait, l'autre peut être laid et même difforme; il peut apporter au monde quelque mal incurable; il peut être sourd ou muet, ou tous les deux ensemble. C'est à ses frères et sœurs à réparer l'injustice du sort, à traiter d'autant mieux l'enfant disgracié que le sort a été plus dur envers lui, à le dédommager par leurs soins, leur tendresse, de toutes les souffrances physiques ou morales qu'il a à supporter.

Aux inégalités physiques viennent s'ajouter des inégalités intellectuelles. Parmi des frères et sœurs, il en est qui sont mieux doués que les autres sous le rapport de l'esprit. Qu'ils se gardent de s'enorgueillir de leur supériorité et surtout qu'ils se gardent de la faire trop vivement sentir. De leur côté, que les autres se défendent de ce sentiment mauvais et bas que parfois la supériorité fait naître. La jalousie est un poison qui tue la concorde. Si un enfant s'élève au-dessus de ses frères et sœurs, ceux-ci doivent s'en réjouir, car cette élévation est un honneur pour la famille tout entière et tourne à son profit.

Si l'union doit régner entre les frères et sœurs pendant qu'ils sont groupés ensemble autour de leurs parents, à plus forte raison doit-elle régner entre eux, quand ils n'ont plus ni père ni mère, quand les hasards ou les nécessités de la vie les ont séparés ou même éloignés les uns des autres. A quelque distance qu'ils soient, leur devoir est de rester en relations, de s'écrire, de se visiter, si possible, de s'entr'aider, de se soutenir et de conserver dans la diversité des fortunes et dans la séparation l'unité sacrée de la famille.

PENSÉES. — MAXIMES

1. L'amour qui ne sait rien souffrir n'est pas un véritable amour, c'est de l'égoïsme.

2. L'enfant disgracié de la nature doit être l'enfant gâté de la famille.

3. La paix domestique est le fruit des concessions mutuelles.

4. L'enfant favorisé par la nature ou par le sort doit faire tourner ses avantages au bonheur et au profit de ses frères et sœurs.

5. La jalousie est un sentiment bas; elle est plus nuisible à celui qui s'y abandonne qu'à celui qui l'inspire.

6. Ni le temps, ni la séparation, ni l'éloignement ne doivent rompre le faisceau sacré de la famille.

QUESTIONNAIRE

Les enfants n'ont-ils pas des caractères différents? — N'ont-ils pas chacun leurs défauts? — Comment doivent-ils se conduire les uns envers les autres? — Quels sont les devoirs des garçons envers leurs sœurs? — Les enfants ont-ils tous la même santé, les mêmes avantages physiques? — Quels sont les devoirs qui résultent de ces différences? — Les enfants sont-ils tous aussi bien doués sous le rapport de l'esprit? — Quels sont les devoirs qui découlent de ces inégalités? — Quels sont les effets de la jalousie? — Quels sont les devoirs des enfants entre eux quand ils ont quitté la maison paternelle et qu'ils se sont établis?

LECTURES. — Le droit d'aînesse actuel.

Te voilà fort et grand garçon,
Tu vas entrer dans la jeunesse;
Reçois ma dernière leçon :
Apprends quel est ton droit d'aînesse.

Pour le connaître en sa rigueur,
Tu n'as pas besoin d'un gros livre :
Ce droit est écrit dans ton cœur :
Ton cœur, c'est la loi qu'il faut suivre.

Ainsi que mon père l'a fait,
Un brave aîné de notre race
Se montre fier et satisfait
En prenant la plus dure place.

A lui le travail, le danger,
La lutte avec le sort contraire;
A lui l'orgueil de protéger
La grande sœur, le petit frère.

Son épargne est le fonds commun
Où puiseront tous ceux qu'il aime;
Il accroît la part de chacun
De tout ce qu'il s'ôte à lui-même.

Du poste où Dieu l'a mis
Il ne s'écarte pas une heure;
Il y fait tête aux ennemis;
Il y mourra, s'il faut qu'il meure!

Quand le berger manque au troupeau,
Absent, hélas! ou mort peut-être,
Tel, pour la brebis et l'agneau,
Le bon chien meurt après son maître.

Ainsi, quand Dieu me reprendra,
Tu sais, dans notre humble héritage,
Tu sais le lot qui t'écherra
Et qui te revient sans partage.

Nos chers petits seront heureux;
Mais il faut qu'en toi je renaisse;
Veiller, lutter, souffrir pour eux,
Voilà, mon fils, ton droit d'aînesse!

LAPRADE.

(Lemerre, éditeur.)

Devoirs des enfants quand ils ont quitté le toit paternel.

C'est quand les enfants ont grandi, quand ils ont quitté le toit paternel, quand ils se sont établis, quand la mort des parents a créé entre eux par le partage de leurs biens des divergences et des oppositions d'intérêts que l'amour fraternel a des devoirs parfois difficiles à remplir. L'égalité première, celle que l'affection des parents avait faite et longtemps conservée, cette égalité si utile à l'accord, tout travaille à la détruire, la différence des aptitudes, les hasards de la vie, la chance. Au bout d'un certain temps, des inégalités de rang, de fortune, de bonheur, se sont introduites dans la famille, et si les enfants n'ont pas été profondément pénétrés du sentiment de leurs devoirs réciproques, si une sage prévoyance ne les a préparés à ces épreuves dangereuses, le lien fraternel court grand risque de se relâcher, et même de se rompre. De même que, sous le toit paternel, c'était aux plus grands à veiller sur les plus petits, ainsi dans la séparation, et quelquefois la dispersion de la famille, c'est aux plus fortunés, aux plus heureux à venir en aide aux autres.

L'association crée des droits; la famille, des devoirs. L'assistance qu'une association assure à chacun de ses membres résulte d'un contrat, elle est surtout matérielle; les frères ne sont pas liés par un texte écrit; l'autorité qui leur prescrit le secours mutuel est plus haute, elle vient de la conscience; elle a pour auxiliaire l'amour et non l'intérêt. La plus avantageuse des associations ne peut assurer des soins affectueux dans la maladie, ni des larmes de sympathie et des consolations dans le malheur. Noble et généreuse entre toutes est cette force faite d'amour et d'obligation morale, qui, à travers toutes les vicissitudes de la vie et malgré les distances, maintient l'unité de la famille dans la diversité des fortunes.

A. V.

SIXIÈME LEÇON

L'esprit de famille. Devoirs envers les serviteurs.

EXPOSÉ

Une famille ne se compose pas seulement du père, de la mère et de leurs enfants. Les parents ont des frères et des sœurs qui eux aussi ont des enfants. Les oncles et les tantes, les cousins et les cousines tiennent à la famille par des liens étroits; ils en sont comme le complément; si les parents viennent à mourir, leurs enfants peuvent trouver dans un oncle un second père, et dans une tante une seconde mère. Il n'est pas rare de voir des orphelins recueillis et élevés par eux comme leurs propres enfants. Les neveux et nièces doivent donc à leurs oncles et à leurs tantes affection et respect, et les cousins et cousines doivent s'aimer entre eux et, dans l'occasion, se venir en aide. La famille doit former un faisceau, et l'affection doit unir tous ceux qui de près ou de loin sont unis par les liens du sang.

Il y a aussi des personnes qui, sans être des membres de la famille, vivent pourtant avec elle et lui rendent de grands services : ce sont les serviteurs. A raison de leur condition même, ils méritent notre sympathie, et souvent notre affection et notre reconnaissance. Un serviteur, une servante, qui s'attachent à leurs maîtres, qui restent de longues années dans la famille, finissent par en faire partie. Que de fois n'a-t-on pas vu de vieux serviteurs, de vieilles servantes se dévouer pour leurs maîtres et soigner leurs enfants avec une bonté presque maternelle!

Nous devons songer aux raisons qui déterminent les serviteurs à se mettre au service; comme ils le font presque toujours par pauvreté, ou par dévouement pour leurs parents, ils ont par là même des droits à nos égards et à notre estime.

Comme ils sont obligés de quitter leur famille, il faut, autant que possible, que la nôtre remplace la leur. Ceux qui sont jeunes ont besoin d'appui, de protection; ceux qui sont vieux méritent notre sympathie et notre respect.

Aujourd'hui qu'il n'y a plus de classes et que tous les citoyens ont les mêmes droits civils et politiques, nous ne devons pas oublier que nos serviteurs sont nos égaux.

En se mettant au service, le serviteur reconnaît à son maître le *droit* de lui commander ; mais tout droit impose des *devoirs :* le devoir du maître est de commander avec douceur et bonté, de ménager les forces et la santé de ses serviteurs, de ne pas les abandonner dans le malheur ou les maladies, et de leur donner l'exemple d'une bonne conduite.

Les domestiques vivant dans la famille, ils savent tout ce qui s'y passe, et c'est l'intérêt du maître de les avoir pour amis.

Les enfants surtout doivent des égards aux domestiques, parce que ceux-ci sont plus âgés qu'eux et qu'ils leur rendent toute sorte de services ; ils éviteront donc avec soin tout ce qui pourrait les blesser dans leur amour-propre et leur rendre la vie plus pénible.

PENSÉES. — MAXIMES

1. Les bons maîtres font les bons serviteurs.
2. Bon serviteur vaut mieux que mauvais maître.
3. Commander est le propre du maître ; l'enfant ne doit que demander.
4. Il faut que le serviteur trouve dans la famille du maître ce qu'il a perdu en quittant la sienne.

QUESTIONNAIRE

Pourquoi les serviteurs se mettent-ils au service ? — Quels sentiments doivent-ils nous inspirer ? — Ne sont-ils pas obligés de quitter leur famille ? — Que doit-on à ceux qui sont jeunes ? — Que doit-on à ceux qui sont vieux ? — Ne sont-ils pas nos égaux devant la loi ? — Quels sont les devoirs du maître ? — Quel est son intérêt ? — Pourquoi les enfants leur doivent-ils des égards ?

LECTURES. — **Puissance morale de la famille.**

Tant vaut la famille, tant vaut la société. Si l'on veut juger de la valeur morale et par suite de la force véritable d'un pays, c'est à la famille qu'il faut regarder ; c'est là qu'est la source de la moralité privée ; pure, elle féconde et vivifie la société tout entière ; corrompue, elle répand partout la corruption et la mort. Et il est facile de comprendre l'énergie de cette action bienfaisante ou funeste.

Est-il des liens plus étroits, plus forts, plus sacrés que ceux qui nouent le faisceau de la famille, et par suite, est-il des devoirs plus impérieux que ceux qui naissent de ces liens naturels ? Respectera-t-il les liens de convention, l'homme qui aura brisé ceux de la nature ? Remplira-t-il ses devoirs envers ses concitoyens, envers ses semblables, l'homme qui se sera affranchi de ses devoirs envers sa famille ? Défendra-t-il sa patrie, celui qui abandonne une mère ? Sera-t-il bien sensible aux malheurs des autres celui qui reste indifférent aux souffrances de ses proches ? Fera-t-il pour des étrangers ce qu'il ne fait pas pour son propre sang ? Non, des époux infidèles, des pères égoïstes, des enfants ingrats, ne donneront pas, dans la vie, l'exemple de la loyauté, du dévouement, de la reconnaissance ; cependant la société ne peut se passer de vertu.

(L'Education à l'école, chap. xviii.)

Etienne Garnavault ou le bon domestique.

Etienne Garnavault, né à la Bigottière, arrondissement de Laval (Mayenne), le 24 juin 1801, fils d'honnêtes laboureurs, ne reçut dans son enfance que des leçons et des exemples d'honneur et de vertu.

A dix ans, il était déjà orphelin ; placé comme petit domestique chez un fermier du voisinage, il ne négligea rien pour lui témoigner sa vive reconnaissance de ce qu'il avait bien voulu le prendre à son service.

Il était à peine âgé de onze ans, lorsque la femme de son maître tomba dangereusement malade. Le généreux enfant court à minuit, par un froid rigoureux, chercher un médecin à une distance de deux lieues. Il suit à pied le médecin à cheval, fait ces quatre lieues en deux heures, mais il a la douleur d'arriver trop tard : la fermière était morte.

Les jours d'Etienne furent en danger par suite de l'excès de fatigue qu'il avait bravée et aussi par le regret de n'avoir pu sauver la malade.

Dix-huit mois après, il était encore au service du même maître, lorsque le feu prit dans une partie des bâtiments de la ferme. Etienne expose sa vie avec un courage héroïque ; après des efforts inouïs, aidé seulement de son maître, il parvient à arrêter le feu avant qu'il ait atteint les bâtiments de la ferme.

Plus tard, un pauvre journalier tombe malade dans une autre ferme, où servait alors Etienne. Incapable d'aller plus loin, il se couche dans un coin d'une grange, dont il trouve la porte ouverte ; mais sa maladie est contagieuse : maîtres, valets, camarades, tout le monde le fuit. Etienne seul court à l'homme abandonné, le soigne, le sert, l'assiste de toutes les manières, adoucit toutes ses angoisses et reçoit son dernier soupir. Alors encore sa tâche n'est pas terminée : il construit un brancard sur lequel il dépose le corps du pauvre étranger, détermine avec grand'peine un de ses camarades à se joindre à lui pour le porter à la paroisse, et ne se sépare du mort qu'après lui avoir rendu les derniers devoirs.

Toute la suite de la vie d'Etienne se continue par des actes de courage et de dévouement.

En 1843, une médaille d'or de 1000 francs lui a été décernée par l'Académie française.

———

CHAPITRE III

L'ÉCOLE

PREMIÈRE LEÇON

Devoirs des camarades entre eux.

EXPOSÉ

« Il se faut entr'aider, c'est la loi de nature » ; tous les enfants doivent donc s'aider les uns les autres ; mais c'est surtout aux plus grands et aux plus forts à protéger, à défendre les plus petits et les plus faibles.

Vous n'êtes et vous ne pouvez être tous égaux, ni par la fortune, ni par le corps, ni par l'esprit ; mais si parmi vous il en est de plus pauvres, de plus chétifs, de moins heureusement doués que les autres, s'il en est même d'infirmes, de difformes, ce n'est pas leur faute ; ils sont à plaindre, et ce serait injuste et cruel de leur faire sentir leur infériorité ou leur malheur. Soyez donc bons les uns pour les autres ; seule la bonté peut atténuer et adoucir les inégalités naturelles.

Vous différez aussi par le caractère ; chacun de vous a ses défauts. Supportez donc ceux de vos camarades pour qu'ils supportent les vôtres : sans indulgence mutuelle, on ne peut vivre heureux ensemble.

Dans vos jeux, ne soyez ni boudeurs, ni querelleurs,

ni rancuniers; point de mots grossiers, point de sobriquets injurieux, surtout point de tricherie; il faut être loyal en tout, dans vos amusements comme dans vos études. Copier son devoir sur celui d'un camarade, s'aider d'un livre dans les compositions, c'est un manque de loyauté et de délicatesse; soyez honnêtes jusqu'au scrupule.

La vraie émulation consiste moins à surpasser les autres qu'à se surpasser soi-même. C'est dans la conduite plus encore que dans les études qu'il faut de l'émulation; si vous ne pouvez égaler les plus intelligents, il dépend de vous d'égaler les meilleurs.

Vous êtes enclins à l'imitation; défiez-vous de ce penchant, et avant de faire comme les autres, demandez-vous d'abord s'ils font bien. C'est le bon exemple qu'il faut suivre, et c'est le bon exemple qu'il faut donner. Si quelqu'un de vous commet une faute, une action déshonnête, blâmez-le, mais ne le dénoncez pas; faire punir un camarade est un vilain rôle et un mauvais moyen; il vous en veut et ne se corrige pas. Conduisez-vous bien, fuyez sa compagnie, c'est la meilleure leçon que vous puissiez lui donner.

PENSÉES. — MAXIMES

1. Inégaux en tout le reste, il dépend de nous d'être égaux en vertu.

2. Supériorité oblige.

3. Sans indulgence mutuelle, pas de société.

4. Sévérité bien ordonnée commence par soi-même.

5. Le bon exemple est la meilleure des leçons.

6. Copier, c'est tricher.

7. Une bonne conduite vaut mieux qu'une bonne place.

8. Nous bien conduire est un devoir envers nous-même et envers les autres.

Tous les enfants sont-ils égaux en force, en santé? — Sont-ils tous aussi bien doués les uns que les autres? — Quel est le devoir de ceux qui sont les plus forts et les mieux doués? — Chaque enfant n'a-t-il pas ses défauts? — Quelle est la condition du bon accord des camarades entre eux? — Quels sont les défauts qu'ils doivent éviter dans leurs jeux? — Quelle qualité doivent-ils montrer surtout dans leurs jeux et dans leurs études? — Quelle est la véritable émulation? — Avant d'imiter un camarade, que doit-on se demander? — Quand un camarade se conduit mal, faut-il le dénoncer? — Quel est le meilleur moyen d'être utile à ceux qui se conduisent mal?

LECTURES. — La perruque.

Etant au collège, Alfiéri (1) fit une maladie grave à la suite de laquelle il perdit tous ses cheveux. Pour dissimuler cette calvitie passagère, il dut mettre une perruque : il espérait ainsi se soustraire aux plaisanteries de ses camarades. Mais il n'en fut rien : cette perruque ne fit qu'exciter l'humeur taquine des plus malicieux.

Alfiéri, qui était d'un caractère peu endurant, répondait aux brocards(2) par des invectives et se vengeait des niches par des coups de poing. Mais cette attitude belliqueuse n'était pas faite pour désarmer les mauvais plaisants; au contraire, elle semblait encourager leurs attaques.

Il le comprit à la fin et se décida à changer de tactique. Un matin, avisant quelques-uns de ses persécuteurs les plus acharnés, il va résolument au-devant d'eux, ôte son bonnet, arrache sa perruque et la lance en l'air, au grand ébahissement de la bande joyeuse. Puis il la ramasse, la retourne, la roule, la tiraille en tous sens, et finalement l'applique tout ébouriffée sur la tête d'un de ses camarades.

Cette farce eut un plein succès. Jamais la perruque du petit Alfiéri n'avait provoqué de tels éclats de rire; mais

---

(1) Alfiéri, célèbre poète tragique d'Italie, qui vivait au dix-huitième siècle.
(2) Paroles mordantes.

ce furent les derniers. A partir de ce jour, on cessa de le plaisanter sur un accident qu'il avait su lui-même tourner en plaisanterie.

Mme A. TASTU.

La camaraderie.

Dans son enfance, Henry Martyn était d'une constitution faible èt délicate; il n'en avait pas moins un caractère assez vif et un peu emporté. Ses camarades d'école qui s'en étaient aperçus, s'amusaient à le taquiner pour le mettre en colère. Comme ils étaient plus forts que lui, ses emportements les divertissaient, au lieu de leur faire peur. L'un des plus grands le prit cependant en amitié, précisément parce qu'il le voyait faible et opprimé. Il se fit son protecteur contre ceux qui le persécutaient, se battit au besoin pour lui, et l'aida même dans ses devoirs. Se sentant ainsi soutenu et encouragé, Martyn commença par se guérir de ses accès de colère. Puis, sous la direction du même ami, qui aimait le travail, il devint à son tour laborieux. Sans cette heureuse rencontre, il aurait peut-être fort mal terminé ses études, comme il les avait mal commencées.

MÉZIÈRES,
Cours d'éducation civique et morale.
(Delagrave, éditeur.)

La probité de l'écolier. — La véritable émulation.

Certains écoliers ne se font pas scrupule de copier le devoir d'un camarade ou de s'aider d'un livre dans leurs compositions; en quoi ils ont grand tort, car il y a là mensonge et tromperie; il y a aussi dommage pour les écoliers honnêtes.

'L'enfant qui commet une faute de ce genre manque à la fois de loyauté et de délicatesse, et, s'il recommence, il perd ses droits à l'estime et à la confiance. Ce qui est de nous est à nous; ce qui est d'autrui est à autrui. Si peu de chose que soit le devoir d'un écolier, il est à lui, comme le tableau, comme la statue, sont au peintre, au sculpteur qui les ont faits. Soyez donc honnêtes jusqu'au scrupule, et que ce soit pour vous un point d'honneur de ne rien vous attribuer de ce qui est à autrui, ni intellectuellement, ni matériellement. Enfants, vous luttez entre vous, vous concourez ensemble ; ces luttes scolaires, ces compositions, ces concours, sont le prélude de ce qui vous attend dans la vie, qui n'est qu'un long et grand concours. Dans les sciences, dans les arts, dans le commerce, dans l'industrie, dans les professions, dans les métiers même, chacun cherche à faire mieux que les autres. Cette ambition n'est point blâmable ; elle stimule les intelligences et les volontés, elle est la condition du progrès. Mais il faut que la lutte soit loyale, et cela dès l'école, car l'école est à la fois l'image et l'apprentissage de la vie ; il faut aussi qu'elle soit noble, c'est-à-dire animée moins par le désir de surpasser les autres que par la volonté de se surpasser soi-même et de se rendre de plus en plus utile à ses semblables. Voilà la vraie, la bonne émulation, exempte d'amertume et d'envie.

Si l'émulation intellectuelle est bonne, l'émulation morale est préférable ; s'il ne dépend pas de vous d'égaler les plus intelligents, vous pouvez égaler les meilleurs, et c'est là l'essentiel. Malheureusement, ce n'est pas toujours sur eux que vous prenez modèle. Les mauvais sujets cherchent à entraîner les autres : résistez-leur. S'ils raillent vos scrupules, comme c'est leur habitude, dédaignez leurs moqueries, et n'allez point, par un sot respect humain, agir contre votre conscience. En suivant ceux qui font mal, on les enhardit à mal faire. Ayez le courage de votre opinion ; blâmez-les, dissuadez-les ; mais le meilleur service à leur rendre, c'est de ne pas les imiter ; les actes valent mieux que les paroles et l'exemple est la meilleure des leçons. Quant à signaler leurs fautes, à les dénoncer, gardez-vous-en bien ; c'est un vilain rôle et un mauvais moyen. On ne corrige pas un camarade en le faisant punir ; on s'attire sa haine et on risque de l'endurcir. Bornez-vous donc à donner le bon exemple ; évitez les mauvais sujets, ne les prenez pas pour amis ; vous connaissez les proverbes : « Qui se ressemble s'assemble ; dis-moi qui tu hantes, et je te dirai qui tu es. » Méditez-les, car ils sont sages, et faites-en votre profit.

A. V.

DEUXIÈME LEÇON

Devoirs des écoliers. — Assiduité. Travail.

EXPOSÉ

Comme d'une part l'instruction est nécessaire pour bien remplir nos obligations envers nos parents, notre patrie et nos semblables, comme d'autre part on ne peut s'instruire sans maîtres, et que c'est à l'école qu'on trouve des maîtres, le premier devoir des enfants est de *fréquenter l'école*.

La fréquentation doit être régulière, *assidue*; l'élève qui s'absente perd de deux façons : d'abord il oublie ce qu'il a appris, de plus il n'apprend rien de nouveau; c'est double perte. Puis quand il revient à l'école il n'est plus au courant, il est dérouté, distancé, et même avec les plus grands efforts il a grand-peine à rejoindre ses camarades.

C'est une pauvre école que l'école buissonnière ; non seulement on n'y apprend rien, mais on y prend de fâcheuses habitudes ; elle pousse à la paresse, au mensonge, à la maraude ; elle attire les mauvais écoliers et en fait de mauvais sujets.

Ce n'est pas assez de fréquenter l'école, car on en peut sortir comme on y est entré ; on peut y passer des journées et y perdre son temps ; on peut y être de corps et avoir l'esprit ailleurs. Pour les enfants légers, distraits, il n'y a ni bons maîtres, ni bonnes leçons; car ils ont des oreilles et n'entendent pas. La condition du progrès, c'est l'effort; on n'apprend rien sans peine, et, dans la meilleure des écoles, le paresseux reste ignorant.

PENSÉES. — MAXIMES

1. Dans le combat pour la vie, les meilleures armes sont l'honnêteté et le savoir.

2. Une classe est une armée en marche; l'écolier qui manque la classe est comme le soldat qui s'arrête; il est bientôt distancé et n'arrive plus à rejoindre ses camarades.

3. A l'école, qui n'avance recule.

4. La cruche ne se remplit pas loin de la source.

5. Qui ne fait rien ne tarde pas à mal faire.

6. Mauvais écoliers, graine de mauvais sujets.

7. Ecole buissonnière, mauvaise conseillère.

8. Dans les esprits distraits, la parole du maître passe comme l'eau dans les tuyaux; il n'en reste goutte.

9. Rien ne sert d'être présent de corps, si l'on est absent d'esprit.

10. Le progrès se mesure à l'effort.

QUESTIONNAIRE

A quoi nous sert l'instruction? — Pourquoi les enfants doivent-ils fréquenter l'école? — Comment doivent-ils la fréquenter? — Quels sont les fâcheux effets des absences sous le rapport de l'esprit? — Quels sont les dangers de l'école *buissonnière*? — Suffit-il de fréquenter l'école assidûment? — Quelles sont les qualités sans lesquelles un écolier ne peut faire de progrès?

LECTURES. — Petite leçon pour un petit paresseux.

Que penserais-tu d'un oiseau qui, ayant des ailes, ne volerait pas; d'un poisson qui ne nagerait pas; d'un cerf qui, accroupi dans sa retraite, se refuserait les joies de la vitesse; d'un gland qui aimerait mieux pourrir dans la boue que de devenir un chêne; d'un œuf qui refuserait d'éclore? Tu te dirais : « Voilà des êtres et des choses qui manquent à toutes les lois de leurs destinées ; ils sont indignes des lois de Dieu. » Paresseux, mon ami, tu es cet oiseau, ce poisson, ce cerf, ce gland, cet œuf, cet indigne.

Que penserais-tu d'un meunier qui laisserait incessamment tourner au vent les ailes de son moulin sans leur jamais donner rien à moudre? Tu te dirais : « Voilà un meunier imbécile ; il ferait aussi bien de briser son moulin que de se condamner à entendre à perpétuité son tic-tac inutile. » Paresseux, mon ami, en ne donnant rien à moudre à ton âme, tu es ce meunier imbécile. Ton cœur est ce moulin qui s'use à vide; ses battements, dont tu ne comprends pas l'appel, ne sont plus, grâce à ta paresse, que les battements stériles d'une machine sans direction. Semblables à l'écho stupide, dont ils ont la voix fausse, on sent qu'ils ne dénoncent rien que le voisinage des cavernes, qu'ils n'ont pas d'autre signification que ces bruits vagues qui sortent, comme des spectres, des lieux creux voués à l'abandon.

Que dirais-tu enfin d'un homme en pleine mer qui cesserait de ramer ? — Qu'il ne veut point arriver, qu'il veut être submergé.

Eh bien, celui qui cesse de travailler, cesse de ramer.

STAHL,
Morale familière.
(Hetzel, éditeur.)

L'enfant qui s'ennuie.

Ce n'est pas chose bien rare de voir des écoliers qui s'ennuient, et d'ordinaire, ces écoliers-là ne sont pas les plus laborieux ; qui travaille s'amuse ou au moins se distrait, et dans un esprit occupé l'ennui ne trouve pas à se loger, il faut qu'il reste à la porte. Quand, au contraire, l'esprit est vide, l'ennui entre et s'installe comme chez lui. Quelquefois, le même enfant qui s'ennuie à l'école y laisse son ennui, et une fois dehors, avec les jeux il reprend sa gaîté. Mais il n'en est pas toujours ainsi, et tel enfant qui n'a pu mordre au travail, emporte partout son ennui; c'était le cas de Pierre; il s'ennuyait, s'ennuyait du matin au soir, et l'ennui lui avait, avec la gaîté, fait perdre le goût du plaisir. On le voyait, les mains dans les poches, rôder autour du village, ou traîner le long des sentiers, s'arrêtant, s'asseyant, se relevant, bâillant, s'étirant et poussant des soupirs.

Son maître qui, depuis quelque temps, observait ses allures et son visage, et qui avait pénétré le secret de son ennui, entreprit de l'en guérir. Un soir, la classe finie, il retint Pierre et lui dit d'un ton affectueux : « Mon ami, je vais au village, si tu veux, nous ferons route ensemble et nous causerons un peu. »

Et le prenant par la main, « Pierre, lui dit-il, tu n'as pas l'air de t'amuser beaucoup en classe; tu parais indifférent à tout, tu as l'esprit ailleurs, tu t'ennuies, pourquoi?

— Monsieur, je ne sais pas, dit Pierre.

— Il doit pourtant bien y avoir une cause à cet ennui; car, comme tu me l'entends dire souvent, il n'y a pas d'effet sans cause. Veux-tu que nous cherchions ensemble?

— Oui, Monsieur, dit Pierre, qui n'en avait pourtant guère envie, mais qui n'osait refuser.

— Es-tu malade?

— Non, Monsieur.

— As-tu de l'appétit?

— Oui, Monsieur.

— Dors-tu bien?

— Oui, Monsieur, si bien qu'il faut qu'on me réveille le matin pour la classe.

— Alors, tout va bien du côté du corps; cherchons ailleurs. Est-ce qu'on te maltraite à la maison?

— Oh! non, Monsieur, papa ne m'a jamais battu.

— Est-ce qu'on est content de toi?

— Je ne sais pas, Monsieur.

— Comment? tu ne le sais pas? Voilà qui m'étonne, car rien n'est plus facile à deviner. Quand ils sont contents de vous, les parents ont bien des façons de le faire voir. Est-ce qu'on te récompense à la maison?

— Non, Monsieur.

— Pourquoi?

Pierre baissa la tête sans répondre.

— Quand, le samedi soir, tu apportes ton carnet de correspondance, est-ce que tu reçois des compliments?

— Non, Monsieur, murmura Pierre d'une voix qu'on entendait à peine.

— Alors, je commence à craindre que tes parents ne soient pas très satisfaits de ta conduite. Et ton maître, est-il content de toi? dit l'instituteur en souriant.

Pierre le regarda en dessous; la question lui semblait inutile.

— Eh bien, tu ne réponds pas? Je t'ai demandé si ton maître est content de toi.

— Mais, Monsieur, se décida à répondre Pierre, vous le savez mieux que moi.

— Mieux? crois-tu? Moi, je crois que nous le savons aussi bien l'un que l'autre. Si je vois ce que tu fais, tu le sais, toi, je pense. Mais laissons un moment tes parents et ton maître; toi, Pierre, es-tu content de toi?

La question était inattendue; elle surprit maître Pierre, qui resta coi.

— Voyons, reprit le maître, tu dois pourtant bien le savoir; à qui veux-tu que je demande si tu es content de toi? car enfin, cela, personne ne le sait mieux que toi.

L'insistance du maître gênait visiblement son petit interlocuteur; cette invitation à rentrer en lui-même, à se rendre compte de ses sentiments et de l'opinion qu'il avait de sa propre conduite, était chose pour lui si nouvelle, que la surprise lui ôtait la réflexion.

— Eh bien, reprit le maître, si tu ne veux pas me répondre par oui ou par non, réponds-moi par signes. Es-tu content de toi?

Après un moment d'hésitation, Pierre fit un mouvement de tête de gauche à droite, et de droite à gauche.

— J'ai compris, dit le maître. Maintenant, pourquoi n'es-tu pas content ?

Nouveau silence. Ce petit examen de conscience, méthodiquement conduit, n'était pas du goût de Pierre.

Et puis, instinctivement, au bout de cette enfilade de questions il sentait venir une conclusion inévitable. Sans prendre garde à la mine que faisait l'enfant, le maître poursuivit tranquillement :

— Si tu contentais tes parents et tes maîtres, ne serais-tu pas aussi plus content de toi-même ? N'éprouverais-tu aucun plaisir à t'entendre louer par eux, à te voir récompenser?

— Si, Monsieur.

— Tu le comprends, notre bonheur dépend en grande partie de l'opinion que nous donnons de nous à ceux qui nous entourent, et cette opinion, il ne tient qu'à nous de la rendre favorable ; de sorte qu'en réalité notre bonheur dépend de nous. Pour contenter tes parents et tes maîtres, que te faudrait-il faire ?

— Travailler, répondit Pierre, qui commençait à s'exécuter de meilleure grâce.

— Oui, travailler mieux, faire effort. Tu verrais d'abord se dissiper ton ennui, car l'ennui est la maladie des paresseux ; puis tu remonterais peu à peu dans ta propre estime et tu sentirais naître en toi une douce satisfaction, qu'accroîtraient chaque jour les encouragements de ton maître et la joie de tes parents. On ne te verrait plus traîner partout cet air ennuyé et fatigué des gens qui ne font rien. Voyons : ce soir, avant de te coucher, une bonne résolution, et demain, en classe, que je te voie attentif, la figure ouverte et le courage dans les yeux. »

Pierre promit et s'éloigna pensif. A vrai dire, il ne se sentait pas encore beaucoup d'énergie ; mais l'intérêt que son maître lui avait témoigné, la bonté qui était peinte sur son visage et qui se faisait sentir jusque dans le son de sa voix, l'avaient touché. Il eut honte de paraître insensible à qui s'était montré si bon ; il fit un premier effort, qui, bien que sans résultat, fut encouragé ; il en fit d'autres, qui furent plus heureux. A sa grande surprise, Pierre commença à prendre plaisir au travail ; peu à peu son ennui se dissipa et son visage s'éclaircit ; c'était la convalescence, la guérison suivit de près.   A. V.

TROISIÈME LEÇON

Devoirs des écoliers (*suite*).
Docilité, convenance, respect, obéissance.

EXPOSÉ

Pour profiter de l'école, il faut y travailler, et pour y bien travailler, il faut écouter le maître et lui obéir. Vous le devez, parce qu'il représente à la fois l'Etat, qui lui confie l'école, et vos parents, qui vous confient à ses soins ; vous le devez, parce qu'en obtenant ses diplômes il a prouvé qu'il est capable de vous instruire et de vous conduire ; vous le devez, parce que sans l'obéissance au maître et à la règle qu'il doit maintenir, il n'y aurait ni ordre, ni discipline, et que, sans l'ordre et la discipline, il ne peut y avoir ni enseignement commun, ni travail. C'est donc votre devoir d'obéir, et c'est aussi votre intérêt, car la soumission est pour vous la condition même du progrès.

Ce qu'on estime le plus au monde, c'est l'honnêteté et l'instruction. En s'efforçant de vous rendre meilleurs et plus instruits, vos maîtres vous procurent donc les biens les plus précieux. En retour de leurs efforts, ils ont droit à votre affection, à votre respect, à votre reconnaissance ; c'est la plus douce de leurs récompenses. La leur refuser, ce serait rendre le mal pour le bien. On juge des enfants par les sentiments qu'ils témoignent à leurs maîtres, car la reconnaissance est la plus sûre marque d'un bon cœur.

PENSÉES. — MAXIMES

1. Pas de règle, pas de discipline; point de discipline, pas d'école.

2. L'autorité du maître découle de trois autres : celle de l'Etat, qui lui confie l'école; celle des parents, qui lui confient leurs enfants; celle de l'Université, qui lui confère ses titres.

3. La familiarité ne convient qu'entre égaux; tout supérieur a droit au respect.

4. Ce qu'on pardonne le moins aux enfants comme aux hommes, c'est l'ingratitude.

5. La reconnaissance est la marque la plus sûre de la bonté du cœur.

A. V.

QUESTIONNAIRE

Que faut-il faire pour bien profiter de l'école? — Pourquoi devez-vous obéir à vos maîtres? — De qui tiennent-ils leur autorité? — N'ont-ils pas donné des preuves de leur savoir? — Sans l'obéissance, y aurait-il de l'ordre dans l'école? — Sans discipline, l'enseignement serait-il possible? — Votre intérêt n'est-il pas d'accord avec votre devoir? — Quels sont, pour un enfant, les biens les plus précieux? — A qui êtes-vous redevables de ces biens? — Quels sont les sentiments que doivent vous inspirer vos maîtres?

LECTURES. — **Trait de reconnaissance.**

Il y a trente ans, vivait à Reims un maître de pension que tous ses élèves chérissaient. Il était ferme et bon, instruit et modeste. Après quelques années de travaux peu fructueux, des revers de fortune l'obligèrent de quitter cette ville, et ses anciens élèves le perdirent de vue, tout en conservant de lui le souvenir le plus vif et le plus reconnaissant.

Dix ans plus tard, un habitant de Reims, son ancien élève, traversant une des rues les plus étroites de la Cité, à Paris, aperçut un vieillard dont la misère décente et l'air distingué le frappèrent vivement. Quelle n'est pas son émotion en reconnaissant dans cet infortuné son ancien maître de pension ! Il l'aborde, il échange avec lui les compliments les plus affectueux ; il l'interroge avec réserve et parvient à savoir son adresse. Poussant plus loin ses investigations, il s'informe discrètement des moyens d'existence de ce vieillard et apprend avec douleur qu'il est à peu près sans ressources.

De retour à Reims, il assemble un soir chez lui ses anciens camarades, leur dit la rencontre qu'il a faite et les engage à s'unir à lui pour venir au secours de leur malheureux maître. Séance tenante, on décide qu'une pension de mille francs lui sera assurée jusqu'à la fin de ses jours.

De l'obéissance.

Qu'elle est une nécessité sociale et qu'elle peut devenir un plaisir.

Si la docilité est une qualité naturelle à certains enfants, il en est beaucoup aussi qui sont naturellement indociles et auxquels il en coûte d'obéir. Ceux-là même qui se résignent à l'obéissance finissent par s'en lasser ; ils attendent avec impatience le moment de l'émancipation, et parfois on leur entend dire : « Ah ! quand je serai mon maître ! »

Ce « quand je serai mon maître, » nous l'avons tous dit ou pensé, alors que nous étions sur les bancs, soumis à la règle, exposés aux punitions qu'on distribuait alors avec une libéralité aujourd'hui contenue. Dans notre inexpérience de la vie, nous nous imaginions, qu'une fois hors de l'école ou du lycée, nous cesserions d'obéir, et nous commencerions à commander. C'est une illusion qui n'est pas de longue durée ; et, pour la perdre, pas n'est besoin d'atteindre la soixantaine.

Est-il au monde une situation, une seule, où l'homme n'ait à obéir ? Il y a d'abord l'obéissance aux lois physiques, obéissance forcée, à laquelle personne, ni riches ni pauvres, ni grands ni petits, ni enfants ni vieillards, ne sauraient échapper ; et celle-là n'est pas la moins pénible, surtout pour ceux qui refusent de voir dans l'ensemble de ces lois la manifestation d'une volonté suprême et qui se croient les jouets ou les victimes d'une aveugle fatalité.

Après l'obéissance aux choses, vient l'obéissance aux hommes; à celle-là non plus, personne ne pourrait se soustraire. Même dans la société la plus démocratique, dans celle où l'égalité s'est fait la plus large part, la subordination est partout, et partout l'obéissance. Tout d'abord, à quoi tend l'exercice des droits politiques dont la démocratie assure la jouissance, sinon à créer une autorité législative devant laquelle tout doit s'incliner? Tous les actes les plus importants de la vie ne sont que des actes d'obéissance aux lois issues de cette autorité souveraine. L'obéissance est donc la condition même de l'existence des sociétés démocratiques comme de toutes les autres, et l'égalité politique n'est qu'une forme plus rationnelle et plus noble d'une obéissance nécessaire à tous les États.

Si une société ne peut exister sans lois, elle ne peut durer sans armée. Or, point d'armée sans hiérarchie, point d'hiérarchie sans discipline, c'est-à-dire sans obéissance. Là l'obéissance est à tous les degrés, du plus bas au plus haut, et si rigoureuse, que les actes d'indiscipline y sont punis comme des crimes.

De même que dans l'armée, la hiérarchie se retrouve dans tous les services publics. C'est qu'elle n'est point l'effet d'un caprice autoritaire, mais la conséquence inévitable de la nature des choses. Malgré nos aspirations et prétentions à l'égalité absolue, tous les hommes n'ont pas les mêmes aptitudes; eussent-ils des aptitudes égales, ce qui ne saurait être, que l'âge y mettrait encore des différences; il n'est pas de fonctions qui, outre l'intelligence, ne demandent des connaissances spéciales, et, pour l'emploi de ces connaissances, un certain degré d'expérience; or ni l'expérience ni le savoir ne s'acquièrent d'un seul coup, et l'intelligence elle-même ne se développe qu'avec le temps. Il y a donc entre les fonctionnaires des inégalités inévitables; ces inégalités en-

gendrent la hiérarchie, et la hiérarchie crée l'obéissance
et l'impose. Tout fonctionnaire, et le nombre en est grand,
est donc soumis à l'autorité d'un supérieur qui lui prescrit ce qu'il doit faire, et à l'autorité d'une règle qui fixe
la mesure et la durée de son travail quotidien.

Mais, dira-t-on, en dehors des fonctions publiques, il
y a bien des professions indépendantes : un avocat, un
médecin, ne relèvent que d'eux-mêmes. Interrogés sur ce
point, avocats et médecins nous répondraient peut-être
que, sans parler de certaines règles communes dont ils ne
sauraient s'écarter dans l'exercice de leur profession, leur
indépendance est plus apparente que réelle. S'ils ne sont
pas placés sous l'autorité directe d'un supérieur hiérar-
chique, par contre ils dépendent de leurs clients et de
leurs malades. Pour être moins ostensible, cette dépendance n'en est pas moins assujettissante ; et, tandis qu'en
dehors des heures qu'il doit à l'État le fonctionnaire est
libre, l'avocat, le médecin surtout, ne peut disposer de
son temps ; il ne s'appartient pas ; à toute heure, il doit
être à la disposition de sa clientèle, et, s'il veut s'affranchir de son esclavage, il ne le peut qu'à son détriment ;
tout ce qu'il prend de liberté, il le perd en profits.

Si on regarde au-dessous de ces situations plus enviées
qu'enviables, pour un homme soi-disant libre et qui commande, combien d'autres qui ne font qu'obéir ! Il n'est
pas une maison de commerce, de banque ou de crédit,
pas une exploitation agricole ou industrielle qui n'exige
un personnel souvent nombreux. Que d'employés, que de
commis, que d'ouvriers, subordonnés les uns aux autres
et astreints à une stricte obéissance !

Le petit commerçant, le boutiquier, le débitant, le bu-
raliste sont-ils plus indépendants, eux que le métier rive
à leurs comptoirs depuis le matin jusqu'à la nuit et souvent pendant une partie des nuits ? Nous ne parlerons
pas de la légion des domestiques ; il est trop évident que
l'obéissance est la condition même de leur emploi ; quant
au paysan, et c'est peut-être le plus indépendant des
hommes, il a pourtant ses maîtres ; le temps, la terre,

les saisons commandent à leur manière, et malheur à celui qui refuse d'obéir : il perd ses récoltes et court à sa ruine.

Si, au lieu de considérer l'obéissance comme une nécessité pénible, nous nous habituons de bonne heure à la regarder comme un auxiliaire indispensable ; si, au lieu de voir en elle une ennemie jalouse, nous l'acceptons comme une compagne bienfaisante, gardienne à la fois de notre dignité morale et de nos intérêts matériels, qui ennoblit le travail et donne plus de prix et de charme aux heures de liberté qui nous restent, la vie nous apparaîtra telle qu'elle est et doit être, c'est-à-dire comme l'accomplissement volontaire des devoirs aussi utiles à notre bonheur que conformes à notre nature ; nous cesserons de nous répandre en plaintes stériles, qui ne font qu'aigrir notre humeur et nous rendre la soumission plus difficile ; nous renoncerons à soupirer sans cesse après une indépendance qui ne nous délivre de l'autorité extérieure que pour nous livrer à la manie du caprice et de l'habitude. C'est une erreur grossière quoique assez commune de considérer l'obéissance comme une sorte d'humiliation ; elle n'est humiliante que lorsqu'elle est servile ; mais la véritable obéissance n'est, en somme, que la soumission au devoir, c'est à-dire à la raison et à la conscience.

A. V.

CHAPITRE IV

LA PATRIE

PREMIÈRE LEÇON

De l'idée de patrie.

EXPOSÉ

L'idée de patrie est de toutes la plus large et la plus complexe : elle embrasse le passé, le présent, l'avenir ; elle renferme la vie individuelle, la vie de famille, la vie nationale ; elle évoque d'innombrables images, elle réveille d'innombrables souvenirs ; de là sa puissance vraiment magique et son retentissement jusqu'au fond des entrailles.

Elle comprend avant tout l'idée du sol natal, patrimoine commun, héritage glorieux, acquis au prix de mille dangers, fécondé au prix de sueurs infinies, maintes fois arrosé du sang de ses avides envahisseurs, et consacré par le sang de ses héroïques défenseurs. Vient ensuite l'idée d'une race qui se distingue des autres par certains traits de la physionomie, par certaines aptitudes physiques, par le tour de l'esprit, par la manière de sentir, par des goûts communs, par des qualités qui lui sont propres, qualités morales et intellectuelles grâce auxquelles les individus qui la composent se ressemblent entre eux, se

reconnaissent et se recherchent, ont plaisir à se trouver ensemble et forment comme les membres d'une
famille immense ; puis la communauté de la langue
qui leur permet de s'entendre et de se comprendre,
d'échanger leurs pensées et leurs sentiments par la
parole et l'écriture, de se connaître sans se voir et de
resserrer ainsi à travers la distance les liens naturels
qui les unissent ; de cette langue qu'on appelle maternelle, parce que l'enfant l'apprend aux lèvres de
sa mère au milieu des baisers, de cette langue si
douce qu'elle fond le cœur de l'exilé quand il vient à
l'entendre résonner sur la terre étrangère ; la communauté de religion qui unit les hommes par le sentiment douloureux de leur destinée présente et par
leurs espérances en une destinée meilleure ; la communauté de gouvernement qui donne aux forces
éparses d'un peuple l'unité et la cohésion nécessaires,
et qui les tourne à la prospérité, à la défense, à l'a-
grandissement du pays ; la communauté des lois, qui
assure à tous les mêmes avantages, qui étend sur tous
la même protection ; la communauté des intérêts, qui
fait que chacun profite de la prospérité publique, ou
souffre des maux du pays ; la communauté des gloires
de tout genre, littéraire, scientifique, artistique, militaire, qui ont porté la patrie à un rang élevé parmi
les nations ; la communauté des souvenirs consolants
ou amers, des dangers de l'heure présente, des aspirations légitimes, des craintes et des espérances. La
patrie, c'est un grand corps, qui a ses moments de
malaise et de faiblesse, ses maladies, ses infirmités
même, mais dont la vitalité puissante a d'inépuisables
ressources et ne connaît pas la vieillesse ; la patrie,
c'est une grande âme qui anime d'innombrables êtres,
les fait vivre de la même vie, souffrir des mêmes

souffrances, jouir des mêmes joies et s'enorgueillir du même orgueil.

Ainsi le sol, la race, la langue, la religion, les lois, le gouvernement, les intérêts, les souvenirs glorieux, les dangers présents, les craintes, les espérances et les ambitions, tels sont les principaux éléments qui entrent dans l'idée de patrie, tels sont les liens qui forment ces grands faisceaux d'hommes qu'on nomme des peuples, telles sont les causes qui font vivre d'une vie commune les habitants d'un même pays et battre leurs cœurs à l'unisson.

L'idée de la patrie résume tout ce qu'il y a de meilleur dans le caractère, dans l'esprit, dans l'âme de la nation, tout ce qu'il y a de plus beau et de plus grand dans son histoire, et forme ainsi pour tous les citoyens un idéal de gloire, d'honneur et de vertu.

(Extrait de *l'Education à l'école*, 10ᵉ édition.)

PENSÉES. — MAXIMES

1. L'idée de patrie embrasse le passé, le présent et l'avenir.

2. Le sol, le climat, la race, la langue, le caractère, l'esprit, les mœurs, les croyances, les lois, les intérêts, les souvenirs, les dangers, les espérances, voilà les liens puissants qui unissent entre eux les hommes d'une même patrie.

3. Pour bien aimer son pays il faut le connaître : aussi la géographie et l'histoire sont-elles des écoles de patriotisme.

4. Il ne suffit pas d'aimer sa patrie ; il faut la rendre aimable.

5. Le patriotisme est un devoir et doit être une passion.

6. Le faux patriotisme est tout en paroles ; le vrai patriotisme est surtout en actions.

7. Pour juger du patriotisme, regardons à la conduite. Est patriote quiconque honore son pays par son caractère, par son mérite, et, quand sonne l'heure du danger, par son courage.

Que comprend l'idée de patrie? — N'embrasse-t-elle pas tous les temps? — Pour quoi nos pères ont-ils si longtemps combattu? — La race gauloise ne se distingue-t-elle pas des autres par des qualités qui lui sont propres? — Qu'appelle-t-on langue maternelle? — Les Français n'ont-ils pas eu longtemps la même religion? -- N'ont-ils pas le même gouvernement, les mêmes lois? — N'ont-ils pas les mêmes intérêts? — N'avons-nous pas les mêmes espérances? - Pourquoi sommes-nous tous fiers du nom de Français? — Qu'est-ce donc que la patrie? — Que veut-on dire par ces mots : c'est un bon Français?

LECTURES. — Les bienfaits de la patrie.

« Ces bienfaits, tu en uses avec l'inconscience de l'habitude.

» Et d'abord tu disposes du patrimoine de la France, comme des éléments, sans y songer. Cependant c'est de lui que tu tiens tout ce qui t'élève au-dessus de la misère primitive de notre espèce. A qui, en dernière analyse, es-tu redevable de la culture de ton esprit, de ce que tu as acquis de sagesse, de la liberté dans laquelle tu te développes, du bien-être qui t'est commun avec tes concitoyens, si ce n'est à lui?

» Au lieu d'être pareil au sauvage qui erre dans les forêts de l'Afrique, nu, faible, ignorant, crédule, grossier, tu possèdes, rassemblées autour de toi, les conditions d'une vie supérieure. Le sol de ton pays a été défriché et fécondé par le travail de cinquante générations; les obstacles y sont supprimés par les routes; l'espace y est abrégé par les voies ferrées; les rivières et les océans y sont réunis par des canaux ; d'innombrables villes y sont bâties et décorées d'admirables monuments; l'agriculture en domestiquant à ton service les animaux et les plantes utiles, le commerce en reconnaissant les routes du globe pour t'en rapporter les richesses, l'industrie en multipliant indéfiniment les ressources par l'exploitation des forces de la nature, pourvoient abondamment à ton

existence matérielle : nos lois te garantissent la sécurité
et la justice ; les sciences en te faisant pénétrer les secrets
du monde dont tu fais partie, les arts en fixant dans leurs
productions les causes de tes émotions les plus pures,
notre langue en t'ouvrant, comme une clef merveilleuse,
tous les domaines du savoir humain, la morale en déve-
loppant tes nobles sentiments, façonnent ton intelligence
et ton cœur ; tu t'inspires d'un génie national célèbre
parmi les hommes pour sa netteté et sa clarté, pour la
sûreté de son goût, pour sa vivacité et sa bonne humeur,
pour son amour du travail et de l'ordre ; enfin de glorieux
souvenirs, en te donnant la conscience de ces qualités de
notre race, te remplissent de l'idée de ta force et reculent
indéfiniment les limites du champ où peut prétendre
s'exercer ton activité.

» Travaux et conquêtes, sciences et arts, lois, mœurs,
génie, goût, langue et souvenirs, tout cela est l'œuvre
accumulée de nos ancêtres, et cet héritage qu'ils t'ont
légué centuple ta vie. Pour l'amasser, il a fallu ces pen-
seurs, ces écrivains et ces artistes qui sont l'honneur de
ton pays, et bien d'autres encore qui sont restés obscurs ;
bien des apôtres et bien des martyrs ; bien des savants et
des inventeurs obstinés dans leurs recherches ; bien des
millions et des millions d'hommes courbés sur leur labeur
quotidien ; mais leurs travaux n'existeraient point pour
toi sans la patrie. La patrie en a été la gardienne ; c'est
elle, toujours vivante, trait d'union entre un âge et l'autre,
qui nous les a transmis ; c'est elle qui a capitalisé le passé
pour nous ; isolés, ces travailleurs auraient été frappés
de stérilité par leur solitude ; associés en elle, ils se sont
fortifiés et complétés les uns les autres ; elle a donné un
avenir à leur œuvre en la conservant aux générations qui
les ont suivis ; elle a incarné l'unité et la continuité de
cet immense enchaînement d'efforts d'où notre civilisation
est sortie. »

Paul Bourde,
le Patriote.

(Hachette, éditeur.)

Hymne.

Ceux qui pieusement sont morts pour la patrie
Ont droit qu'à leur cercueil la foule vienne et prie ;
Entre les plus beaux noms, leur nom est le plus beau.
Toute gloire près d'eux passe et tombe éphémère ;
    Et, comme ferait une mère,
La voix d'un peuple entier les berce en leur tombeau !

    Gloire à notre France éternelle !
    Gloire à ceux qui sont morts pour elle,
    Aux martyrs, aux vaillants, aux forts !
    A ceux qu'enflamme leur exemple,
    Qui veulent place dans le temple,
    Et qui mourront comme ils sont morts.

C'est pour ces morts, dont l'ombre est ici bienvenue,
Que le haut Panthéon élève dans la nue,
Au-dessus de Paris, la ville aux mille tours,
La reine de nos Tyrs et de nos Babylones,
    Cette couronne de colonnes
Que le soleil levant redore tous les jours !

    Gloire à notre France éternelle !
    Gloire à ceux qui sont morts pour elle,
    Aux martyrs, aux vaillants, aux forts !
    A ceux qu'enflamme leur exemple,
    Qui veulent place dans le temple,
    Et qui mourront comme ils sont morts !

Ainsi, quand de tels morts sont couchés dans la tombe,
En vain l'oubli, nuit sombre où va tout ce qui tombe,
Passe sur leur sépulcre où nous nous inclinons ;
Chaque jour pour eux seuls se levant plus fidèle,
    La gloire, aube toujours nouvelle,
Fait luire leur mémoire et redore leurs noms !

Victor Hugo,
les Chants du crépuscule.

DEUXIÈME LEÇON

La patrie. — Ses grandeurs, ses malheurs.

EXPOSÉ

Mes chers amis, regardez la France, que cette carte vous représente. Appuyée sur les Pyrénées, adossée aux Alpes, au Jura et aux Vosges, elle voit devant elle s'étendre trois mers : la Méditerranée, l'Atlantique et la Manche ; l'une qui met à sa portée l'Afrique et l'Asie, l'autre qui lui ouvre le chemin des deux Amériques, la troisième qui l'unit à ses voisines du Nord. Il n'est pas de pays mieux placé pour entrer en relations avec le reste du monde.

Il n'en est pas non plus qui soit mieux constitué. La France n'est ni allongée comme l'Italie ou la Suède, ni découpée comme la Grèce, ni informe comme la Prusse ou l'Autriche. C'est un corps vigoureux, bien bâti, bien proportionné.

Quatre grands fleuves, alimentés par des affluents nombreux, coulant dans des directions. différentes, éloignés les uns des autres, la partagent en quatre grands bassins presque égaux entre eux et presque également fertiles.

Son sol, d'une fécondité merveilleuse, y produit toute sorte de grains, de légumes, de fruits et de vins. Un climat tempéré en rend le séjour agréable et sain ; les sites y sont variés : hautes montagnes, larges vallées, riants coteaux, vastes plaines, gras pâturages, riches forêts, tout y charme les yeux.

Mais ce n'est pas seulement la beauté de notre patrie qui doit nous la rendre chère, ce sont ses grandeurs, ce sont aussi ses malheurs. Nous avons le droit de dire que nos annales ne sont qu'une longue et brillante chaine de faits d'armes glorieux que la bravoure contemporaine enrichit de nouveaux chatnons.

Il n'est terre au monde où l'on ne trouve les traces de notre séjour ou de notre passage ; où notre intrépidité, parfois aventureuse, presque toujours chevaleresque, n'ait laissé d'ineffaçables empreintes et d'impérissables souvenirs.

Les grandes époques de notre histoire ne sont que d'irrésistibles mouvements de notre bonté naturelle ; nulle part ailleurs la chevalerie n'a produit des héros plus nobles et plus purs ; c'est un élan de notre cœur qui nous a entraînés à la délivrance des lieux saints ; nous ne pouvons rester sourds à la voix des opprimés qui nous appellent, des malheureux qui nous implorent ; nombre de peuples, les Etats-Unis, l'Italie, la Grèce, nous ont vus accourir pour briser leurs chaînes, et l'ingratitude et l'indifférence n'ont pu nous guérir de notre incurable et admirable ardeur.

Nos ennemis mêmes rendent à notre caractère un involontaire hommage, car leur jalousie et leur haine ne les empêchent pas de venir se réchauffer à la douce et vivifiante chaleur de notre hospitalité : on voyage ailleurs, on séjourne chez nous, et la France est le rendez-vous du monde.

Aucune gloire ne nous manque et ne nous a manqué ; nulle part, dans le monde entier, les lettres, les sciences, les arts, n'ont brillé d'un éclat plus vif et plus durable ; aucun peuple de la vieille Europe ne peut présenter comme nous à l'admiration du monde quatre grands siècles de chefs-d'œuvre comme nos seizième, dix-septième, dix-huitième et dix-neuvième siècles.

Dans nos derniers désastres, ce n'est pas le courage qui nous a fait défaut ; nous avons lutté là où bien d'autres auraient jeté les armes ; nous avons espéré contre toute espérance, et depuis ces jours néfastes notre race a prouvé et prouve aujourd'hui même que le vieux sang français bout encore dans ses veines et que la France n'a rien perdu de son génie et de sa vitalité.

PENSÉES. — MAXIMES

1. La patrie nous donne mille plaisirs habituels que nous ne connaissons bien qu'après les avoir perdus.

Mme LE STAEL.

2. L'exilé partout est seul.

LAMENNAIS.

3. Celui qui défend sa patrie défend ses parents, ses amis, ses biens et lui-même.

4. Qu'aimera-t-il, celui qui n'aime pas son pays ?

5. Ah ! terre merveilleuse ! ah ! beau pays de France
Dont le nom dit : *Franchise*, et l'histoire : *Espérance !*

Eugène MANUEL.

QUESTIONNAIRE

Comment la France est-elle située ? — Ressemble-t-elle par sa forme aux autres États de l'Europe ? — Comment est-elle arrosée ? — Que produit son sol ? — De quelle espèce est son climat ? — N'offre-t-elle pas aux yeux toute sorte de beautés ? — Notre histoire n'est-elle pas glorieuse ? — Est-il un pays où l'on n'ait vu flotter le drapeau français ? — Rappelez les grandes époques de notre histoire. — N'avons-nous pas secouru d'autres peuples ? — La France n'est-elle pas visitée par les étrangers ? — Est-ce par les armes seulement que la France s'est illustrée ? — Combien notre littérature compte-t-elle de siècles glorieux ? — Est-ce le courage qui nous a manqué dans nos derniers malheurs ? — La France ne s'est-elle pas promptement relevée ? — Que concluez-vous de ce qui précède ?

LECTURES. — **Rôle historique de la France.**

La France, au dix-septième siècle, règne sur le monde, moins encore par la puissance irrésistible de ses armes que par l'ascendant de son génie. Nos artistes, nos écrivains, nos poètes, donnent au règne de Louis XIV un éclat extraordinaire, et l'Europe qui les admire désespère de les égaler jamais. Ah ! la belle chose que cet empire exercé par l'intelligence et le talent ! Quel peuple peut s'enorgueillir d'avoir présenté à l'admiration des hommes un spectacle comparable à celui qu'offrit le concours en un même temps de tous ces esprits d'élite dont les chefs-d'œuvre resteront immortellement jeunes ? Pascal, Corneille, Descartes, Racine, Molière, Bossuet, Poussin ; que de grands noms ! que de titres acquis par la France à la reconnaissance des nations pour avoir ajouté au patrimoine commun de l'humanité tant d'œuvres impérissables !

Entrons dans le dix-huitième siècle. La France garde encore le sceptre dans le domaine de l'intelligence... Mais nos écrivains ne se contentent plus alors de donner l'exemple inimitable d'un style dont la perfection n'a jamais été égalée. Ils mettent en circulation des idées nouvelles... Voltaire surtout, le plus grand, le plus universel de tous ces beaux génies, ne se lasse pas de jeter dans le monde avec une inépuisable fécondité les idées neuves, les réflexions ingénieuses ou profondes. L'Europe s'éprend avec enthousiasme de toutes nos idées... Tous les peuples ont les yeux tournés vers notre patrie et payent le tribut d'une fervente admiration à la supériorité de son génie.

Cependant 1789 arrive. La Révolution commence ; des hommes nouveaux, d'une grandeur tragique, apparaissent alors sur la scène dans notre pays. Ils se chargent d'appliquer les idées répandues par les philosophes du dix-huitième siècle, et de bâtir une société nouvelle sur les ruines de l'ancienne qui s'effondre de toutes parts. La France proclame ce qu'on a appelé les principes de 1789 :

égalité de tous les citoyens devant la loi, liberté de conscience, libre admission de tous aux fonctions publiques, etc. Tout cela nous semble très simple aujourd'hui. Mais c'était alors une nouveauté qui paraissait dangereuse à beaucoup de gens. C'était une rupture éclatante avec le passé, un passé plein d'iniquités, de violences, de misères que vous ne soupçonnez même pas, mais dont nos aïeux à tous ont gémi pendant des siècles. Ce grand bienfait de la Révolution, la France ne voulut pas le garder pour elle seule. Elle convia généreusement les peuples à en prendre leur part. C'est alors que toutes les forces du passé se coalisèrent contre elle. Notre patrie accepta la lutte, et l'on vit commencer cette guerre sauvage pendant laquelle la France, menacée jusque dans son existence nationale, déploya une énergie terrible qui la sauva. Victorieuse, elle sema, avec les armées de la République et de l'Empire, les idées de la Révolution aux quatre coins de l'Europe, si bien que les peuples vaincus par nos armes et qui supportaient péniblement notre domination, étaient bientôt presque réduits à bénir leur défaite, puisqu'elle devenait le gage de leur régénération...

C'est là, jeunes gens, ce que je voulais vous dire au sujet du rôle historique de notre patrie. Comprenez-vous combien j'avais raison de vous affirmer que votre patriotisme serait d'autant plus ardent, que vous connaîtriez mieux les titres de notre France au respect et à la reconnaissance du monde ?

Georges DURUY,
Pour la France.

(Hachette et Cie, éditeurs.)

La beauté et la fécondité de notre patrie.

France ! ô belle contrée, ô terre généreuse,
Que les dieux complaisants firent pour être heureuse,
Tu ne sens point du Nord les glaçantes horreurs ;
Le Midi de ses feux t'épargne les fureurs.
Tes arbres innocents n'ont point d'ombres mortelles,
Ni des poisons épars dans tes herbes nouvelles

Ne trompent une main crédule : ni tes bois
Des tigres frémissants ne redoutent la voix ;
Ni les vastes serpents ne traînent sur tes plantes
En longs cercles hideux leurs écailles sonnantes.
Les chênes, les sapins et les ormes épais
En utiles rameaux ombragent les sommets ;
Et de Beaune et d'Aï les rives fortunées,
Et la riche Aquitaine et les hauts Pyrénées,
Sous leurs bruyants pressoirs, font couler en ruisseaux
Des vins délicieux mûris sur leurs coteaux.
La Provence odorante et de Zéphire aimée
Respire sur les mers une haleine embaumée,
Au bord des flots couvrant, délicieux trésor,
L'orange et le citron de leur tunique d'or,
Et plus loin, au penchant des collines pierreuses,
Formant la grasse olive aux liqueurs savoureuses,
Et ces réseaux légers, diaphanes habits,
Où la fraîche grenade enferme ses rubis.
Sur tes rochers touffus la chèvre se hérisse ;
Tes prés enflent de lait la féconde génisse,
Et tu vois les brébis, sur le jeune gazon,
Epaissir le tissu de leur blanche toison.
Dans les fertiles champs voisins de la Touraine,
Dans ceux où l'Océan voit l'urne de la Seine,
S'élèvent, pour le frein, des coursiers belliqueux.
Ajoutez cet amas de fleuves tortueux :
L'indomptable Garonne aux vagues insensées,
Le Rhône impétueux, fils des Alpes glacées,
La Seine au flot royal, la Loire dans son sein
Incertaine, et la Saône, et mille autres enfin
Qui, nourrissant partout, sur tes nobles rivages,
Fleurs, moissons et vergers, et bois et pâturages,
Rampent au pied des murs d'opulentes cités,
Sous les arches de pierre à grand bruit emportés.
Dirai-je ces travaux, sources de l'abondance,
Ces ports où des deux mers l'active bienfaisance
Amène les tributs au rivage lointain
Que visite Phébus, le soir ou le matin?

Dirai-je ces canaux, ces montagnes percées,
De bassins en bassins ces ondes amassées
Pour joindre au pied des monts l'une et l'autre Téthys?
Et ces vastes chemins en tous lieux départis,
Où l'étranger à l'aise achevant son voyage
Pense au nom des Trudaine et bénit leur ouvrage?

. . . .

. . . . O France, trop heureuse,
Si tu voyais tes biens, si tu profitais mieux
Des dons que tu reçus de la bonté des cieux!...

A. Chénier.

CHAPITRE V

LA SOCIÉTÉ

___

PREMIÈRE LEÇON

La société, ses avantages, ses bienfaits.

EXPOSÉ

Le mot de *patrie* parle au cœur autant qu'à l'esprit ; il réveille l'idée de tout ce qui nous est cher, de la terre natale, du toit paternel, de nos parents, de nos amis ; il évoque le souvenir de nos gloires et de nos malheurs.

La patrie suppose une société ; mais ce mot de *société* réveille d'autres idées. La société est le contraire de l'état sauvage. Les premiers hommes vivaient dispersés ; pour vivre réunis, ils ont dû se soumettre à des lois et constituer un pouvoir ou gouvernement qui assurât le respect de ces lois. Le mot de *société* signifie donc une réunion d'hommes soumis à des lois qui règlent leurs rapports entre eux et leurs rapports avec le pouvoir.

La société assure à l'homme de nombreux avantages ; elle le protège, lui, ses biens, son honneur ; elle lui assure l'exercice de ses droits ; elle lui rend facile la satisfaction de tous ses besoins, car, dans la vie de société, chacun profite du travail et du talent des autres ; et comme les inventions, les découvertes se transmettent de génération en génération, les derniers venus ont à leur service tout ce qui s'est inventé et découvert avant eux. La société forme donc comme une immense famille qui a un patrimoine commun.

La société ne nous procure pas seulement les moyens de nous loger, nourrir et vêtir aisément ; outre les avantages matériels de tout genre, elle nous assure toute sorte de jouissances morales et de plaisirs intellectuels. Sans elle, point de famille, point d'amitiés, point de relations ; sans elle, ni lettres, ni arts, ni sciences. C'est elle qui nous tire d'une vie purement animale et nous initie à une vie supérieure ; c'est elle qui nous fait vivre par l'esprit et par le cœur.

Dans la société, l'infinie variété des métiers, des professions, des fonctions, des carrières de tout genre, permet à chacun de trouver l'emploi de ses forces, de ses aptitudes, de ses talents.

Ce n'est pas tout : la société ne reste pas insensible aux souffrances des malheureux ; elle prend sous sa protection les faibles, les infirmes, les orphelins.

Hôpitaux, hospices ; asiles pour les aliénés, pour les vieillards ; maisons pour les sourds-muets, pour les aveugles, pour les enfants trouvés ; bureaux de bienfaisance, associations et œuvres de tout genre, pour les blessés, pour les enfants moralement abandonnés, pour les enfants chétifs ou maladifs ; institutions de prévoyance : caisses d'épargne, caisses de retraites, assurances contre les accidents, contre les sinistres et bien d'autres ; voilà ce que fait la société pour secourir les misères, adoucir les souffrances et prévenir les maux.

Vous devez comprendre maintenant le sens de ce mot *société* ; c'est une grand *association* des hommes entre eux dans leur intérêt commun.

Mais si la société rend aux hommes tant de services, en retour, les hommes ont des devoirs à remplir envers elle. Quels sont ces devoirs? Ce sera le sujet de notre prochain entretien.

PENSÉES. — MAXIMES

1. A l'état sauvage l'être humain n'est qu'un animal; c'est la société qui en fait un homme et un citoyen.

2. A l'état sauvage, les hommes vivent en ennemis; l'état social en fait des amis.

3. Tous pour chacun, chacun pour tous, telle est la devise des sociétés humaines.

4. Ceux qui nous ont précédé ont travaillé pour nous; à nous de travailler pour ceux qui nous suivront.

5. La société est une vaste association de secours mutuel.

QUESTIONNAIRE

Quelles idées réveille le mot de *patrie?* — Qu'est-ce qu'une *société?* — Quels sont les avantages matériels que la société nous assure? — Ne nous procure-t-elle pas aussi des jouissances morales et des plaisirs intellectuels? — Chacun n'y trouve-t-il pas l'emploi de ses facultés? — Pourquoi? — Que fait la société pour le soulagement des malheureux? — Enumérez les principales institutions de bienfaisance? — N'y a-t-il pas aussi des institutions de prévoyance? — Quel est le vrai sens du mot *société?* — Que concluez-vous de ce qui précède?

LECTURE. — De l'idéal des sociétés modernes.

Notre idéal, c'est que la société arrive enfin à justifier son admirable nom, c'est-à-dire qu'elle ne soit plus une simple juxtaposition d'individus, mais un immense réseau aux mailles serrées formé d'associations de tout genre qui répondent à tous les besoins. Ne pouvant détruire les maux inhérents à la nature et à la condition humaines, la misère, les maladies, la vieillesse, la mort, nous voulons au moins les adoucir, en prévenir ou en atténuer de plus en plus les funestes conséquences. Nous voulons épargner à la dignité humaine l'humiliation de

la mendicité ; bien loin de songer à tarir les sources de
la bienfaisance, nous voulons qu'elle devienne plus large,
plus égale, plus clairvoyante et plus prévoyante. Emus
d'une pitié profonde pour les victimes de la destinée,
nous voulons que l'homme surpris en pleine activité par
la maladie voie accourir le médecin et affluer les remèdes ;
que l'artisan, que le paysan, soient attirés ingénieusement
et généreusement vers l'épargne et que, par un prélève-
ment presque insensible sur son salaire quotidien, il arrive à conjurer la misère qu'engendrent les accidents et
les chômages et à assurer le repos et la dignité de sa
vieillesse ; que les orphelins sans fortune trouvent dans
la patrie française une seconde mère ; que ces grands et
malheureux enfants qui n'ont plus leur raison soient
entourés d'autant de tendresse que ceux qui ne sont pas
encore à l'âge de la raison ; que les malheureux qui
tombent en enfance trouvent pour leurs vieux jours un
toit hospitalier. Nous voulons enfin que la société se con-
sidère comme une famille immense dont la sollicitude
toujours en éveil et la prévoyance toujours en travail
embrasse dans le présent et l'avenir toutes les misères
physiques et morales de ses membres.

A. V.

DEUXIÈME LEÇON

Respect des lo s.

EXPOSÉ

Les lois sont la condition même de l'existence des
sociétés ; sans lois, pas de société possible. Les respecter, leur obéir, c'est donc le premier devoir des
citoyens, c'est aussi leur intérêt ; car, de la naissance
à la mort, nous trouvons en elles aide et protection.

Aussitôt né, l'enfant est inscrit sur les *Registres*

de l'état civil; cette inscription lui donne une existence légale, et lui assure la jouissance de tous les avantages que la loi procure aux *citoyens.*

Devient-il orphelin, la loi veille sur lui pendant sa minorité, elle lui constitue un conseil de tutelle chargé de défendre ses intérêts.

Devenu homme, s'il veut contracter mariage, la loi veille à l'accomplissement des formalités qui doivent en assurer la validité : conditions d'âge, consentement des parents, publication des bans, etc. Personnifiée dans le magistrat de la commune, elle préside au mariage, elle le rend légitime, elle constitue la famille, elle règle et fixe les droits des époux et des enfants.

Quelque métier qu'exerce un citoyen, quelque profession qu'il embrasse, la loi le protège. Toutes ses transactions, contrats, acquisitions, ventes, locations, etc., elle en garantit l'exécution par de sages formalités.

Elle lui garantit la possession de ses biens. Est-il lésé dans ses intérêts, il n'a qu'à recourir aux tribunaux ; un premier jugement lui paraît-il injuste, il peut en appeler à une juridiction plus élevée.

Vient-il à mourir, la loi est là qui lui assure l'exécution de ses volontés dernières. Ainsi, pendant et après sa vie, il est le protégé, l'obligé des lois ; aussi leur doit-il obéissance et respect.

Dans un pays de suffrage universel, la violation des lois n'est pas seulement un acte d'ingratitude, c'est une absurdité ; car les lois étant faites par le peuple ou par ses représentants, celui qui désobéit aux lois se désobéit à lui-même.

Sans doute une loi ne réunit pas toujours l'unanimité des suffrages ; le plus souvent elle est votée à la majorité; mais il ne peut en être autrement, car il est peu de questions sur lesquelles tout le monde soit du même avis. D'ailleurs, les lois ne sont pas immuables; le travail législatif n'est qu'un perpétuel remaniement; et ceux qui n'ont pas réussi une première fois peuvent arriver plus tard à faire adopter leur manière de voir.

Mais, quand une loi a été votée et promulguée, elle devient obligatoire, et tant qu'elle n'a pas été abrogée, c'est pour tout citoyen un devoir strict de l'observer.

Il ne suffit pas de respecter les lois; le respect doit s'étendre aux magistrats qui les appliquent; car lorsqu'ils parlent, c'est au nom de la loi, dont ils sont les organes; ce n'est pas leur volonté personnelle qu'ils expriment, mais bien la volonté générale.

Enfin, si nous sommes témoins de quelque infraction aux lois, si nous voyons commettre un vol, un assassinat, notre devoir est de prêter main forte à l'autorité, et de contribuer, autant qu'il est en nous, à l'arrestation des coupables : les criminels sont des ennemis publics; les laisser échapper, c'est se faire leurs complices, c'est leur donner le moyen de commettre d'autres crimes.

Trop souvent on voit des citoyens assister avec une curiosité railleuse à la lutte des agents de l'autorité contre les malfaiteurs; c'est là une abstention coupable et une sotte indifférence; car c'est la société, c'est nous-mêmes que les agents défendent au péril de leur vie.

PENSÉES. — MAXIMES

1. Pas de lois, point de société.

2. Partout présentes, les lois veillent sur nous du berceau à la tombe.

3. Leur désobéir est un acte de révolte et d'ingratitude :

de révolte, car elles sont souveraines; d'ingratitude, car elles sont nos bienfaitrices.

4. Enfreindre la loi, c'est défaire ce qu'on a fait, c'est démolir sa maison.

5. Celui qui refuse de concourir à la défense des lois trahit à la fois l'intérêt général et son propre intérêt.

6. Le magistrat est le premier serviteur des lois; en les appliquant, il leur obéit; en les faisant respecter, il se rend digne de respect.

7. Laisser faire les criminels, les laisser échapper, c'est mériter leurs coups.

QUESTIONNAIRE

Une société peut-elle exister sans lois? — Pourquoi? — Quels services la loi rend-elle aux citoyens dès leur naissance, pendant leur vie et après leur mort? — Dans les pays de suffrage universel, comment se font les lois? — N'est-ce pas une absurdité de leur désobéir? — Pourquoi les lois sont-elles votées à la majorité? — Ne sont-elles pas perfectibles? — Tant qu'une loi n'a pas été abrogée, quel est le devoir des citoyens envers elle? — Quels sentiments devons-nous aux magistrats qui appliquent les lois? — Que devons-nous faire quand nous sommes témoins d'un crime? — Quelle doit être notre conduite envers les agents de l'autorité?

LECTURES. — La loi dans les pays libres.

La loi est d'autant plus respectable dans les pays libres, qu'elle y est discutée, votée par des assemblées élues. Là où règnent, comme chez nous, le régime parlementaire et le suffrage universel, chaque citoyen doit se dire qu'il contribue indirectement, et pour sa part, à la confection de la loi. En lui obéissant, c'est donc, dans une certaine mesure, à lui-même qu'il obéit. Effectivement, il nomme quelques-uns des députés qui sont chargés de la faire, et ces députés ont été mis, comme candidats, en demeure de dire leur opinion sur les questions qui touchent aux plus grands intérêts de la nation. Il a donc su ce qu'il faisait en les nommant, et pu prévoir dans quel esprit ils rempliraient leurs fonctions de législateurs. Que si les prescriptions de la loi ne sont pas toujours conformes à son utilité particulière, il comprendra que celle-ci doit être, en toute justice, subordonnée à l'utilité générale. Il peut arriver que la loi soit ou paraisse vexatoire, nuisible, injuste. En ce cas, le devoir est de lui obéir encore. Tant qu'elle n'est pas abrogée, il n'est permis à personne de s'y soustraire. Mais chacun a le droit d'en poursuivre soit l'amendement, soit l'abolition par tous les moyens légaux.

L. CARRAU,

De l'éducation.

(A. Picard et Kaan, éditeurs.)

Les lois à Socrate.

Socrate, philosophe athénien, avait été condamné à mort pour ses doctrines que les juges trouvaient dangereuses. Cette condamnation était injuste; aussi les amis de Socrate, et entre autres Criton, lui offrirent-ils de le faire échapper de prison avant le jour où il devait boire la ciguë. Mais Socrate refusa. « J'ai été condamné, leur dit-il, conformément aux lois; je n'ai donc pas le droit de me soustraire à la peine prononcée contre moi. » Et il ajouta les paroles suivantes que Platon, son disciple, nous a pieusement conservées :

« Lorsque nous serons au moment de nous enfuir, ou comme il te plaira d'appeler notre sortie, si les Lois de la République venaient se présenter devant nous, et nous disaient : « Socrate, que vas-tu faire? exécuter l'entre-
» prise que tu prépares, est-ce autre chose que de ruiner
» entièrement, autant qu'il est en toi, les lois de la Répu-
» blique? Penses-tu qu'un État puisse subsister quand les
» jugements y sont, non seulement sans force, mais encore
» méprisés et foulés aux pieds par les particuliers?» Que pourrions-nous répondre, Criton, à de pareils reproches, et à beaucoup d'autres encore? Y a-t-il rien qu'un orateur ne pût dire sur le renversement de cette loi, qui ordonne que les jugements rendus soient exécutés? Leur répondrons-nous que la République nous a fait injustice et qu'elle n'a pas bien jugé? Est-ce là ce que nous répondrons?

CRITON. — Par Jupiter, oui, nous le dirons, Socrate.

SOCRATE. — Que diront donc les lois? « Socrate, ne
» sommes-nous pas convenus ensemble que tu te sou-
» mettrais au jugement de la République?» et, si nous
paraissions surpris de ce langage, elles nous diraient peut-
être : « Ne sois point surpris, Socrate; mais réponds-
» nous, puisque tu as coutume de procéder par demandes
» et par réponses.

» Dis-nous donc quel sujet de plainte tu as contre la
» République et contre nous, que tu fasses ainsi tous tes
» efforts pour nous détruire? Et d'abord, n'est-ce pas à
» nous que tu dois la vie? n'est-ce pas grâce à nous que
» ton père a épousé celle qui t'a mis au monde? Que
» trouves-tu donc à reprendre dans ces lois que nous
» avons établies sur le mariage?» — Rien, sans doute,
leur répondrais-je. — « Et celles qui regardent la nourri-
» ture et l'éducation des enfants, d'après lesquelles tu as
» été élevé, ne te paraissent-elles pas avoir justement
» ordonné à ton père de t'élever dans tous les exercices
» de l'esprit et du corps?» — Fort justement, dirais-je.
— « Cela étant, puisque tu es né, puisque tu as été nourri
» et élevé grâce à nous, oserais-tu soutenir que tu n'es
» pas notre enfant et notre serviteur de même que tes
» parents. Et, s'il en est ainsi, penses-tu avoir les mêmes
» droits que nous, de sorte qu'il te soit permis de nous
» rendre tout ce que nous tâcherions de te faire souffrir?
» Ce droit, que tu ne pourrais avoir contre un père ou
» contre un maître, de lui rendre le mal pour le mal,
» injure pour injure, coup pour coup, penses-tu l'avoir
» contre la patrie et contre les lois? Et si nous tâchions
» de te perdre, croyant que cela est juste, tu voudrais
» nous prévenir et perdre les lois et ta patrie! Appelle-
» rais-tu cela justice, toi qui fais profession de t'être at-
» taché à la vertu? Ta sagesse te laisse-t-elle ignorer que
» la patrie est digne de plus de respect et de plus de vé-
» nération, devant les dieux et devant les hommes, qu'un
» père, qu'une mère et que tous les parents ensemble?
» Qu'il faut honorer sa patrie, lui céder et la ménager

» plus qu'un père lorsqu'elle est irritée? Qu'il faut ou la
» ramener par la persuasion, ou obéir à ses commande-
» ments, et souffrir sans murmurer tout ce qu'elle or-
» donnera? Même si elle veut que tu sois battu de verges
» ou chargé de chaînes, si elle veut que tu ailles à la
» guerre pour y verser tout ton sang, il faut partir sans
» balancer, car c'est là le devoir; et l'on ne doit ni déso-
» béir, ni reculer, ni quitter son poste; mais à l'armée,
» devant les juges, et partout, il faut obéir aux ordres de
» la patrie, ou user avec elle de persuasion, comme il est
» permis; car si c'est une impiété de faire violence à son
» père ou à sa mère, c'en est une beaucoup plus grande
» de forcer sa patrie (1). »   PLATON,
                                        Le Criton.

(Hachette et Cie, éditeurs).

TROISIÈME LEÇON

L'impôt.

EXPOSÉ

Un peuple est sans cesse exposé aux attaques de
ses voisins; il faut donc qu'il soit toujours en état de
se défendre, et pour cela qu'il ait des armées, des
flottes, des places fortes, des arsenaux. Mais l'entretien des armées, la construction des navires, la fabri-
cation des armes, les travaux de défense, exigent
des sommes considérables. C'est par l'impôt que
l'État se les procure.

Il ne suffit pas qu'un peuple soit protégé contre les
ennemis du dehors; il doit l'être aussi contre ceux du

---

(1) Ce beau morceau est connu sous le nom de prosopopée des lois. — La
prosopopée est une figure de rhétorique qui prête de l'action et du mouvement aux choses inanimées.

dedans, c'est-à-dire contre les voleurs, les assassins, les malfaiteurs de tout genre. Pour cela, il faut une justice, des tribunaux, une police, une force armée. De là une nouvelle source de dépenses.

Nous avons vu déjà qu'une société ne peut se passer de lois; pour les faire, il faut des législateurs, des députés, des sénateurs; pour en assurer l'exécution, il faut un pouvoir exécutif, c'est-à-dire un gouvernement; pour gouverner, le pouvoir a besoin d'auxiliaires, qui sont les administrations, les corps des fonctionnaires de tout genre; chambres, gouvernement, fonctionnaires, autant de causes de dépenses.

Maintenir la paix et l'ordre par l'armée, par les lois, c'est beaucoup, mais ce n'est pas assez; il y a mille travaux à faire dans l'intérêt commun : édifices publics, routes, ponts, canaux, ports, et bien d'autres.

Il y a à organiser le service des postes, à construire les lignes télégraphiques, à poser les câbles sous-marins, pour assurer le service des dépêches et la transmission des correspondances; or, tout cela demande de l'argent, et beaucoup d'argent.

Ce n'est pas tout; un peuple n'a pas seulement des besoins matériels; on doit songer à l'instruire, à l'éclairer, à le moraliser. Pour répandre l'instruction à tous les degrés, pour construire les écoles, les collèges, les lycées, les facultés, les académies, pour rémunérer les instituteurs, les professeurs qui distribuent l'enseignement sur toute la surface du territoire, pour assurer le service des cultes reconnus par l'État, que d'argent ne faut-il pas encore?

Et cet argent lui-même, l'argent de l'impôt, pour le percevoir, pour le faire arriver jusqu'au trésor, peut-on se passer de percepteurs, de receveurs, de trésoriers? Non, assurément; de sorte que ce ne sont pas seulement les services publics, guerre, marine, intérieur, justice, travaux publics, instruction publique, cultes, beaux-arts, postes et télégraphes, etc., qui veulent de l'argent; mais la perception, la rentrée de cet argent nécessaire à tous, ces services sont encore une cause de dépenses.

Mais toutes ces dépenses sont faites pour la grandeur du pays et dans l'intérêt commun. Puisque chacun en profite, il est juste qu'il y contribue. Aucun homme de sens n'oserait prétendre qu'il a droit à recueillir tous les avantages que la société procure sans rien avoir à donner en retour.

C'est donc un devoir de payer consciencieusement l'impôt; celui qui cherche à s'en affranchir, celui qui fraude le trésor, fait acte de malhonnête homme et de mauvais citoyen.

PENSÉES. — MAXIMES

1. Pour suffire à ses besoins, un particulier a besoin d'argent; il en est de même de l'Etat; pour répondre aux besoins de la nation tout entière, il lui faut l'impôt.

2. Puisque chacun a sa part des avantages sociaux, il est juste que chacun paie sa part de l'impôt.

3. Vivre aux dépens des autres est une honte; se soustraire à l'impôt, c'est se procurer toute sorte d'avantages au préjudice d'autrui.

4. L'impôt fait le budget; le budget, c'est l'argent de tout le monde; on n'est pas moins coupable de voler tout le monde que de voler quelqu'un.

5. Ne pas acquitter l'impôt, c'est aggraver le fardeau de ses concitoyens; car ce que les uns ne paient pas, on est obligé de le faire payer aux autres.

6. L'impôt est une dette sacrée, puisque sans impôt il ne peut y avoir ni société, ni patrie.

QUESTIONNAIRE

Un peuple peut-il se passer d'armée? — Ne faut-il pas qu'il soit protégé contre les ennemis du dehors et ceux du dedans?

— Pour faire les lois, pour en assurer l'exécution, ne faut-il pas des Chambres, un gouvernement, des administrations? — Quels sont les principaux besoins matériels d'un peuple? — Quels sont ses besoins intellectuels et moraux? — Comment se procure-t-on l'argent nécessaire à la défense du pays, à la confection et à l'application des lois, à tous les travaux et à tous les services publics? — Tous les citoyens ne profitent-ils pas des avantages que la société procure à l'aide de l'impôt? — Quel est donc le devoir des citoyens?

LECTURES. — Gille et Jean ou à quoi sert l'impôt.

Montés sur une bonne petite carriole, Gille et Jean s'en allaient à la ville. C'était une paire d'amis. Ils ne se ressemblaient pourtant guère, car Gille était beau parleur et grand raisonneur; Jean, au contraire, parlait peu mais raisonnait juste. Chemin faisant, la conversation s'engage. Maître Gille commence, car il avait toujours quelque chose à dire, et quand il ouvrait la bouche, c'était toujours pour se plaindre de ceci ou de cela ou de n'importe quoi.

— Alors c'est après demain que le percepteur arrive, et il va falloir encore payer l'impôt.

— Dame, observa Jean, c'est une vieille habitude...

— Et mauvaise habitude.

— Comment! mauvaise! et pourquoi?

— Pourquoi? mais je ne crois pas que tu trouves bien réjouissant de vider sa bourse dans les mains du percepteur.

— D'abord je ne la vide pas, ni toi non plus, je pense.

— J'en donne toujours trop.

— Bah! ce n'est pas de l'argent perdu.

— Il est perdu pour moi, puisque je ne le revois plus.

— Tiens! dit Jean, en étendant le bras à gauche de la route, regarde donc : n'est-ce pas ce pauvre Martin dont la voiture s'est embourbée?

— Mais oui, c'est lui.

— Comme il crie, comme il jure, comme il fouette ses pauvres bêtes! Les roues du chariot sont dans l'ornière jusqu'au moyeu; j'ai grand'peur qu'il ne s'en tire pas.

— Aussi, pourquoi n'a-t-il pas empierré le bout de chemin qui va de sa maison à la route? c'est à lui ce chemin, puisqu'il est sur ses terres.

— Nous avons de la chance, nous autres, de rouler sur une bonne route, bien faite, bien entretenue.

— Dame! cela n'a rien de bien étonnant : une route départementale!

— Est-ce que tu ne paies rien pour l'entretien de cette route?

— Je paie comme tout le monde, parbleu!

— Et tu trouves que c'est de l'argent perdu.

— Ce que j'ai donné, je ne l'ai plus.

— Mais si, tous tant que nous sommes dans la Nièvre, nous n'avions rien donné pour l'entretien de nos routes, aujourd'hui Cocotte n'irait pas si bon train et ne nous mènerait pas si rondement à la ville; il nous faudrait cinq ou six fois plus de temps, et le temps, c'est de l'argent; sans compter que nous aurions pu nous embourber, comme ce pauvre Martin, éreinter Cocotte, et, qui sait? casser la carriole. Tu vois que l'impôt a du bon; c'est un placement avantageux.

— Un placement! ah! pour le coup, c'est trop fort! un placement! ha! ha! ha!

— Ris tant que tu voudras; c'est un placement, et un bon. Pour quelques francs que nous donnons, nous en économisons des centaines que nous coûteraient le manque de routes ou leur mauvais état. Mais nous approchons de la ville; je vois le pont de la Nièvre!

— Bon! il va falloir encore payer le péage, dit maître Gille, que les raisonnements de Jean mettaient de mauvaise humeur.

— Oh! pour le coup, dit Jean, je t'engage à te plaindre. Un pont ne pousse pas tout seul; pas d'argent, pas de ponts. Et nous serions bien avancés si nous n'avions pas celui-ci! Il nous faudrait remonter vingt kilomètres en amont pour en trouver un autre, à moins que nous ne préférions passer la Nièvre à la nage, en laissant nos habits sur le bord.

Ce disant, Jean tira deux sous de sa poche, un pour lui, un pour Gille, et les remit au péager. Puis, hue! Cocotte, et les voilà partis pour l'auberge du Cheval-Blanc. Là, nos deux amis se séparèrent, et chacun s'en fut de son côté à ses affaires.

Le soir, après avoir soupé, ils sortirent ensemble pour se promener dans la ville. Comme la soirée était belle, leur promenade se prolongea, et il était près de minuit quand ils reprirent le chemin de l'auberge. Mais voici qu'en passant par une rue étroite et obscure, ils se virent tout à coup entourés par quatre malfaiteurs qui, les prenant à la gorge, leur demandèrent la bourse ou la vie. Gille, qui n'aimait pas à débourser, se mit à crier de toutes ses forces : au secours! au voleur! Heureusement pour eux des sergents de ville accoururent, et, à leur vue, les voleurs lâchèrent prise et détalèrent.

— Ouf! dit Gille, en respirant fortement, nous l'avons échappé belle, et si je n'avais pas crié au secours, c'en était fait de nous.

— Tu aurais eu beau crier à tue-tête, répondit Jean, si des sergents ne s'étaient trouvés dans le voisinage, ce ne sont pas tes cris qui nous auraient sauvés. Est-ce que nous n'allons pas leur donner quelque chose à ces braves sergents?

— Mais ils n'accepteraient pas; d'ailleurs ils sont payés pour protéger les passants.

— Et qui est-ce qui les paie?

— La ville donc.

— Et avec quoi?

— Avec l'argent de tout le monde, parbleu!

— Et cet argent-là, comment est-ce qu'on l'appelle?

— Bon! Bon! Compris. Allons coucher, je n'en puis plus.

Et ils allèrent coucher, non toutefois sans avoir remercié leurs sauveurs.

Depuis ce jour, maître Gille ne parla plus à Jean de l'inutilité de l'impôt, et il paya sans murmurer ses contributions tant directes qu'indirectes.   A. V.

Du paiement de l'impôt.

Pour payer ses fonctionnaires, alimenter les services publics, pourvoir à la défense du sol et de l'honneur national, l'État a besoin de ressources pécuniaires. Elles lui sont fournies par l'impôt.

Acquitter l'impôt est donc un devoir civique. On remplira ce devoir scrupuleusement, c'est-à-dire sans se permettre de frauder l'État ou de détourner quoi que ce soit de ce qui lui est dû. Un bon citoyen ne sera jamais en retard, il sera plutôt en avance pour le payement de ses contributions. Il ne cherchera pas, par des déclarations mensongères, à diminuer les charges que la loi fait peser sur lui. Il ne témoignera aucune mauvaise humeur contre les agents du fisc, sachant que ceux-ci, en obligeant les contribuables à payer, font eux-mêmes leur devoir et que leur tâche est souvent assez pénible. Toute fraude, quelle qu'en soit la forme, et la victime fût-elle non un particulier mais le trésor public, est un vol.

L. CARRAU,
De l'éducation.

(Picard et Kaan, éditeurs.)

QUATRIÈME LEÇON

Le service militaire.

EXPOSÉ

Tous les citoyens étant égaux devant la loi, et tous participant aux avantages que la société assure, il est juste aussi que tous concourent à la défense de la société ; en d'autres termes, ils doivent tous passer sous les drapeaux. C'est la loi de 1872 qui a rendu le *service obligatoire*.

Avant 1789 l'armée se composait de *milices* fournies par le tiers état, de *volontaires* souvent recrutés par le racolage et la presse, et de *mercenaires* étrangers. C'est sous le Consulat que la conscription fut établie ; un moment supprimée par la Restauration, elle fut définitivement rétablie en 1818.

Mais l'exonération était permise, et l'on pouvait se faire remplacer à prix d'argent. Depuis 1872, ce privilège n'existe plus ; tous les citoyens valides sont astreints au service militaire ; il n'y a d'exemptions que pour les malades, les infirmes, et pour les fils de veuves ou aînés d'orphelins.

Pour échapper au service, il arrive que des jeunes gens feignent des infirmités, se donnent des maladies, ou vont même jusqu'à se mutiler. On ne saurait trop flétrir ces honteuses pratiques ; elles prouvent un manque absolu de patriotisme et de sens moral. Un bon citoyen, un bon Français, un honnête homme doit tenir à honneur de payer sa dette à la patrie et de remplir un devoir sacré.

Le soldat qui déserte en temps de paix n'est pas moins coupable ; quant à la désertion en présence de l'ennemi, c'est un acte de lâcheté, un crime, une trahison ; partout flétrie, elle est punie partout des châtiments les plus rigoureux.

Une fois sous les drapeaux, le soldat doit à ses chefs une obéissance absolue ; non pas cette obéissance forcée qu'inspire la crainte des punitions, mais une obéissance volontaire, celle qu'inspirent le sentiment du devoir, l'amour de la patrie, et l'intelligence des nécessités de la discipline. Sans discipline, en effet, une armée est impuissante, elle est condamnée à la défaite. Le soldat indiscipliné est donc un auxiliaire de l'ennemi, puisqu'il contribue à lui assurer la victoire.

A l'obéissance il doit joindre le respect, non pas ce respect tout extérieur que la discipline impose, mais un respect véritable et sincère, celui qui fortifie l'autorité. Tourner un chef en ridicule, se livrer par derrière à des plaisanteries faciles ou grossières, ce n'est pas seulement manquer de dignité, c'est porter atteinte au prestige nécessaire à la hiérarchie.

Il ne suffit pas que le soldat respecte ses chefs, il faut aussi qu'il se respecte lui-même. Il porte un habit qui est un symbole, qui réveille l'idée de ce qu'il y a de plus noble et de plus précieux au monde, le devoir et la patrie. L'uniforme est chose sacrée, et, par la dignité de sa conduite et de son langage, le soldat doit l'honorer lui-même et le faire respecter par les autres.

Le courage est par excellence la vertu du soldat ; mais braver les périls, affronter la mort, n'est pas le seul courage nécessaire ; il en est un autre qui ne l'est pas moins : c'est celui qui consiste à supporter sans se plaindre les fatigues, les privations, les souffrances que la guerre impose.

Pour cela il faut à la fois de l'énergie morale et de la vigueur physique. Celle-ci ne s'acquiert qu'à la longue et par degrés. Aussi est-ce de loin et pendant la paix qu'il faut se préparer à la guerre, par la marche, par les manœuvres, par les exercices de tout genre, par la tempérance et la sobriété. Les ivrognes et les débauchés sont de pauvres soldats. L'adolescence, l'enfance même peuvent devenir une préparation au service militaire, et le conscrit peut arriver sous les drapeaux avec un corps déjà exercé et assoupli.

En temps de guerre, tous les citoyens, soldats ou non, doivent concourir à la défense du pays, par tous les moyens possibles. Les femmes elles-mêmes ont leurs devoirs; elles peuvent ou soigner les blessés, ou préparer ce qui est nécessaire au pansement des plaies, ou envoyer des secours. En temps de paix elles doivent inspirer à leurs enfants, à leurs frères, à leurs maris, les sentiments virils qui en feront de fermes soutiens de la patrie au jour du danger.

PENSÉES. — MAXIMES

1. Si tous les citoyens ont le devoir de contribuer aux dépenses de l'Etat, à plus forte raison ont-ils le devoir de concourir à la défense du pays.

2. L'égalité des droits implique celle des devoirs.

3. Autant de citoyens, autant de soldats.

4. Se soustraire au service par la feinte et la ruse, c'est se constituer un odieux privilège au prix de son honneur.

5. Sans obéissance, pas de discipline; sans discipline, pas d'armée; sans armée, point de patrie.

6. Obéir par crainte, c'est s'avilir; obéir par devoir, c'est s'ennoblir.

7. Le respect des chefs est le gage et la marque de la véritable obéissance.

8. Le commandement tire du respect sa force et son prestige.

9. L'uniforme a une signification; il rappelle la mission du soldat, il fait penser à la patrie; respecter l'uniforme, c'est respecter son pays.

10. Un soldat sans courage, c'est un corps sans âme.

11. Le lâche n'est pas simplement inutile, il est dangereux; c'est un allié de l'ennemi.

12. Il y a deux sortes de courage également nécessaires au soldat : la *bravoure* qui fait affronter la mort, et la *patience* qui fait endurer la souffrance.

13. Si un soldat a besoin d'armes, il a plus encore besoin de force et de vigueur.

14. En temps de guerre, hommes, femmes, enfants, vieillards peuvent et doivent concourir à la défense de la patrie; car il y a mille manières soit de nuire aux armées ennemies, soit de se rendre utile aux armées du pays.

QUESTIONNAIRE

Pourquoi tous les citoyens doivent-ils être astreints au service militaire? — Depuis quand le service est-il *obligatoire?* — Comment l'armée était-elle composée avant la Révolution? — A quelle date la conscription a-t-elle été définitivement établie? — Qu'était-ce que l'*exonération?* — Y a-t-il encore des *exemptions?* — Lesquelles? — Que penser de ceux qui essaient de se soustraire au service et des moyens qu'ils emploient? — Quels sentiments la désertion doit-elle inspirer? — Quel est le premier devoir du soldat sous les drapeaux? — Comment doit-il obéir? — Pourquoi doit-il respecter ses chefs? — L'uniforme n'a-t-il pas droit au respect? — Pourquoi? — Comment le soldat le fera-t-il respecter? — Quels sont les devoirs du soldat en temps de guerre? — Comment peut-il se préparer à les remplir? — N'y a-t-il pas une préparation antérieure à la conscription? — Quels sont, en temps de guerre, les devoirs de ceux qui ne sont pas sous les drapeaux? — Les femmes elles-mêmes n'ont-elles pas alors des devoirs à remplir? — Lesquels?

LECTURES. — Une famille patriote.

Quand la *Convention* déclara la patrie en danger, il y eut dans toute la France un grand nombre d'enrôlements volontaires. A Paris, dans la section des Lombards, un vieillard vit venir à lui ses quatre fils; ils avaient l'air triste et semblaient vouloir demander une grâce.

« Que désirez-vous? — leur dit le vieillard qui avait deviné leur pensée; — vous voulez répondre à l'appel de la patrie?

— Oui, père; — répondit l'aîné; — mais il nous en coûte de vous laisser seul, et cependant nous voudrions partir tous les quatre.

— Allez, mes enfants, allez tous les quatre, la patrie avant tout. »

Et l'héroïque vieillard les reconduisit jusqu'au régiment où ils devaient servir ensemble. Lorsque le régiment se mit en marche, le vieillard le suivit tristement des yeux;

et, quand il ne vit plus que le drapeau flottant à l'horizon, il dit en essuyant une larme : « Comme il va vite! Ah! si je n'étais pas si vieux! »

Obéissance héroïque.

Dans un combat, l'ennemi devient pressant, on a besoin d'une compagnie pour occuper un poste périlleux où il faut se maintenir à tout prix. On appelle l'officier pour lui expliquer ce qu'on attend de lui :

« Où m'envoyez-vous? demande-t-il.

— A la mort, répond tranquillement son colonel.

— Bien, mon colonel, réplique-t-il simplement et avec la même assurance;

Et se tournant vers ses soldats :

« Mes enfants, nous allons nous faire tuer! Par le flanc droit, et vive la France! »

La compagnie entière le suit et se fait exterminer.

Voilà de la subordination.   PASCAL,
Le livre de l'élève soldat.
(Hachette et Cᵢᵉ.)

CINQUIÈME LEÇON

Le drapeau.

EXPOSÉ

Dans l'armée, chaque régiment a son drapeau; le drapeau est d'abord un signe de ralliement; on le voit de loin flottant sur les têtes; il montre le chemin de l'honneur. Groupé autour de lui, le régiment marche au combat; il le protège, il le défend. Plutôt que de le laisser tomber entre les mains de l'ennemi, les soldats se font tuer jusqu'au dernier.

C'est que le drapeau est l'emblème de la patrie; sa

vue réveille l'idée de ce que nous avons de plus cher au monde, de la terre natale, du toit paternel, de nos gloires, de nos malheurs, de notre passé, de notre avenir.

Il est le signe de l'honneur; il parle aux yeux et au cœur. Les noms glorieux inscrits sur ses flancs semblent dire : « Rappelez-vous les hauts faits de vos devanciers; montrez-vous dignes d'eux. »

Chaque régiment a son histoire, et le drapeau en porte les dates les plus fameuses. Sous ses plis, des générations passent et se succèdent, unies entre elles par un lien sacré; la dernière venue recueille tout un héritage de gloire, et s'efforce d'y ajouter.

Le drapeau est tissé de souvenirs glorieux ; il fait battre le cœur; il parle, il commande, il entraîne; sa vue électrise le soldat, elle fait des héros.

Quand il paraît, les tambours battent, les clairons sonnent; les passants se découvrent; il est l'image de la patrie.

Quand à force d'essuyer le feu des batailles, il tombe en lambeaux, le drapeau qui le remplace recueille son héritage de gloire et porte inscrits en lettres d'or les noms des combats où il s'est illustré.

PENSÉES. — MAXIMES

1. Le drapeau fait lever tous les yeux; il élève tous les cœurs.

2. Il est l'orgueil du régiment; il en est l'âme; il éclaire l'avenir de l'éclat du passé.

3. Sa voix domine le fracas des batailles; il crie : En avant! toujours en avant!

4. C'est la patrie elle-même qui parle par sa voix ; c'est la patrie qui dit à ses enfants : « Votre mère est en danger; sauvez-la! »

5. Le drapeau est le chef suprême; il commande aux chefs aussi bien qu'aux soldats.

6. Doué d'une force et d'une vie surhumaines, il ne connaît ni les défaillances ni la mort.

7. Criblé de balles, percé de mille coups, il ne tombe pas, il ne recule pas; ses blessures lui donnent une ardeur nouvelle.

8. Prendre un drapeau ennemi est un titre de gloire; perdre le sien, c'est une honte.

QUESTIONNAIRE

Chaque régiment n'a-t-il pas un drapeau? — A quoi sert ce drapeau? — Que fait-on pour le défendre ou le reprendre? — N'est-il pas un *emblème?* — Que représente-t-il? — Quels souvenirs, quelles pensées éveille-t-il? — Que porte-t-il inscrit sur ses plis? — Que semble-t-il dire aux soldats qui le regardent? — N'est-il pas comme un lien entre les générations qui passent sous ses plis? — Ne lui rend-on pas des honneurs? — Que devons-nous faire quand le drapeau passe? — Que fait-on quand il tombe en lambeaux?

LECTURES. — La religion du drapeau.

Dans le vingt-cinquième bulletin du 16 novembre 1805, Napoléon Ier disait : « Le soldat français a pour les drapeaux un sentiment qui tient de la tendresse. »

Combien d'hommes se sont fait tuer, depuis un siècle, pour sauver leur drapeau, non seulement en France, mais dans les armées étrangères! Tel drapeau a passé dans la même bataille aux mains de cinq ou six officiers. Demandez au baron de Charette combien de ses zouaves sont tombés pour soutenir l'enseigne de sa troupe à la journée de Patay?

Gardons-nous bien de laisser perdre ce respect pour un symbole presque religieux. Tous les respects sont unis par un lien mystérieux. Celui qui ne vénère pas le drapeau partout et toujours a perdu le respect de l'autorité, et met en oubli la grandeur de la discipline.

La bénédiction des drapeaux, cérémonie toute chrétienne, imprime au drapeau un caractère religieux. Qui ne connaît le beau discours prononcé par Massillon à la bénédiction des drapeaux du régiment de Catinat, l'un des chefs-d'œuvre de l'art oratoire?

Après la victoire d'Austerlitz, l'empereur Napoléon passait la revue de l'armée. Un régiment seul était sans drapeau. « Soldats du 4e, s'écria Napoléon d'une voix terrible, soldats du 4e, qu'avez-vous fait du drapeau que je vous ai donné?... » Le colonel s'avance, et, sans répondre un mot, présente six drapeaux enlevés aux Russes et aux Autrichiens. — « Cela prouve que vous n'avez pas été des lâches, reprend à haute voix le vainqueur d'Austerlitz, mais vous avez pu être imprudents. Ces six drapeaux ne me rendent pas mon aigle. » A la première bataille, le 4e régiment se fit décimer pour conquérir un nouveau drapeau. Jusque-là, par ordre de l'Empereur, le régiment avait porté le deuil.

Général AMBERT,
Récits militaires.

(Bloud et Barral, éditeurs.)

Hornus le porte-drapeau.

(Sous Metz, 1870)

De temps en temps, le drapeau qui se dressait au-dessus des têtes, agité au vent de la mitraille, sombrait dans la fumée ; alors une voix s'élevait grave et fière, dominant la fusillade, les râles, les jurons des blessés : « Au drapeau ! mes enfants, au drapeau!... » Aussitôt un officier s'élançait, vague comme une ombre dans le brouillard rouge, et l'héroïque enseigne, redevenue vivante, planait encore au-dessus de la bataille.

Vingt-deux fois elle tomba!... Vingt-deux fois sa hampe, encore tiède, échappée à une main mourante, fut saisie, redressée ; et lorsqu'au soleil couché, ce qui restait du régiment — à peine une poignée d'hommes — battit lentement en retraite, le drapeau n'était plus qu'une guenille aux mains du sergent Hornus, le vingt-troisième porte-drapeau de la journée.

Le soir même de la bataille, son colonel lui dit : « Tu as le drapeau, mon brave ; eh bien ! garde-le. » Et sur sa pauvre capote de campagne, déjà toute passée à la pluie et au feu, la cantinière surfila tout de suite un liseré d'or de sous-lieutenant.

Ce fut le seul orgueil de cette vie d'humilité. Du coup, la taille du vieux troupier se redressa. Ce pauvre être habitué à marcher courbé, les yeux à terre, eut désormais une figure fière, le regard toujours levé pour voir flotter ce lambeau d'étoffe et le maintenir bien droit, bien haut, au-dessus de la mort, de la trahison, de la déroute. Vous n'avez jamais vu d'homme si heureux qu'Hornus les jours de bataille, lorsqu'il tenait sa hampe à deux mains, bien affermie dans son étui de cuir. Il ne parlait pas, il ne bougeait pas : sérieux comme un prêtre, on aurait dit qu'il tenait quelque chose de sacré. Toute sa vie, toute sa force étaient dans ses doigts crispés autour de ce beau haillon doré sur lequel se ruaient les balles, et dans ses yeux pleins de défi, qui regardaient les Prussiens bien en face, d'un air de dire : « Essayez donc de venir me le prendre !... »

Personne ne l'essaya, pas même la mort. Après Borny, après Gravelotte, les batailles les plus meurtrières, le drapeau s'en allait de partout, haché, troué, transparent de blessures, mais c'était toujours le vieil Hornus qui le portait.

Alphonse DAUDET,
Contes du lundi.

(Charpentier, éditeur.)

SIXIÈME LEÇON

Le vote et les institutions républicaines.

EXPOSÉ

Ce sont les Chambres qui nomment le Président de la République, et c'est dans la majorité des Chambres que le Président de la République prend ses ministres ; de sorte que le gouvernement, c'est-à-dire le Président et ses ministres, est tel que le fait la majorité et qu'il gouverne selon ses vues.

Mais comme d'autre part ce sont les électeurs qui nomment les Chambres, ce sont en réalité les électeurs qui font le gouvernement, c'est d'eux que dépendent les destinées du pays. Il importe donc au plus haut point que les électeurs fassent de bons choix, car, suivant que les élections seront bonnes ou mauvaises, le pays sera bien ou mal gouverné.

La République a établi le suffrage *universel*, elle a donné à tous les citoyens le droit de suffrage. Mais voter n'est pas seulement un droit, c'est un *devoir*, car un bon citoyen doit s'intéresser aux affaires publiques et contribuer pour sa part au bien du pays.

L'*abstention* est donc blâmable ; elle peut devenir dangereuse. En effet, lorsqu'un nombre considérable de citoyens s'abstiennent, le résultat des élections ne fait plus connaître la véritable opinion du pays, puisqu'on ignore l'opinion de tous ceux qui n'ont pas pris part aux élections. Alors la majorité n'est plus l'image de l'opinion publique, et les lois qu'elle fait passer ne sont plus l'expression de la volonté générale ; le jeu des institutions républicaines se trouve ainsi faussé.

L'abstention a encore pour effet de rendre les majorités moins nombreuses et d'ôter au gouvernement et aux lois la force et le prestige que leur donne le nombre ; par contre, elle enhardit les minorités ; elle expose le pays a être gouverné par le plus petit nombre, c'est-à-dire contrairement à la volonté générale.

Il faut donc voter et surtout il faut bien voter, c'est-à-dire faire de bons choix. La première qualité d'un député, c'est l'intelligence ; mais cette qualité ne suffit pas. Comme les députés ont à faire des lois de toute espèce, sur le commerce, sur l'agriculture, sur l'industrie, sur l'armée, sur la marine, sur l'enseignement, etc., etc., ils doivent posséder une instruction étendue, qui leur permette de tout comprendre et de se prononcer toujours en connaissance de cause. De plus, il est bon qu'à cette instruction générale ils joignent des connaissances spéciales sur quelque matière ; car une Chambre ne peut se passer d'hommes compétents. Quand par exemple on fait une loi sur l'industrie, c'est aux industriels à éclairer leurs collègues. La valeur professionnelle est donc un titre au choix des électeurs.

Mais l'intelligence, l'instruction, la compétence spéciale sont des qualités intellectuelles ; les qualités morales, et en premier lieu, l'honnêteté, la probité, ne sont pas moins nécessaires dans un député, comme aussi dans un conseiller général ou un conseiller municipal ; car, de même que les représentants votent le budget de l'Etat, les autres votent les budgets du département et de la commune ; la fortune publique est entre leurs mains.

Que l'électeur se garde donc de porter son choix sur des gens de moralité douteuse ; un candidat doit être en possession de l'estime et du respect de ses concitoyens.

Qu'il se défie aussi de ceux qui font de trop belles promesses. Promettre est facile, tenir l'est moins. Il ne dépend pas d'un député de transformer la société, et de rendre tous les hommes riches et heureux. Les améliorations sociales veulent du temps, elles sont le fruit des efforts communs.

Quant à ceux qui promettent à leurs électeurs des

places, des emplois, des faveurs, ceux-là sont méprisables, car ils ne peuvent tenir leurs promesses qu'au détriment de la justice et de l'intérêt public.

PENSÉES. — MAXIMES

1. *Élection* veut dire *choix*; bien voter c'est donc bien choisir.

2. Les bonnes élections font les bons gouvernements.

3. Les électeurs nomment les représentants; les représentants forment les Chambres; de la majorité des Chambres sort le gouvernement.

4. Tant vaut la majorité, tant vaut le gouvernement.

5. Pas de droit sans devoir; le droit de suffrage implique le devoir d'en bien user.

6. Dans les élections, s'abstenir, c'est laisser le champ libre aux ennemis de la société; c'est trahir l'intérêt général. L'abstention est une sorte de désertion.

7. Les représentants ont à faire ce qu'il y a de plus difficile au monde, c'est-à-dire de bonnes lois; on ne saurait donc apporter trop de précautions dans le choix des représentants, ni exiger des candidats trop de garanties.

8. L'ignorant croit tout savoir; l'incapable se croit apte à tout; tel qui n'a pu réussir à se créer une position, se croit l'étoffe d'un législateur.

9. Le passé répond de l'avenir; il faut donc juger les candidats sur ce qu'ils ont fait et non sur ce qu'ils promettent de faire.

10. Un particulier ne confie pas un dépôt au premier venu; à plus forte raison ne doit-on remettre qu'en mains sûres le dépôt de la fortune publique.

11. Un charlatan se fait fort de guérir tous les maux; il faut se défier des candidats qui leur ressemblent.

12. Le candidat honnête s'efforce de mériter les suffrages et non de les capter.

13. Vendre son suffrage est une honte; acheter les suffrages est un crime.

QUESTIONNAIRE

Qui est-ce qui nomme le Président de la République? — Qui est-ce qui choisit les ministres? — Qui est-ce qui élit les représentants? — De qui dépend la marche des affaires? — N'est-ce pas un devoir de prendre part aux élections? — Quels sont les dangers de l'abstention? — Quelles qualités intellectuelles faut-il rechercher dans un candidat? — Pourquoi faut-il qu'il ait à la fois des connaissances générales et des connaissances particulières? — Quelles qualités morales doit-il posséder? — Qui est-ce qui dispose de la fortune publique? — Faut-il avoir confiance aux candidats qui promettent des transformations sociales à bref délai? — Que penser de ceux qui promettent des emplois, des exemptions, des faveurs?

LECTURE. — Entre deux électeurs.

« Eh bien, père Francis, vous allez voter?

— Mais oui, mon garçon; et toi, tu votes cette année?

— J'ai déjà voté l'année dernière.

— Oh! alors, tu as déjà un brin d'expérience.

— Pas tant que vous, père Francis, pour sûr.

— Ce n'est pas le plus beau de mon affaire; ça ne rajeunit pas, l'expérience.

— Ça sert tout de même dans l'occasion.

— Je ne dis pas non, dans les élections surtout.

— Pourriez-vous me dire qui sera élu?

— Non, mon ami, pas pour le moment; je te le dirai après le dépouillement du scrutin.

— Ça ne sera pas bien malin, père Francis; vous me le direz quand je le saurai.

— Justement.

— Oui, mais sans savoir absolument qui sera nommé, on sait bien à peu près quel est le candidat qui a le plus de chances; ainsi moi, je crois que c'est Charlat qui aura le plus de voix.

— Peut-être bien.

— Je voterai pour lui; c'est mon homme.

— Je comprends, tu es jeune; mais moi, ce n'est pas le mien.

— Ah! si vous l'aviez entendu hier à la réunion électorale, comme il a parlé.

— Bien parlé, c'est quelque chose, mais ce n'est pas tout, ce n'est pas l'essentiel.

— Cependant quand on va à la Chambre, il faut bien savoir se faire écouter.

— Puisque tu parlais de mon expérience, je te dirai d'abord que ces beaux parleurs qui font florès dans les réunions électorales, une fois à la Chambre, deviennent souvent muets comme des carpes. D'entendre de vrais orateurs, ça leur ôte l'envie de pérorer; et ils se contentent de regarder d'en bas le verre d'eau sucrée. Vois-tu, un orateur et un déclamateur, c'est deux; dans un vrai discours, il y a du sens, des raisons, des faits; dans une déclamation, il n'y a que du son. Mais admettons qu'il sache parler ton Charlat, qu'est-ce qu'il vous a dit?

— Il nous a dit qu'il est collectiviste, et qu'il votera la mise en commun des biens; ça me va, ça!

— Bah! tu veux vivre comme les moines alors?

— Comme les moines! pourquoi ça?

— Mais dame! les moines, les religieux, les religieuses vivent en commun; ils n'ont rien à eux; c'est la communauté qui possède; le chef de la communauté impose à chacun le travail qu'il doit faire et fixe à chacun sa ration.

— Mais ce n'est pas ça du tout, le collectivisme!

— C'est absolument cela, sauf un point, les prières. Car, si jamais vous vivez en collectivité, je suppose que vous ne passerez pas votre temps à chanter des psaumes ou à réciter des *pater* et des *ave*.

— Pour ça, non.

— Eh bien, sous les autres rapports, vous serez bel et bien traités comme les moines. Voyons, quand tous les biens seront en commun, crois-tu que vous serez libres de ne rien faire?

— Je ne dis pas; si on ne travaillait pas la terre, elle ne rapporterait plus rien.

— Et les fabriques, est-ce qu'il ne faudra pas les faire marcher? Et les métiers, crois-tu qu'ils iront tout seuls?

— Non, sans doute, mais du moins on ne manquera plus d'ouvrage.

— Cela, c'est douteux; mais, ce qui ne l'est pas, c'est

qu'au lieu de choisir votre besogne comme aujourd'hui, il vous faudra accepter celle qu'on vous imposera.

— Et pourquoi cela, père Francis?

— Eh, mon ami, par la raison bien simple que si on vous laissait libres de choisir, il y a des besognes dont personne ne voudrait se charger et qu'il faut pourtant faire. Vous serez jugés, jaugés, classés tant bien que mal, à vue d'œil; puis on vous dira : Toi, fais ceci, et toi, fais cela, et il faudra marcher, bon gré, mal gré.

— On sera bien toujours libre de refuser, je pense.

— Oui, mais alors, pas de travail, pas de pitance. Tu ne supposes pas, j'imagine, qu'on vous nourrira pour rien.

— *On* nourrira! *on* ne nourrira pas! *on, on, on...,* qui donc sera-t-il, cet *on*-là?

— *On*, c'est l'*État*, c'est le pouvoir; il faudra bien une autorité quelconque pour administrer les biens de la communauté, pour répartir le travail et distribuer les salaires.

— Une autorité? pourquoi faire?

— Ha? Ha? de plus fort en plus fort, pas d'autorité, pas de lois! eh bien, ce sera un joli méli-mêlo; chacun voudra commander, chacun voudra faire la loi; les gens se jetteront les uns sur les autres, et personne pour mettre tous ces gens-là à la raison! personne pour mettre un peu d'ordre dans le gâchis! Et c'est là ce que vous promet votre Charlat? m'est avis qu'il se moque un peu de vous, le compère.

— Oh! mais, père Francis, vous avez une façon d'arranger les choses qui fait qu'on ne s'y reconnaît plus. Ce n'est pas cela qu'il nous promet, Charlat; il nous dit que, quand on aura tout mis sens dessous dessus, tout ira pour le mieux, et que tout le monde sera heureux.

— C'est cela; il vous promet la lune d'abord, le soleil ensuite, et quelques étoiles par-dessus le marché. Eh bien, mon gas, il n'est pas bête ce Charlat, mais je trouve que son nom est trop court, et qu'il faudrait l'allonger d'une syllabe; tu m'entends?

« — Oui, père Francis, je crois vous comprendre.

— Tu sais bien, n'est-ce pas comment on appelle les gens qui vendent des remèdes à tous les maux?

— Oui.

— Et ceux qui les achètent? Comment les nomme-t-on?

— Je ne sais pas.

— Eh bien! va le demander à l'ami Charlat; il le sait, lui, je te l'assure. Mais voilà la salle de vote; entrons. »

A. V.

CHAPITRE VI

DEVOIRS ENVERS SOI-MÊME. — LE CORPS

PREMIÈRE LEÇON

De la propreté.

Dès le matin, partout, à la ville, à la campagne, on se met à nettoyer. La ménagère nettoie sa maison, les soldats leur caserne, les marins leur navire ; on lave, on balaie, on frotte, on cire ; tout est en mouvement. Hors des maisons, dans les villes, on balaie les rues, les places, les marchés, on enlève les débris, les ordures, les immondices.

Mais dans les maisons on ne se contente pas de nettoyer le sol, les pavés, les planchers, les parquets, c'est-à-dire tout ce que le pied touche et salit ; on nettoie aussi les tables, les chaises, les armoires, les lits, tous les meubles enfin ; on nettoie la batterie de cuisine, la vaisselle, tous les ustensiles, tout ce qui sert à un usage quelconque ; l'ouvrier nettoie ses outils, le soldat ses armes, et l'écolier ses règles, ses plumes.

Mais il y a des objets qui se salissent plus encore que les maisons, les meubles et les outils : ce sont nos vêtements, chapeaux, robes, vestes, redingotes, pantalons, bottes, souliers ; il faut tout brosser, secouer, essuyer, cirer. Est-ce tout ? Non, il y a quelque

chose qui nous touche de plus près que les vêtements, c'est le linge de corps : draps, chemises, bas,
caleçons, qu'il faut souvent laver, lessiver, repasser.

Nous voici arrivés au corps, à la personne. La
laissera-t-on sale, quand on nettoie avec tant de soin
les lieux qu'elle habite, les meubles et outils dont
elle se sert, les vêtements dont elle se couvre? Ce
serait un contresens. Puisque c'est pour elle qu'on
nettoie tout ce qui est à son usage, à plus forte raison faut-il la nettoyer elle-même.

Tout d'abord, on tient en état de propreté ses organes, qui sont des outils de chair et d'os, et parmi
ces organes ceux surtout qui sont d'un usage continuel et qui se salissent par des contacts de tout
genre : les mains, les pieds, les yeux, les oreilles, les
dents. On nettoie aussi, et avec un soin particulier,
les cheveux, cette petite forêt que la saleté peuple
bien vite d'habitants que vous connaissez, de nom au
moins ; on nettoie tout le visage qui est exposé sans
cesse au vent, à la poussière, et qui, étant la plus
belle et la plus noble partie du corps, a droit à tous
nos soins. Enfin on nettoie le corps lui-même que salissent la sueur, la poussière et le frottement des habits. De là des instruments de toute sorte, petits et
grands, éponges, peignes, brosses à cheveux, brosses
à dents, cure-dents, cure-oreilles, baignoires, pis-
cines, etc.

Mais ce n'est pas assez pour l'homme que tout soit
propre sur lui et autour de lui, linge, vêtements, outils, meubles, maisons; il veut que les animaux qui l'ap-
prochent et vivent sous son toit soient propres aussi
et il leur rend les soins qu'ils ne peuvent prendre
eux-mêmes. Il nettoie leur logement et leur écurie,
chenils, niches, volières, etc. ; il nettoie les har-

nais de ceux qu'il attelle ou monte, chevaux, ânes, bœufs ; il renouvelle de temps à autre leur litière ; il les étrille, il les bouchonne, et les mène au lavoir.

D'où vient donc à l'homme ce goût de la propreté, et pourquoi se donne-t-il tant de peine pour la faire régner partout ? C'est ce que nous verrons une autre fois.

PENSÉES. — MAXIMES

1. Propreté, santé.

2. On ne met pas les essences précieuses dans des vases malpropres.

3. La propreté est le luxe du pauvre.

4. Une chaumière peut être aussi propre qu'un palais.

5. La propreté attire, la saleté est repoussante.

6. Mieux vaut repas frugal sur une table propre que repas somptueux sur une table sale.

7. La propreté est le charme des yeux ; elle embellit la laideur même.

8. Manquer de propreté, c'est manquer d'égards envers les autres.

QUESTIONNAIRE

Quelle est la première chose qu'on fait le matin dans les maisons et, hors des maisons, dans les rues ? — Se contente-t-on de nettoyer le sol, les pavés, les planchers ? — Outre les maisons, les meubles, la vaisselle, les outils, etc., que nettoie-t-on encore ? — La propreté n'est-elle pas nécessaire aux vêtements et au linge ? — N'est-elle pas nécessaire au corps ? — Quelles sont les parties du corps que nous devons surtout tenir en état de propreté ? — Pourquoi faut-il surtout nettoyer le visage ? — Les animaux eux-mêmes ne reçoivent-ils pas des soins de propreté ?

LECTURE. — Conseils de Stahl à une jeune personne.

« Nous sommes tous d'accord qu'il convient, pour qu'on puisse dîner de bon appétit, que la nappe soit blanche, que les assiettes soient bien lavées, qu'il n'y ait pas de cheveux dans la soupe, que le couteau qui coupe le pain n'ait rien retenu de ce qu'il a coupé la veille et ne laisse pas de sa vilaine trace sur l'entaille qu'il fait.

» Nous sommes d'accord que, pour boire avec plaisir dans un verre, il faut qu'il soit net et bien rincé, que l'eau qu'on y verse soit claire et limpide, qu'elle ait la bonne saveur de l'eau fraîche et non cette odeur indéfinissable et nauséabonde de l'eau qui a trop longtemps séjourné dans le fond des carafes.

» Eh bien, pourquoi vous qui, avec tant de raison, aimez que ce qui doit vous servir et que ce qui vous est servi soit propre et appétissant, pourquoi n'êtes-vous pas toujours propre vous-même?...

» Pourquoi vous, qui êtes si volontiers dégoûtée, ne craignez-vous pas de dégoûter un peu les autres et peut-être beaucoup?

» Admettez-vous que les gens qui vous aiment le mieux, votre mère, votre sœur, votre père, peuvent, à un moment donné, avoir besoin de vos soins, comme vous avez eu si souvent besoin des leurs? Admettez-vous qu'ils peuvent avoir besoin de vos mains par conséquent?

» Supposez-les malades, blessés. Croyez-vous que, si vous avez à leur préparer, à leur sucrer leur tisane, à toucher pour eux à tout ce qui doit leur servir, à leur prêter le secours de vos mains pour leur remplacer les leurs, mises hors de service par la maladie, croyez-vous que la vue de vos mains, telles que je les vois, n'ajoutera pas au malaise, au dégoût de leur situation?»

Morale familière.

(Hetzel et Cie, éditeurs)

DEUXIÈME LEÇON

De la propreté (*suite*).

EXPOSÉ

Les mauvaises odeurs sont généralement malsaines, et la sensation désagréable qu'elles nous causent est un avertissement. Presque tout ce qui se décompose exhale une odeur fétide et, par là même, dangereuse. Les eaux stagnantes, les amas d'ordures végétales ou animales, les cadavres des animaux, exposés à l'action de l'air et des rayons du soleil, ne tardent pas à entrer en décomposition et par suite en putréfaction. Toute décomposition engendre d'innombrables quantités d'animalcules invisibles, infiniment petits, qui par l'air pénètrent dans les voies respiratoires, dans les voies digestives, et engendrent dans l'organisme des maladies souvent mortelles. Là où se trouve un foyer d'infection, tous ceux qui respirent l'air infecté sont plus ou moins envahis par ces animalcules, qu'on appelle microbes, et les maladies que causent ces microbes deviennent épidémiques, c'est-à-dire qu'elles s'étendent à un grand nombre d'habitants d'un même pays.

La malpropreté est donc dangereuse, et c'est pour conjurer ces dangers que les villes et l'État font aujourd'hui de si grandes dépenses et entreprennent de si grands travaux. Dans les grandes cités, comme Paris, Lyon, Marseille, on entretient des armées de balayeurs ; on amène, et souvent de loin, des eaux de sources et de rivières, on creuse des égouts qui forment sous terre des labyrinthes aux innombrables canaux, on ouvre à l'air et au soleil les quartiers formés de rues et ruelles étroites et tortueuses en y perçant de larges voies, on abat les maisons insalubres, c'est une transformation. Par ces travaux hygiéniques, on abaisse le chiffre de la mortalité.

Si la saleté des villes et des habitations est dangereuse, celle du corps ne l'est pas moins, dans les enfants surtout. Maladies de peau, mal d'yeux, mal d'oreilles, mal des lèvres, voilà les effets ordinaires de la malpropreté. Je ne parle pas des cheveux qui, mal soignés, ne tardent pas à se peupler de ces petits insectes qu'il est inutile de nommer.

Quant aux vêtements, aux chapeaux, aux chaussures, le moyen de les conserver c'est de les tenir propres. Ainsi en est-il des outils, des instruments de toute sorte ; la malpropreté les rouille et les dégrade.

Mais la propreté n'est pas seulement un besoin pour nous, c'est un plaisir ; elle flatte tous les sens, les yeux, le goût, l'odorat, le toucher. C'est un plaisir d'entrer dans une maison où tout reluit, planchers, meubles, vaisselle ; c'est un plaisir de se promener dans des rues, des places, des jardins bien balayés. Plaisir aussi de s'asseoir à une table proprement servie, car la propreté aiguise l'appétit, tandis que la saleté répugne et dégoûte. On n'aime pas à serrer une main sale, à embrasser un visage malpropre.

Il y a plus, la malpropreté ne blesse pas seulement les sens, elle choque l'esprit ; c'est une chose inconvenante, un manque de dignité vis-à-vis de soi-même, un manque d'égards vis-à-vis des autres. C'est aussi une preuve de paresse, de négligence, de grossièreté. Si l'on fuit les animaux immondes, comment aurait-on du plaisir à fréquenter les personnes qui ne craignent pas de leur ressembler.

Aussi, la propreté est-elle non seulement un gage de santé, mais un devoir envers nous-mêmes, et un devoir envers les autres.

PENSÉES. — MAXIMES

1. C'est un manque d'égards que de tendre une main sale.

2. La propreté est la vertu du corps.   STAHL.

3. Qui se respecte se tient propre.   —

4. Parmi les animaux beaucoup ont le goût de la propreté; s'il en est qui se plaisent dans la fange, est-ce à l'homme à les prendre pour modèles?

5. Si l'on ne veut pas se faire donner le nom de certains animaux, il ne faut pas leur ressembler.

QUESTIONNAIRE

Que deviennent les amas d'ordures sous l'action de l'air et du soleil? — Quel est l'effet de la décomposition? — Par où les microbes pénètrent-ils dans l'organisme? — Qu'entend-on par maladies *épidémiques?* — Que font les villes et l'État pour écarter les dangers de la malpropreté? — Quels sont les heureux effets des mesures hygiéniques? — N'est-il pas dangereux de laisser le corps en état de saleté? — La propreté n'est-elle pas nécessaire à la conservation des vêtements, des outils et des armes? — La propreté n'est-elle qu'un besoin, n'est-elle pas aussi un plaisir? — La saleté n'est-elle pas un manque de dignité personnelle? — Qu'est-elle vis-à-vis des autres? — N'est-elle pas aussi une preuve de paresse? — A qui l'homme doit-il éviter de ressembler? — Concluez.

LECTURE. — De l'eau, de l'eau et encore de l'eau.

« Il faut qu'une jeune fille, il faut qu'un jeune homme, il faut qu'un enfant, il faut que tout ce qui vit dans la société de son semblable puisse lui plaire, soit propre, par conséquent.

» La propreté, c'est la vertu du corps.

» C'est ce qu'il ne faut jamais différer ni oublier.

» Vos yeux s'ouvrent; vous vous levez; que votre toi-

lette de propreté soit faite cinq minutes après et avant
tout ; rien n'est plus pressé, et vous vous apercevrez bientôt qu'on se rafraîchit le cerveau en se rafraîchissant les
yeux...

» Croyez-moi, aimez l'eau, adorez l'eau, prodiguez
l'eau à votre petite personne. Vous arrosez votre rosier :
arrosez-vous vous-même ; les roses de vos joues ont
besoin d'eau tout comme les siennes...

» Dès aujourd'hui, soyez propre. La propreté pare et
relève tout.

» La laideur propre vient à bout d'être avenante. Une
femme bien tenue n'est jamais laide.

» On n'approche pas des maisons dont le seuil est
fétide. La maison que votre âme habite, c'est votre corps.
Il ne faut pas que la maison donne mal à croire de l'habitant.

» Et quand on pense que, pour se corriger de cet
affreux, de ce honteux défaut, il ne faut rien qu'une
carafe d'eau répandue à propos et qu'un peu de soin
dépensé au jour le jour, on se demande comment une
jolie tête, bien faite, comme la vôtre, peut s'obstiner à le
garder. »   STAHL,
                              Morale familière.
                          (Hetzel et Cⁱᵉ, éditeurs.)

TROISIÈME LEÇON

Sobriété et tempérance.

EXPOSÉ

Tous les travaux, militaires, agricoles, industriels,
domestiques, exigent de la force et de la santé ; il en
faut aussi pour bien exercer les professions libérales,
la médecine, le barreau, l'enseignement, etc.; il en
faut même pour étudier, pour penser, pour écrire.

Or, le travail est la loi commune ; nous devons travailler pour nous, pour les nôtres, pour nos semblables, pour notre patrie ; c'est donc notre devoir d'entretenir et d'accroître notre santé, puisque sans elle nous ne pourrions bien remplir nos devoirs.

Il ne suffit pas de nous soigner quand nous sommes malades ; il faut autant que possible prévenir les maladies ; c'est par l'hygiène qu'on y parvient. L'hygiène ne consiste pas seulement à se tenir propre, à faire de l'exercice, ni même à faire de la gymnastique. Sans doute la propreté, l'exercice, sont nécessaires, la gymnastique est utile ; mais il y a des qualités ou, pour mieux dire, des vertus sans lesquelles on ne peut conserver longtemps ni ses forces, ni sa santé : ce sont la tempérance et la sobriété.

L'organe vital et réparateur par excellence, c'est l'estomac ; or les excès de la table altèrent et ruinent cet organe ; ils y engendrent des maladies incurables.

Mais l'intempérance et l'ivrognerie ne sont pas seulement nuisibles au corps, qu'elles fatiguent et qu'elles épuisent ; ces vices, l'ivrognerie surtout, sont funestes à l'âme. L'ivresse fait perdre la raison, elle dégrade l'homme, elle en fait un objet de risée, de pitié et de dégoût. L'ivresse alcoolique est particulièrement dangereuse ; elle pousse à la violence, au crime ; elle change l'homme en bête furieuse. Ivre d'alcool, il frappe, il tue, et souvent c'est sa femme, ce sont ses enfants qui sont ses victimes.

Ce n'est pas tout : devenu l'esclave de sa passion, non seulement l'alcoolique s'expose à commettre des crimes, à contracter les plus cruelles maladies, la paralysie, la phtisie, l'idiotisme, la folie, mais le malheureux en transmet le germe à ses enfants ; c'est là l'héritage qu'il leur laisse. Vous devez donc vous préserver d'une si horrible passion ; ce n'est pas seulement un devoir envers votre corps mais envers votre âme, envers votre famille, envers vos semblables, à qui vous devez épargner un si honteux exemple.

PENSÉES. — MAXIMES

1. Bonjour ; comment vous portez-vous ? — Adieu, portez-vous bien. — C'est en ces termes que les hommes s'abordent et se séparent ; la santé est donc à leurs yeux le premier des biens.

2. Manuels ou intellectuels, tous les travaux exigent force et santé.

3. Guérir les maladies, c'est bien ; les *prévenir*, c'est mieux.

4. L'hygiène est une médecine *préventive*.

5. Les soins de propreté, les exercices physiques ne sont qu'une partie de l'hygiène ; il faut y joindre la tempérance et la sobriété.

6. L'intempérance est l'ennemie mortelle de la santé.

7. L'ivrognerie dégrade l'homme ; elle en fait un objet de risée, de pitié et de dégoût.

8. L'ivresse alcoolique change l'homme en bête furieuse ; elle le pousse au crime, elle engendre des maladies héréditaires et mortelles.

9. L'alcool fait plus de victimes que la peste et le choléra.

QUESTIONNAIRE

Tous les travaux manuels n'exigent-ils pas force et santé ? — N'en est-il pas de même des travaux de l'esprit ? — La santé étant la condition du travail, et le travail étant la loi commune, quel est notre devoir ? — Est-ce assez de se faire soigner quand on est malade ? — Quel est le moyen de prévenir les maladies ? — L'hygiène et les exercices physiques y suffisent-ils ? — Quelles sont les vertus nécessaires à la santé ? — Qu'est-ce que la tempérance ? — Qu'est-ce que la sobriété ? — L'intempérance et l'ivrognerie ne sont-elles nuisibles qu'au corps ? — Quels sont les effets de l'ivresse sur la raison ? — A quoi pousse l'ivresse alcoolique ? — Les maladies qu'engendre l'ivrognerie ne passent-elles pas du père aux enfants ? — Quels sont donc, sous ce rapport, nos devoirs envers nous-mêmes, envers notre famille et nos semblables ?

LECTURES. — Charles XII.

« Charles XII avait un jour, dans l'ivresse, perdu le respect qu'il devait à la reine, son aïeule; elle se retira, pénétrée de douleur, dans son appartement. Le lendemain, comme elle ne paraissait pas, le roi en demanda la cause, car il avait tout oublié. On la lui dit. Il alla trouver la princesse : « Madame, lui dit-il, je viens d'apprendre
» qu'hier je me suis oublié à votre égard, je viens vous
» en demander pardon; et, afin de ne plus tomber dans
» cette faute, je vous déclare que j'ai bu hier du vin pour
» la dernière fois de ma vie. » Il tint parole. Depuis ce jour-là, il ne but plus que de l'eau et fut d'une sobriété qui ne contribua pas moins que l'exercice à rendre son tempérament fort et robuste. »

VOLTAIRE,
Histoire de Charles XII.

Conseils du bonhomme Richard.

« Mange et bois l'exacte quantité que ton corps réclame, eu égard au service de ton esprit.

» Ceux qui étudient beaucoup ne doivent pas manger autant que ceux qui travaillent fort, leur digestion n'étant pas si facile.

» Quand tu auras trouvé la quantité et la qualité qui te sont nécessaires, garde-les constamment.

» Evite l'excès en toutes choses, aussi bien que dans le boire ou le manger.

» La jeunesse, l'âge, la maladie demandent une différente qualité de nourriture. Il en est de même pour les diverses constitutions; ce qui est trop pour un flegmatique n'est pas assez pour un tempérament colérique.

» La quantité de nourriture doit être, autant que possible, proportionnée à la qualité et aux conditions de l'estomac, pour que l'estomac la digère.

» Si cette quantité est suffisante, l'estomac peut parfaitement la cuire et la digérer; elle suffit pour nourrir convenablement le corps.

» On peut manger de certains aliments plus que d'autres, quand ils sont de plus légère digestion. La difficulté gît à trouver une mesure exacte; mais mange par nécessité, non par plaisir, car la gourmandise ne sait pas où le besoin finit.

» Veux-tu jouir d'une longue vie, d'un corps sain, d'un esprit vigoureux; veux-tu goûter les œuvres merveilleuses de Dieu? Travaille d'abord à soumettre tes appétits à ta raison. »

FRANKLIN.

Moyen d'avoir toujours de l'appétit.

Un Athénien, s'entretenant avec Socrate, se plaignait de manquer d'appétit et de ne trouver bon rien de ce qu'il mangeait : « Je sais, lui dit le philosophe, un remède infaillible à votre mal : mangez moins. Les mets vous paraîtront plus agréables, vos dépenses seront diminuées, et vous vous porterez mieux. »

Un jour que ce sage avait donné un repas, il répondit à un de ses amis qui paraissait étonné de ce qu'il n'avait pas fait de plus grands préparatifs : « Si mes convives sont raisonnables, j'en ai assez pour eux; s'ils ne le sont pas, j'en ai trop. »

CHAPITRE VII

LES BIENS EXTÉRIEURS

PREMIÈRE LEÇON

Économie. — Dettes.

EXPOSÉ

Aliments, vêtements, meubles, maisons, terres, tout ce dont on a besoin s'achète et ne se donne pas; on ne peut donc se passer d'argent : mais comment s'en procurer? En travaillant. L'argent, il est vrai, peut venir aussi par héritage; mais tout le monde ne fait pas d'héritage, tandis que tout le monde peut et doit travailler.

Il faut régler ses dépenses sur ses ressources, et ne pas dépenser plus qu'on ne gagne. Si par malheur on se trouve réduit à emprunter, on ne doit pas emprunter plus qu'on ne peut rendre, sans quoi l'emprunt n'est qu'un vol déguisé.

On est excusable d'emprunter pour ses besoins, mais non pour ses plaisirs; on est excusable d'emprunter une fois par nécessité, mais non de vivre d'emprunts.

Quand on a contracté une dette, on ne doit avoir ni cesse ni repos qu'on ne l'ait acquittée, car la dette s'accroît par les intérêts; une dette en amène une autre, et l'on finit par devenir insolvable.

Le seul moyen d'éviter les dettes, c'est de faire des économies. Il faut prévoir les dépenses imprévues, car il y en a toujours. Le laboureur doit craindre les mauvaises récoltes ; l'ouvrier, le chômage ; personne n'est à l'abri des maladies, des accidents, des sinistres. Si l'on a manqué de prévoyance, si l'on n'a pas su se constituer une épargne, on risque de tomber dans l'embarras, dans la gêne, dans la misère même.

L'économie, c'est la tranquillité dans le présent, la sécurité de l'avenir ; si peu qu'on gagne, on peut toujours prélever quelque chose sur le gain du jour ou de la semaine, ou du mois. Ce qu'on a prélevé, le mieux est, sans attendre, de le porter à la caisse d'épargne ; car on y reçoit les moindres sommes et, aussitôt déposées, elles portent intérêt. On prend ainsi le goût de l'épargne, on voit grossir à vue d'œil son petit capital, et l'on se met en état de faire face aux dépenses imprévues, de n'avoir pas besoin des autres, et de pouvoir, dans l'occasion, venir en aide aux malheureux : voilà quelle doit être l'ambition d'un honnête homme.

PENSÉES. — MAXIMES

1. Le travail, c'est de l'argent.

2. Dépenser plus qu'on n'a, c'est dépenser l'argent d'autrui.

3. Il ne faut pas emprunter plus qu'on ne pourra rendre.

4. On peut emprunter pour ses besoins ; on ne doit pas emprunter pour ses plaisirs.

5. Qui paie ses dettes s'enrichit.

6. Il ne faut dépenser ni plus qu'on ne gagne, ni même tout ce qu'on gagne.

7. L'économie, c'est la prévoyance.

8. Ce que la fourmi fait par instinct, faisons-le par raison, et pendant l'été songeons à l'hiver.

9. Il n'y a pas de petites économies.

10. Les petits ruisseaux font les grandes rivières.

11. Tout emprunt est une perte, toute épargne est un gain.

12. Ne remettez pas à demain l'épargne que vous pouvez faire aujourd'hui.

QUESTIONNAIRE

Pourquoi ne peut-on se passer d'argent? — Quel est le moyen
de s'en procurer? — Dans quelle mesure doit-on dépenser? —
Dans quelle mesure peut-on emprunter? — Doit-on emprunter
pour ses plaisirs? — Pourquoi faut-il se hâter de payer ses
dettes? — Quel est le moyen d'éviter les dettes? — N'y a-t-il
pas toujours des dépenses imprévues? — Quelles sont les conséquences de l'imprévoyance? — Quels sont les heureux effets
de l'économie? — Comment faut-il économiser? — Quelle doit
être l'ambition d'un honnête homme?

LECTURES. — Le bon payeur.

« Rappelez-vous le proverbe, dit Franklin dans son *Avis
à un jeune commerçant : Le bon payeur est de la bourse
d'autrui seigneur.*

» Celui qui est connu pour payer ponctuellement et
exactement à l'échéance peut, en tout temps et en toute
occasion, trouver tout l'argent dont ses amis disposent.
Ceci quelquefois est très utile.

» Après le travail et l'économie, rien ne contribue davantage à la fortune d'un jeune homme que la ponctualité
et l'intégrité dans les affaires; c'est pourquoi ne gardez
jamais de l'argent emprunté une heure de plus que le
temps promis pour le rendre, de peur que le désappoin-
tement ne vous ferme pour toujours la bourse de votre
ami.

» On doit faire attention aux actions les plus insignifiantes qui affectent le crédit d'un homme. Le bruit de
votre marteau entendu à cinq heures du matin ou à neuf
heures du soir par un créancier le rend facile pour six
mois de plus. Mais s'il vous voit à un billard, ou s'il entend votre voix dans une taverne quand vous devriez être
à l'ouvrage, il envoie chercher son argent le lendemain,
et le demande en bloc avant l'échéance.

» Cela montre en outre que vous pensez à votre dette,
cela vous fait paraître aussi soigneux qu'honnête, et cela
augmente encore votre crédit.

» Gardez-vous de croire que tout ce que vous possédez est à vous et de vivre en conséquence. C'est une erreur où tombent beaucoup de gens qui ont du crédit. Pour l'éviter, tenez pendant quelque temps un compte exact de vos dépenses et de votre revenu. Si vous prenez la peine de noter le détail, cela aura un très bon effet, vous verrez combien de petites et insignifiantes dépenses arrivent, d'une manière qui vous surprendra, à faire des sommes considérables; vous discernerez ainsi quelles dépenses vous auriez pu éviter, et vous pourrez économiser à l'avenir sans vous gêner beaucoup. »

L'art de ménager et de dépenser.

D'honnêtes citoyens chargés de faire une quête pour secourir de malheureux incendiés, arrivant à la porte d'une petite maison, entendirent le propriétaire qui grondait étrangement sa servante parce qu'elle avait jeté une allumette dont l'un des bouts pouvait encore servir. Après avoir entendu ce discours, les quêteurs se persuadèrent qu'ils tireraient peu de chose du maître du logis. Cependant ils entrèrent et virent un vieux garçon qui, ayant appris l'objet de leur mission, passa dans un cabinet et en rapporta cent francs qu'il leur remit. Les commissaires restèrent confondus et ne purent s'empêcher de marquer leur surprise à cet homme généreux : « Messieurs, leur dit-il, vous vous étonnez là de bien peu de chose; j'ai une façon de ménager et de dépenser; l'une fournit l'autre; l'une et l'autre satisfont mon goût. » L'économie ne prive le riche d'aucun plaisir et lui ménage celui de la bienfaisance.

Les dettes.

Quand vous faites votre marché, peut-être ne vous inquiétez-vous guère du payement; mais : « Les créanciers ont meilleure mémoire que les débiteurs; les créanciers sont une secte superstitieuse, grands observateurs des jours et des mois. »

L'échéance arrive sans que vous y pensiez; la demande est faite avant que vous soyez prêts à y satisfaire; ou, si vous n'oubliez pas votre dette, l'échéance, qui d'abord semblait si éloignée, vous paraîtra, en se rapprochant, extrêmement courte. On dirait que le temps a mis des ailes à ses talons comme à ses épaules. « Pour qui doit payer à Pâques, le carême est court. »

En ce moment, peut-être, vous croyez-vous en pleine prospérité; satisfaire une petite fantaisie vous semble sans danger, mais « soleil du matin ne dure pas tout le jour; tandis que vous le pouvez, épargnez pour l'heure de la vieillesse et du besoin ».

Le gain est passager et incertain; mais, tant qu'on vit, la dépense est constante et certaine. « Il est plus aisé de bâtir deux cheminées que d'en chauffer une; aussi couche-toi plutôt sans souper que de te lever endetté. Gagne ce que tu peux, garde bien ce que tu gagnes : voilà la pierre philosophale qui changera ton plomb en or. » Et quand vous tiendrez cette pierre-là, vous ne vous plaindrez plus de la rigueur des temps, ni de la difficulté de payer les impôts.

Samuel Smiles, l'auteur de *Self-Help*, raconte que le peintre anglais Haidon faisait dater sa décadence du jour où, pour la première fois, il avait emprunté de l'argent. Il était arrivé, dit-il, à comprendre la vérité du proverbe : « Qui dette a, peine a »; et voici la remarque significative qu'il consigne dans son journal : « Ici commencent les dettes et les engagements dont jamais de ma vie je n'ai pu ni ne pourrai me débarrasser. » Son autobiographie ne montre que trop douloureusement comment les embarras d'argent jettent l'esprit dans un état de détresse poignante, rendent incapable d'aucun travail et exposent à de nombreuses et périodiques humiliations.

Le conseil qu'il donna, par écrit, à un jeune homme qui allait entrer dans la marine est celui-ci : « Ne vous permettez jamais aucun plaisir, si vous ne pouvez vous le procurer sans emprunter. N'empruntez jamais d'argent, c'est dégradant. Je ne dis pas : ne prêtez jamais; je dis seulement : ne prêtez jamais, si en prêtant vous vous mettez dans l'impossibilité de payer ce que vous devez, mais surtout n'empruntez dans aucune circonstance. »

Self-Help.

(Plon et Nourrit, éditeurs.)

DEUXIÈME LEÇON

Le jeu, le gain.

EXPOSÉ

L'argent nous est utile; il nous aide à remplir nos devoirs envers nous, nos parents, nos semblables; on n'est donc point blâmable d'aimer l'argent; mais il est dangereux de l'aimer trop, car la passion du gain est mauvaise conseillère; elle pousse à des actes indélicats, répréhensibles et même coupables. Le marchand cupide ne se contente pas de vendre cher; il en arrive à tromper sur la qualité, sur la quantité, c'est-à-dire à voler. Les fortunes trop rapides sont rarement le fruit du travail et de l'économie; les fortunes soudaines sont l'effet d'une spéculation heureuse, mais ces fortunes-là ne durent guère, et le plus souvent elles tombent aussi vite qu'elles se sont élevées.

Bien des hommes cherchent dans le jeu, d'abord une distraction, puis un moyen de faire fortune ou de refaire leur fortune; on ne saurait trop les blâmer. Les jeux de hasard sont interdits, et ce n'est pas sans raison; car ils ne font guère que des victimes. D'abord, en ces sortes de jeux, l'on est souvent dupé par des fripons; ensuite, si le joueur gagne, il veut gagner davantage; s'il perd, il veut se rattraper, et dans les deux cas, il joue jusqu'à ce qu'il ne lui reste plus rien. Alors même, il ne s'arrête pas, il emprunte, il s'endette, et, si la chance lui est contraire, souvent il finit par un acte de désespoir : il se tue.

Qui a bu, boira, dit le proverbe; on peut dire aussi : qui a joué, jouera. L'ivrogne boit jusqu'à ce qu'il ait perdu sa raison; le joueur joue jusqu'à ce qu'il ait perdu sa fortune. Et ce n'est pas seulement sa fortune qu'il perd, mais le repos, le goût du travail, l'amour des plaisirs honnêtes. Peu à peu, hors le jeu, tout lui devient indifférent, père, mère, femme, enfants; il sacrifie tout à sa funeste passion, tout, jusqu'aux plus saintes affections, jusqu'aux devoirs les plus sacrés, jusqu'à sa dignité, son honneur, et parfois sa vie. Comme toutes les autres, la passion du jeu grandit insensiblement; on commence par jouer peu; puis on s'enhardit, on hasarde des sommes importantes, et l'on finit par risquer sa fortune entière. Ne jouez donc pas d'argent.

PENSÉES. — MAXIMES

1. L'argent est un bon serviteur et un mauvais maître.
A. DUMAS fils.

2. Ceinture dorée ne vaut pas bonne renommée.
(Proverbe.)

3. On risque de tout perdre en voulant trop gagner
CORNEILLE.

4. Le travail, l'ordre, l'économie, sont les fondements des fortunes durables.

5. Les maisons qu'on bâtit trop vite ne sont pas solides.

6. Tout joueur perd et se perd.

7. Les jeux de hasard n'ont du hasard que le nom; car ils mènent à une ruine certaine.

8. Le premier gain n'est qu'une amorce.

9. Les joueurs trompent souvent; le jeu, toujours.

10. Le jeu est un engrenage terrible; quand le doigt est pris, la main y passe, puis le bras, puis le corps.

Est-on blâmable d'aimer l'argent? — L'amour du gain n'est-il pas dangereux? — A quoi pousse cette passion? — Les fortunes trop rapides sont-elles solides? — Doit-on chercher à s'enrichir par le jeu? — Les jeux de hasard sont-ils permis? — Quel danger y court-on? — Celui qui a gagné se contente-t-il de son gain? — Celui qui a perdu se résigne-t-il à sa perte? — Quand le joueur a perdu ce qu'il a, s'arrête-t-il? — Quand on a pris l'habitude de jouer, est-il facile de la rompre? — Citez le proverbe. — Le joueur ne perd-il que sa fortune? — Continue-t-il à bien remplir ses devoirs de famille? — Jusqu'où le désespoir entraîne-t-il parfois les joueurs? — Comment cette passion commence-t-elle? — Quel est le plus sage?

LECTURES. — **Les suites du jeu.**

Il y a quelques années, un jeune homme d'une famille honorable fut condamné à mort. Dès que sa sentence eut été prononcée, l'aumônier de la prison entra dans sa cellule pour le fortifier et l'exhorter à la résignation.

Il le trouva dans l'agitation la plus violente, répétant continuellement avec rage : « Ah! maudit jeu, maudit jeu! Que n'ai-je été écrasé par la foudre au moment où, pour la première fois, j'osai toucher les dés et les cartes.»

Comme il redisait sans cesse ces paroles, le prêtre lui demanda pourquoi il maudissait tant le jeu.

— « Oh! monsieur l'abbé, lui répliqua-t-il alors avec un visage bouleversé, il a été l'unique cause de ma perte. Je m'y livrai d'abord sans défiance, n'en prévoyant pas les suites funestes. Je m'en promettais même les plus grands avantages, parce qu'au commencement il m'avait été favorable; mais bientôt la fortune tourna contre moi et ne me laissa que la passion du jeu.

» Pour la contenter, j'enlevai d'abord à mes parents tout ce que je pus; ensuite je jouai sur ma parole tous les biens qui devaient me revenir et j'aurais ruiné ma famille si elle n'eût pris des précautions pour me faire enfermer. J'en fus avisé; et, voulant prévenir le coup qui m'a ravi la liberté, j'abandonnai la maison paternelle et je me mis à errer de pays en pays. Mais comme la fureur du jeu me suivait partout, et que je n'avais pas les moyens de m'y livrer comme auparavant, j'eus enfin recours... ô ciel! je n'ose achever... Moi brigand! moi qui n'avais reçu de mes parents que des leçons d'honneur et de probité! Ah! maudit jeu! maudit jeu! » A ces mots, le jeune homme se tut en fondant en larmes et en se roulant de rage dans sa prison; mais il en avait assez dit pour faire comprendre que si par ses vols, ses brigandages et ses crimes, il s'était rendu digne du dernier supplice, c'était le jeu qui en avait été l'unique cause.

ALLOU,
Cours de morale.

(Delagrave, éditeur.)

Dettes de jeunesse.

Le docteur Johnson était d'avis que les dettes faites dans la jeunesse sont la ruine de l'âge mûr.

« Ne vous accoutumez pas », disait-il, « à ne considérer les dettes que comme un inconvénient; vous vous apercevrez bien vite qu'elles sont une calamité. La pauvreté nous prive de tant de moyens de faire le bien et produit une telle impuissance de résister au mal, physique et moral, que par tous les moyens honnêtes il faut l'éviter... Que votre premier soin soit donc de ne devoir jamais rien à personne. Prenez la résolution de ne pas être pauvre, et pour cela, quoi que vous ayez, dépensez moins. »

L'amiral Jervis, comte de Saint-Vincent, a raconté l'histoire des luttes de sa jeunesse, et, entre autres, celle de la résolution qu'il forma de rester libre de dettes. « Mon père avait une très nombreuse famille », dit-il, « et peu de fortune. Il me donna 500 francs pour commencer, et ce fut tout ce que je reçus de lui. Après être resté longtemps en mer, je tirai sur lui 500 francs de plus, mais le billet me revint protesté. Je fus si mortifié par ce refus, que je me promis à moi-même, et j'ai tenu cette promesse, de ne jamais signer un billet sans avoir la certitude qu'il serait payé. Je changeai immédiatement de façon de vivre, quittai la table des officiers, vécus seul, et me mis à la ration du navire, que je trouvai tout à fait suffisante. Je lavai et raccommodai mes propres habits, me fis un pantalon avec la toile de mon lit, et, ayant ainsi amassé assez d'argent pour dégager ma parole, je payai mon billet ; et, depuis cette époque, j'ai eu bien soin de ne jamais permettre que ma dépense excédât mes revenus. » Pendant six ans Jervis se soumit donc aux plus dures privations, mais il conserva toute son intégrité, étudia sa profession avec succès et, par son mérite et sa bravoure, parvint, graduellement mais sûrement, au rang le plus élevé. »

D'après SAMUEL SMILES.

TROISIÈME LEÇON

Prodigalité. — Avarice.

EXPOSÉ

Le jeu n'est malheureusement pas le seul moyen de dissiper sa fortune. Bien des gens dépensent sans compter ; ils ont le goût du luxe, ils veulent briller, ils veulent égaler, éclipser ceux qui sont plus riches qu'eux ; comme la grenouille de la fable, ils s'enflent, ils se travaillent, et, comme elle, ils finissent par crever. Ce sont les vaniteux.

D'autres dépensent pour le plaisir de dépenser ; ils ont envie de tout ce qu'ils voient, ils se passent toutes leurs fantaisies, ils achètent toute sorte de choses inutiles, et, pour satisfaire leurs caprices, ils finissent par se mettre dans la gêne et le besoin.

Il en est aussi qui font les grands, les généreux ; ils donnent sans choix, sans mesure, par plaisir, par entraînement ; ils finissent par donner ce qu'ils n'ont pas. Ils ne sont pas charitables, car la charité s'applique à secourir ceux qui souffrent; ils ne sont pas vraiment généreux, car la générosité agit avec discernement; ce sont des prodigues; ces prodigues ne connaissent pas le prix de l'argent.

Le contraire de la prodigalité, c'est l'avarice; le prodigue donne tout, l'avare, rien. Les autres hommes recherchent l'argent pour en user, bien ou mal; l'avare amasse de l'argent pour le plaisir d'en avoir, d'en posséder. Il aime l'argent pour l'argent et non pour l'usage qu'il en fait; car il ne s'en sert ni pour autrui, ni pour lui-même. Pour accroître son trésor, il va jusqu'à se refuser le nécessaire; de sorte que, malgré sa richesse, il vit dans la pauvreté. Mais l'amour de l'or tue en lui les autres affections; hors l'argent, tout lui devient indifférent; il fait endurer aux siens les plus dures privations; il devient le fléau de ceux dont il devrait être le soutien. Malheureux lui-même, car il tremble toujours pour son or, il fait par surcroît le malheur de ceux qui l'entourent. L'avarice est tout à la fois égoïsme et folie.

PENSÉES. — MAXIMES

1. A vouloir faire le riche on devient pauvre.

2. Qui dépense tout son superflu n'a bientôt plus le nécessaire.

3. Qui prodigue l'argent pour ses caprices se trouve à court pour ses besoins.

4. Il y a des gens qui possèdent de magnifiques bibliothèques et qui n'ouvrent jamais un livre; l'avare leur ressemble.

5. L'avare n'est que le gardien de son trésor.

6. Etre à la fois riche et pauvre, c'est le sort de l'avare.

7. Ami de l'or, ennemi de tout le monde.

8. Le joueur risque sa fortune, l'ivrogne la boit, le gourmand la mange, le vaniteux la prodigue, le dépensier la dissipe, l'avare l'enterre.

QUESTIONNAIRE

Le jeu est-il le seul moyen de dissiper sa fortune? — Quel est le défaut qui pousse certaines gens à dépenser outre mesure? — Ne ressemblent-ils pas à la grenouille de la fable? — Les enfants n'ont-ils pas envie de tout ce qu'ils voient? — N'y a-t-il pas des gens qui leur ressemblent? — Que font les prodigues? — Sont-ils charitables? — Sont-ils vraiment généreux? — Quel est le contraire de la prodigalité? — Dans quel but l'avare amasse-t-il? — Se sert-il de son argent pour lui ou pour les autres? — Que fait-il pour accroître son trésor? — Comment se conduit-il envers les siens? — Les rend-il heureux? — Est-il heureux lui-même? — Concluez.

LECTURES. — **L'amour de la parure et du luxe : ses conséquences.**

Franklin nous montre comment naissent les dettes :

« L'orgueil de la parure, dit-il, est une malédiction; avant de consulter ta fantaisie, consulte ta bourse. » Et encore : « L'Orgueil est un mendiant qui crie aussi haut que le Besoin et qui est bien plus insatiable. » Quand vous avez acheté une jolie chose, il vous en faut acheter dix autres, pour que rien ne jure. Mais : « Il est plus aisé d'étouffer le premier désir que de satisfaire tous ceux qui suivent. » Le pauvre qui veut singer le riche est aussi fou que la grenouille qui s'enfle pour égaler le bœuf. « Grands vaisseaux peuvent risquer davantage; petits bateaux doivent suivre le rivage. »

Ces folies de l'orgueil sont bientôt punies, car : « l'Orgueil, qui dîne de vanité, soupe de mépris. L'Orgueil déjeune avec l'Abondance, dîne avec la Pauvreté et soupe avec la Honte. »

Et, après tout, ajoute-t-il, à quoi sert cet orgueil de paraître, pour lequel on risque tant, on souffre tant? Il ne peut donner la santé, ni adoucir la peine; il n'augmente pas notre mérite; il excite l'envie, il hâte la ruine.

Quelle folie de s'endetter pour ces superfluités?

Aux termes de la vente, on nous offre six mois de crédit; peut-être cette offre a-t-elle engagé quelques-uns de

nous à venir ici. On n'a pas d'argent comptant, mais on espère se faire beau sans rien débourser. Mais, en vous endettant, songez à ce que vous faites : vous donnez à autrui des droits sur votre liberté. Si vous ne pouvez payer à l'échéance, vous rougirez de voir votre créancier ; vous ne lui parlerez qu'en tremblant ; vous alléguerez les excuses les plus mauvaises, les plus pitoyables, les plus basses. Par degrés, vous en viendrez à perdre votre franchise, vous vous abaisserez jusqu'au mensonge ; car :
« Mentir est le second vice ; le premier est de s'endetter. »
Et encore : « La Dette porte en croupe le Mensonge. »

L'avare volé.

Au voleur ! au voleur ! à l'assassin ! au meurtre ! Justice, juste ciel ! Je suis perdu, je suis assassiné ; on m'a coupé la gorge, on m'a dérobé mon argent. Qui peut-ce être ? Qu'est-il devenu ? Où courir ? Où ne pas courir ? N'est-il point là ?... N'est-il point ici ? Qui est-ce ? Arrête ! (*A lui-même se prenant par le bras*). Rends-moi mon argent, coquin... Ah ! c'est moi... Mon esprit est troublé. J'ignore où je suis, qui je suis, et ce que je fais. Hélas ! mon pauvre argent, mon pauvre argent, mon cher ami, on m'a privé de toi, et, puisque tu m'es enlevé, j'ai perdu mon support, ma consolation, ma joie : tout est fini pour moi, et je n'ai plus que faire au monde ! Sans toi, il m'est impossible de vivre. C'en est fait ; je n'en puis plus, je meurs, je suis mort, je suis enterré. N'y a-t-il personne qui veuille me ressusciter, en me rendant mon cher argent, ou en m'apprenant qui me l'a pris ? Hé ! que dites-vous ? Ce n'est personne. Il faut, qui que ce soit qui ait fait le coup, qu'avec beaucoup de soin on ait épié l'heure ; et l'on a choisi justement le temps où je parlais à mon traître de fils. Sortons. Je veux aller quérir la justice, et faire donner la question à toute ma maison, à servantes, à valets, à fils, à filles et à moi aussi. Que de gens assemblés ! Je ne jette mes regards sur personne qui ne me donne des soupçons, et tout me semble mon voleur. Hé! de quoi est-ce qu'on parle là? de celui qui m'a dérobé? Quel bruit fait-on là-haut? est-ce mon voleur qui y est? De grâce, si l'on sait des nouvelles de mon voleur, je supplie qu'on m'en dise. N'est-il point caché parmi vous? Ils me regardent tous et se mettent à rire. Vous verrez qu'ils ont part, sans doute, au vol que l'on m'a fait. Allons vite, des commissaires, des archers, des prévôts, des juges, des gênes, des potences et des bourreaux. Je veux faire pendre tout le monde; et, si je ne retrouve mon argent, je me pendrai moi-même après.

Molière.

Les pièces d'or de Firminie.

Firminie Mauroy appartenait à une riche famille ; son père, pour encourager ses efforts, lui payait chaque semaine les bons points qu'elle avait obtenus et lui laissait la libre disposition de l'argent qu'elle gagnait ainsi par son travail.

Etonnée de ne lui voir acheter aucun des objets qui tentent ordinairement les enfants, sa mère lui demanda un jour ce qu'elle faisait de son argent.

— Oh! mère, répondit-elle, je le mets en réserve.

— Qu'as-tu envie d'acheter? Un livre, une grosse poupée, quoi donc?

— Non, je ne désire rien. J'ai assez de jouets et de livres.

La figure de la mère s'illumina. Sans doute Firminie voulait faire une bonne œuvre; peut-être avait-elle en vue quelque pauvre enfant dans la misère.

— Et combien as-tu maintenant? demanda-t-elle à sa fille.

— Presque deux cents francs... et tout en si jolies pièces! Quel beau petit trésor, si vous saviez! Je le regarde tous les jours, et en le voyant je suis bien contente.

— Mais enfin, qu'en feras-tu?

— Je l'augmenterai chaque semaine afin qu'il devienne bien gros.

La pauvre mère avait compris ; l'avarice était née dans ce cœur d'enfant. Firminie aimait l'argent, non à cause du bien qu'il aide à faire ou des plaisirs qu'il peut donner, mais l'argent pour l'argent.

Oh ! quelle triste découverte !

Elle laissa sa fille et réfléchit. Le lendemain matin, elle la conduisit dans une étroite mansarde où la misère avait établi sa demeure. Une pauvre malade, ses cinq enfants qui pleuraient en demandant du pain : tel fut le spectacle qui s'offrit à ses regards. Elle avait encore bon cœur, et son émotion réjouit sa mère, qui l'emmena en promettant de revenir le lendemain.

« Vous ne leur avez rien donné, dit tristement Firminie.

— C'est que je te réserve cette pauvre famille, mon enfant ; je t'y ai conduite afin que tu aies le bonheur de la secourir toi-même.

— Mais, ma mère, avec quoi?

— N'es-tu pas riche?

— Je n'ai que des pièces d'or.

— Eh bien ! cet or, à quoi sert-il enfermé dans ta cassette? Ne sera-t-il pas plus utile transformé en chauds vêtements, en nourriture, et en médicaments pour ces infortunés que tu viens de voir. »

Il y eut chez Firminie un moment d'hésitation : elle aimait déjà tant son petit trésor ! Mais la voix de sa conscience l'emporta.

« Oh ! oui, vous avez raison, s'écria-t-elle en se jetant au cou de sa mère. Je leur donnerai tout, tout. Je ne veux rien garder de ces vilaines pièces qui, je le sens maintenant, ne peuvent me rendre heureuse. »

ALLOU,

Cours de morale.

(Delagrave, éditeur.)

QUATRIÈME LEÇON

Le travail.

EXPOSÉ

Le travail est avant tout une *nécessité*. Un père nourrit ses enfants tant qu'ils ne peuvent gagner leur vie; mais, une fois grands, ils doivent travailler et se suffire à eux-mêmes. La charité privée et publique vient en aide aux malheureux, aux infirmes, mais non aux fainéants.

Le travail fait la *dignité* de la vie; il nous assure l'indépendance, il nous vaut l'estime de nos semblables, il nous rend utiles et nous permet d'être charitables.

Il est la *vertu domestique* par excellence, d'abord parce que les parents doivent subvenir aux besoins de leurs enfants, ensuite parce que le meilleur moyen de les bien élever, c'est de leur donner l'exemple du travail.

Sans lui, l'homme reste inculte; ses facultés intellectuelles, ses aptitudes physiques demeurent stériles. Le travail est la *condition* du *progrès*, et non seulement pour les individus, mais pour les peuples eux-mêmes. C'est lui qui a tiré les hommes de l'état sauvage et donné naissance à la civilisation; c'est par lui que certains peuples s'élèvent au-dessus des autres, acquièrent la puissance et réparent leurs désastres.

Il n'est pas seulement une source de profits, de richesse et de puissance, il est la *source du bonheur véritable*. L'homme qui travaille est content de soi ; il se sent utile à ses semblables et à lui-même ; sa conscience lui rend un bon témoignage.

L'oisiveté engendre l'ennui ; or l'ennui est un danger. L'homme qui s'ennuie cherche des distractions dans le jeu, dans les plaisirs, dans la débauche. Celui qui ne fait rien est tenté de mal faire. Le travail écarte les mauvaises pensées ; il met à l'abri des tentations dangereuses ; c'est l'auxiliaire de la moralité.

Quand on a l'habitude et le goût du travail, on fuit les excès qui compromettent la santé, on ménage ses forces, on consacre ses nuits au repos, afin de se réveiller frais, dispos et joyeux. Le travail est donc aussi le *gardien de la santé*.

Si nous avons quelque peine, s'il nous arrive quelque malheur, le meilleur moyen de les supporter, c'est de nous livrer au travail ; il nous distrait et nous console, c'est le *meilleur remède à nos maux*.

Il n'est pas de travail humiliant, parce que tout travail est utile, d'abord à celui qui le fait et ensuite aux autres hommes ; ce qui est humiliant, c'est de rester oisif. Il n'est si modeste travail où l'esprit n'ait sa part. La plus humble besogne peut être faite avec intelligence et conscience. Autrefois les travaux manuels étaient dévolus aux esclaves et aux *serfs ;* c'est pour cette raison qu'on les appelait les travaux *serviles*. Aujourd'hui que tous les hommes sont libres, le travail des mains n'a plus rien qui avilisse ; quel qu'il soit, l'intention le relève, le devoir l'ennoblit. Ce n'est pas le genre de travail qui peut rabaisser l'homme, c'est la manière dont on s'en acquitte ; tout travail est honorable, s'il est bien et honnêtement fait.

PENSÉES. — MAXIMES

1. A qui ne fait rien, personne ne doit rien.

2. Celui qui regarde travailler les autres les regardera manger.

3. C'est une honte de demander aux autres ce qu'on peut se procurer soi-même.

4. L'oisiveté dégrade, le travail ennoblit.

5. Le travail fait les gens honnêtes, les familles prospères et les peuples puissants.

6. Elever les enfants, c'est leur donner l'habitude et le goût du travail.

7. Le travail est le bienfaiteur de l'humanité et le père de la civilisation.

8. Le travail raccourcit les journées et étend la vie.

DIDEROT.

9. Qui ne fait rien ne tarde pas à mal faire.

10. Terre inculte se couvre de mauvaises herbes.

11. Les journées bien remplies font les nuits paisibles.

12. Le travail donne repos et santé.

13. Pas d'ennui que le travail ne dissipe, pas de peine qu'il ne sache adoucir.

14. Il n'y a pas de sot métier, il n'y a que de sottes gens.

(Proverbe).

15. Si humble que soit un ouvrage, on s'aperçoit aisément s'il a été fait avec intelligence et conscience.

QUESTIONNAIRE

Le travail n'est-il pas une nécessité? — Ne fait-il pas la dignité de la vie? Comment? — Pourquoi est-il la vertu domestique par excellence? — N'est-il pas aussi la condition du progrès? — Ne-peut-on dire qu'il est la source du bonheur véritable? — Pourquoi? — Quels sont les dangers de l'oisiveté? — Comment le travail est-il le gardien de la santé? — N'est-il pas aussi le meilleur remède à nos maux? — Pourquoi les plus humbles travaux n'ont-ils rien d'humiliant? — Qu'appelait-on autrefois travaux serviles? — Pourquoi ce mot ne peut-il plus s'appliquer aux travaux manuels? — Qu'est-ce qui est humiliant?

LECTURES. — Obligation du travail pour tous les êtres vivants.

Mes enfants, il faut qu'on travaille ;
Il faut tous, dans le droit chemin,
Faire un métier, vaille que vaille,
Ou de l'esprit ou de la main.

La fleur travaille sur la branche ;
Le lis, dans toute sa splendeur,
Travaille à sa tunique blanche ;
L'oranger, à sa douce odeur !

Voyez cet oiseau qui voltige
Vers ces brebis, sur ces buissons,
N'a-t-il rien qu'un joyeux vertige ?
Ne songe-t-il qu'à ses chansons ?

Il songe aux petits qui vont naître,
Et leur prépare un nid bien doux ;
Il travaille, il souffre peut-être,
Comme un père l'a fait pour vous.

Ce bon cheval qui vous ramène
Sur les sentiers grimpants des bois ;
Croyez-vous qu'il n'ait point de peine
A vous porter quatre à la fois ?

Entendez crier la charrue
Tout près de vous, là dans ce champ ;
Voici l'attelage qui sue
Et qui fume au soleil couchant.

Là-bas, le chien s'élance, aboie,
Et poursuit brebis et béliers...
Croyez-vous donc que c'est de joie,
Qu'il folâtre sous les halliers ?

Il va, grondé, battu peut-être,
De l'un à l'autre en s'essoufflant ;

Il va, sur un signe du maître,
Rassembler le troupeau bêlant.

Mais qui bourdonne à mes oreilles ?
Regardez bien : vous pourrez voir
Nos chères petites abeilles
Qui butinent dans le blé noir.

C'est pour vous que ces ouvrières
Travaillent de tous les côtés ;
Sur les jasmins, sur les bruyères,
Elles vont cueillir vos goûters !

Il n'est point de peine perdue
Et point d'inutile devoir ;
La récompense nous est due,
Si nous savons bien le vouloir !

Le moindre effort l'accroît sans cesse,
Surtout s'il a fallu souffrir.
Travaillez donc et sans faiblesse ;
Ne plus travailler, c'est mourir.

V. DE LAPRADE.
(Lemerre, éditeur.)

Le bon emploi du temps.

Il est de mode parmi les hommes d'affaires de citer la maxime que le temps est de l'argent ; mais c'est bien plus que cela en vérité, car si l'on sait en faire un bon usage, c'est la culture, l'amélioration de soi-même, la formation du caractère. Une heure que l'on abandonne chaque jour à l'indolence ou à des riens pires que l'indolence, ferait en quelques années, si elle était consacrée au perfectionnement de soi-même, un sage d'un ignorant, et, employée à de bonnes œuvres, féconderait la vie d'un homme et ferait de son trépas une moisson d'actes méritoires. Un quart d'heure par jour consacré au perfectionnement de soi-même produirait dès la première année des résultats sensibles. Le meilleur moyen de se faire des loisirs est de suivre dans l'emploi de son temps les principes d'une bonne économie; avec cela on est toujours en avant dans les affaires, sans cela on est toujours en arrière. D'un autre côté, une mauvaise distribution du temps nous jette dans une précipitation, dans une confusion, dans des difficultés perpétuelles, et fait de notre vie une course aux expédients qui n'aboutit habituellement qu'à la ruine. « Je dois tous mes succès dans la vie, » disait Nelson (1), « à ce que j'ai toujours et en toutes choses été en avance d'un quart d'heure. »

Samuel Smiles.

(Plon et Nourrit, éditeurs.)

À demain.

« Je labourerai mon champ demain, disait Jeannot : il ne faut pas perdre de temps, car la saison s'avance; et, si je négligeais de cultiver mon champ, je n'aurais point de blé, et par conséquent point de pain. »

Le lendemain arriva. Jeannot était debout dès l'aurore : il songeait déjà à voir sa charrue, lorsqu'un de ses amis vint l'inviter à un festin de famille. Jeannot hésita d'abord; mais, en y réfléchissant, il se dit : « Un jour plus tôt ou plus tard, ce n'est rien pour mon affaire, et un jour de plaisir perdu l'est pour toujours. » Il alla au festin de son ami.

Le lendemain il fut obligé de se livrer au repos; car il avait un peu trop bu, un peu trop mangé, et il avait mal à la tête et à l'estomac. « Demain nous réparerons cela, » dit-il en lui-même.

Demain vint, il plut. Jeannot eut la douleur de ne pouvoir sortir de la journée.

Le jour suivant, le soleil était beau, et Jeannot se sentait plein de courage : malheureusement son cheval était malade à son tour. Jeannot maudit la pauvre bête.

Le jour suivant était un jour de fête : on ne pouvait se

---

(1) Nelson, amiral anglais du dix-huitième siècle.

livrer au travail. On allait entrer dans une nouvelle semaine, et en une semaine on expédie bien de la besogne.

Il commença par aller à une foire des environs; il n'avait jamais manqué d'y aller : c'était la plus belle foire à dix lieues à la ronde. Il alla ensuite à la noce d'un de ses plus proches parents; il alla même à un enterrement : enfin il s'arrangea si bien que, lorsqu'il se mit à labourer son champ, la saison de semer était passée : aussi n'eut-il rien à récolter.

Quand vous avez une chose à faire, faites-la tout de suite; car, si vous êtes maître du présent, vous ne l'êtes pas de l'avenir. Celui qui remet toujours ses affaires à demain court grand risque de n'en terminer aucune.

BLANCHARD.

CHAPITRE VIII

L'AME

PREMIÈRE LEÇON

Véracité. — Mensonge.

EXPOSÉ

Quand vous avez commis quelque faute, la crainte d'être puni vous pousse à mentir; mais la crainte est un sentiment bas, et le mensonge vous fait perdre quelque chose de votre estime, et, s'il est découvert, il vous fait perdre plus encore dans l'estime des autres.

Souvent aussi c'est moins la peur d'être puni, que la crainte de donner de vous une idée défavorable, qui vous porte à nier votre faute. Eh bien ! détrompez-vous : l'aveu ne peut que vous relever dans l'opinion des autres, d'abord parce qu'il est pénible à faire, ensuite parce qu'il est une preuve de repentir et un gage d'amélioration morale. C'est une expiation volontaire qui ne peut qu'accroître l'estime et l'affection de vos parents et de vos maîtres, leur donner de l'espoir et de la confiance en vous, et les incliner à l'indulgence et au pardon.

Au contraire, celui qui nie sa faute, et qui réussit à se faire croire, celui-là est naturellement porté à commettre des fautes nouvelles, et, pour les couvrir, à faire de nouveaux mensonges. C'est ainsi qu'il prend l'habitude de mentir, et qu'au lieu de se corriger de ses défauts, il devient de plus en plus vicieux.

Tous les défauts, tous les vices conduisent au mensonge, parce qu'ils nous poussent à mal faire et, par suite, à cacher ce que nous avons fait de mal. Le meilleur moyen de se préserver du mensonge, c'est donc de se corriger de ses défauts et de ses vices.

Volontiers un enfant se croit excusable de mentir pour une faute légère ; mais qu'il y prenne garde, il est sur une pente glissante : après avoir menti pour des riens, on en arrive insensiblement à mentir pour des fautes graves ; on en prend l'habitude, puis le goût ; on acquiert l'art de mentir. Alors le mensonge ne sert plus seulement à couvrir les fautes commises, il devient un moyen d'en commettre. Si l'on est tenté de faire un mauvais coup, on prépare à l'avance des mensonges, des artifices pour détourner les soupçons.

Le mensonge en paroles conduit au mensonge en action, c'est-à-dire à la tromperie. La tromperie est un moyen de s'approprier le bien d'autrui. Vendre de fausses denrées, de fausses liqueurs, de fausses étoffes, de fausses pierreries, se servir de faux poids, payer avec de la fausse monnaie, des billets faux, contrefaire une signature, une écriture, autant de tromperies, de mensonges en action. Le mensonge qui consiste à nier une faute est blâmable ; la tromperie est coupable, c'est un délit, parfois un crime ; mais le premier conduit à l'autre.

PENSÉES. — MAXIMES

1. La franchise ennoblit, le mensonge avilit.

2. La fausseté est un vice d'esclave ; elle est indigne d'un homme libre.

3. L'aveu de nos fautes est une preuve de repentir et un gage d'amélioration morale.

4. *Français* et *franc* sont un même mot ; ils doivent être une seule et même chose.

5. Le mensonge est le serviteur complaisant des défauts et des vices.

6. Qui se conduit bien n'a ni l'envie, ni le besoin, ni l'occasion de mentir.

7. Dans notre langue, tous les termes qui servent à désigner le mensonge et les menteurs sont des termes de mépris.

8. Les petits mensonges mènent aux grands.

9. La tromperie est un mensonge en action.

10. Le mensonge est à la fois une arme défensive et offensive ; il ne sert pas seulement à cacher, mais à commettre de mauvaises actions, et même des crimes.

11. Je veux qu'on soit sincère, et qu'en homme d'honneur,
On ne lâche aucun mot qui ne parte du cœur.

MOLIÈRE, le Misanthrope.

QUESTIONNAIRE

Quand on a commis une faute, quel est le sentiment qui pousse à mentir ? — Quand on a menti, a-t-on meilleure opinion de soi-même ? — L'aveu d'une faute nous fait-il perdre l'estime d'autrui ? — Pourquoi est-ce le contraire ? — Quels sont les effets du mensonge ? — Pourquoi tous les défauts et les vices poussent-ils au mensonge ? — Que concluez-vous de là ? — Les mensonges pour des fautes légères sont-ils excusables ? — Comment arrive-t-on à l'habitude de mentir ? — L'habileté à mentir ne pousse-t-elle pas à commettre de mauvaises actions ? — Qu'est-ce que la tromperie ? — Le mensonge n'y conduit-il pas ?

LECTURES. —Le mensonge conséquence de tous les défauts et de tous les vices.

Toute faute engendre à la fois la honte et la crainte : la honte d'avoir mal fait, la crainte d'en être puni ; de là une double tentation, celle de s'épargner une humiliation et celle de se soustraire à une peine. Alors se présente l'obligeant mensonge, qui offre au coupable de lui rendre ce double service. Avec les consciences encore droites et fraîches, il se garde bien de se montrer tel qu'il est, dans sa laideur naturelle : il se pare et se farde pour l'occasion ; il n'annonce que des intentions avouables, des sentiments délicats ; il ment pour faire mentir : ainsi c'est par égard pour sa mère, c'est pour ne pas lui causer de la peine que l'enfant cachera sa faute. Du reste, il n'y retombera plus. Il n'est prétextes ou apparences plausibles, sophismes ingénieux, finesses subtiles, que le drôle n'ait à son service et dont il n'use avec art.

Avec des consciences déjà émoussées et défraîchies, ses arguments sont d'un genre moins relevé. « Pourquoi avouer sa faute? La punition ne fera pas qu'elle n'ait été commise; d'ailleurs, tels et tels ont bien menti; ils ne s'en sont pas trouvés plus mal. » Il s'appuie donc sur la prétendue inutilité de la punition et sur l'impunité des menteurs.

Quand la conscience est endurcie, le mensonge va plus loin, il pousse jusqu'à l'apologie de la faute. Il en soutient la légitimité. Si l'enfant a volé, par exemple, c'est qu'on lui refusait le nécessaire : il était dans son droit; pourquoi se ferait-il punir en avouant son vol? Le coupable, ce n'est pas lui, ce sont ceux qui lui refusent ce dont il a besoin.

Ces beaux raisonnements, tenus d'abord à la famille pour justifier quelques menus vols domestiques, s'appliquent ensuite à la société, pour justifier les actes qui tombent sous le coup des lois.

Le mensonge a donc cela de particulièrement dangereux et perfide qu'il ne se borne pas à cacher les fautes commises, mais que peu à peu il enhardit et pousse à en commettre de nouvelles, et des fautes de plus en plus graves. Car ce qu'on a fait une fois avec succès, on est tenté de le refaire; l'habitude, qui prend partout, dans le mal comme dans le bien, devient un auxiliaire du vice; de plus, le mensonge demande de l'adresse, de la prudence, de la prévoyance; il affine l'esprit, il l'aiguise, il lui donne de la souplesse, de la pénétration; c'est un art qui a ses artistes consommés, ses virtuoses, qui a son amour-propre, ses vanités. Voyez le *Menteur* de Corneille; voyez les esclaves de Plaute et de Térence, les valets fripons de Molière et de Regnard; de simple défaut qu'il est à l'origine, il peut tourner en vice. Après avoir servi à cacher quelques peccadilles, il peut servir à cacher des cas pendables. D'accidentel qu'il était d'abord, si l'on n'y prend garde, il devient habituel. Des mensonges qui d'abord ne se montraient qu'à des intervalles éloignés, qui étaient espacés, se rapprochent peu à peu, se succèdent à des intervalles de plus en plus courts ; bientôt ils se touchent, ils se lient, ils se tiennent, ils font chaîne et tissu, ils constituent un caractère, ils forment une conduite.　　　　　　　　　　　　　　　　　A. V.

Graine de mensonges.

I

Il y avait sur l'étagère une belle assiette luisante, et dans l'assiette des pêches odorantes. En entrant dans la chambre, Léon les sent, les voit ; il s'approche, il les regarde ; l'eau lui vient à la bouche. Au lieu de s'en aller et de se dire : « Ces pêches ne sont pas à moi, je ne dois pas y toucher », Léon reste ; il cède à la tentation ; il se hausse sur la pointe des pieds, saisit une pêche et la mange.

Le soir, au souper, on sert les pêches. « Tiens, dit la maman, en regardant l'assiette, il en manque une ; qui est-ce qui l'a prise ? c'est toi, Léon ?

— Non, maman », répond Léon.

Pourquoi Léon ment-il ? Parce qu'il a honte d'avoir volé, parce qu'il craint d'être grondé et puni. Mais pourquoi a-t-il volé ? parce qu'il est gourmand ; c'est donc la gourmandise qui l'a conduit au mensonge.

II

« Où est votre livre, Albert ?

— Monsieur, on me l'a pris. »

Albert ment ; personne ne lui a pris son livre ; c'est lui qui l'a perdu, car Albert est un étourdi qui n'a point d'ordre.

Pourquoi ment-il ? — Parce qu'il n'ose pas avouer sa

faute, parce qu'il craint les reproches de son maître. Son mensonge est doublement blâmable, d'abord parce que c'est un mensonge, ensuite parce que c'est une accusation. On lui a pris son livre? Il y a donc un voleur; qui est-il, ce voleur?

Si Albert avait de l'ordre, il n'eût pas perdu son livre, il n'aurait pas été amené à mentir pour cacher sa faute; c'est donc son étourderie qui l'a rendu menteur.

III

« D'où viens-tu, Jules? — Papa, je viens de l'école. — Mais tu es en retard? — Papa, c'est le maître qui nous a retenus après la classe. »

Jules ment; le maître ne les a point retenus; c'est lui qui s'est amusé en route, au lieu de revenir tout droit à la maison, comme son père le lui avait commandé.

Pourquoi ment-il? par crainte; comme Albert, comme Léon; mais, s'il n'eût pas désobéi, il n'aurait pas eu la tentation de mentir; c'est donc la désobéissance qui l'a poussé au mensonge.

IV

« Mon ami, quel âge avez-vous?
— Dix ans, Monsieur. »

Charles a menti, car il n'en a que huit. Pourquoi donc se donne-t-il deux ans de plus qu'il n'en a? — C'est que M. Charles s'imagine qu'à dix ans on est quelque chose de plus qu'à huit. Il lui tarde d'être grand, il joue à l'homme, il fait l'important, c'est un petit personnage. Il a menti par vanité; et, s'il ne se corrige de sa vanité, il mentira encore, il mentira toujours.

« Pourquoi donc as-tu le visage en sang? pourquoi ta veste est-elle déchirée? lui demande un de ses camarades.

. — C'est que Georges se moquait de moi; alors je l'ai giflé, et, comme il se rebiffait, nous nous sommes battus, et il a reçu une bonne roulée. — Ce n'est pas vrai, dit Pierre qui arrivait; c'est un menteur; j'étais là, je les ai vus, c'est lui qui a été roulé. »

Charles raconte ses exploits; ses camarades l'écoutent. « J'étais au bois, je ramassais des faînes. Tout à coup j'entends un bruit de pas dans le taillis; les branches sèches craquaient. Je relève la tête, et devant moi, qu'est-ce que je vois? un animal farouche plus haut que moi : je crois que c'était un loup. Moi, je ne fais ni un ni deux; je marche sur lui, je lui jette une poignée de faînes dans les yeux, et il se met à fuir. »

Les camarades se regardaient les uns les autres d'un air incrédule, qui voulait dire : « Comme il nous en conte ! »

A ce moment même, un gros chien de berger au poil hérissé s'en vint passer au milieu des enfants. Charles l'intrépide, qui venait dans son histoire de mettre un loup en fuite, se mit lui-même à fuir à toutes jambes; la peur fut plus forte que la vanité.

<h1 style="text-align:center">V</h1>

« Donne-moi donc des noisettes, disait Victorine à son frère.

— Je n'en ai plus, lui répondit Victor; elles sont toutes mangées. »

Victor mentait; il en avait encore, et, quand il faisait un mouvement, on les entendait sonner dans sa poche. Pourquoi donc Victor faisait-il ce mensonge? C'est que Victor est un égoïste, qui n'aime pas à partager. Et, comme il aurait honte d'avouer son défaut, il a recours au mensonge pour le cacher. L'égoïsme fait donc des menteurs.

« La charité, s'il vous plaît ! la charité! ayez pitié et compassion d'un pauvre vieillard infirme.

— Je n'ai rien, dit Georges, en passant près de cette main amaigrie, tremblante, qui s'étendait vers lui; — je n'ai rien à vous donner. »

Georges mentait, car, le matin même, sa maman lui avait donné trois sous, et il aurait pu faire l'aumône à ce malheureux vieillard. Mais Georges est un égoïste qui garde pour lui tout ce qu'on lui donne; il a le cœur dur, et comme il sait, comme il sent que c'est là un horrible défaut, il n'ose pas se montrer tel qu'il est, il ment. Le mensonge est le masque de l'égoïsme.

VI

« Où est votre devoir, Antoine?

— Monsieur, je l'ai perdu. »

Antoine n'a point perdu son devoir, il ne l'a pas fait; c'est un paresseux; il ment par paresse.

VII

« Tu as poussé la bille dans le trou.

— Ce n'est pas vrai, » dit Maurice.

C'est parfaitement vrai; Maurice a poussé sa bille, croyant n'être pas vu. C'est un tricheur; il veut toujours gagner, et pour gagner il ne craint pas de mentir.

VIII

« Veux-tu m'acheter mon couteau?

— Oui.

— Combien?

— Six sous.

— Non, il m'en coûte dix, » répond Pierre.

Encore un mensonge : son couteau lui a coûté trois sous; mais Pierre aime l'argent, et, pour gagner quelques sous, il ne recule pas devant le mensonge.

IX

« Qui est-ce qui a pris mon porte-monnaie, que j'avais laissé là? Avez-vous vu le voleur?

— Monsieur, je crois l'avoir vu; il se sauvait; il avait un chapeau de paille, une blouse bleue, les cheveux crépus; il boite un peu. »

C'est ainsi que Michel, qui est vindicatif et méchant, faisait le portrait d'un de ses camarades à qui il en voulait, et que par un mensonge abominable il essayait de le faire passer pour un voleur.

X

« Monsieur, Edmond a copié son devoir, je l'ai vu. »

Mensonge ; Robert est un jaloux, et cet horrible défaut l'a poussé à la calomnie, qui n'est qu'un mensonge odieux.

Ainsi, mes enfants, vous le voyez, gourmandise, manque d'ordre, vanité, paresse, égoïsme, désobéissance, amour de l'argent, amour de la vengeance, jalousie, etc., tous ces défauts sont de la graine de mensonges. Corrigez-vous donc de vos défauts, car alors vous n'aurez rien à cacher, rien à déguiser, et vous ne mentirez point. Que s'il vous arrive de commettre une faute, vite, avouez-la ; l'aveu est un acte de courage, le mensonge est un acte de lâcheté. C'est aussi un vol, car en cachant sa faute on usurpe l'estime dont on a cessé d'être digne ; et comme l'estime est un bien précieux entre tous, celui qui l'usurpe, celui-là est tout aussi coupable que celui qui vole les objets du plus grand prix.

Formes innombrables du mensonge.

Le mensonge se glisse partout, se mêle à tout, fausse tout, corrompt tout. Ici c'est le mensonge en paroles, là c'est le mensonge en action. Tout défaut, tout vice est généralement menteur ; mais, entre tous, c'est l'amour du gain, l'amour du plaisir et des honneurs qui sont les plus redoutables artisans de mensonge.

Menteur, le charlatan qui vend comme panacées des drogues sans vertu ;

Menteur, le médecin ou le pharmacien qui, dans leurs réclames quotidiennes, attribuent à leurs sirops ou à leurs pastilles des cures imaginaires garanties par de faux témoignages ;

Menteur, le candidat aux fonctions électives qui remplit ses circulaires de promesses irréalisables ;

Menteur, le fanfaron qui raconte de prétendus exploits;

Menteur, le noble qui étale des titres de noblesse achetés à prix d'argent;

Menteur, le fabricant, l'industriel, qui falsifient les produits, les denrées;

Menteurs, les marchands qui vendent des denrées falsifiées et des boissons frelatées;

Menteurs, tous ceux qui, par de fausses déclarations, trompent l'octroi, la douane, ou qui introduisent en fraude ou en contrebande des marchandises imposées ou prohibées;

Menteurs, les lâches qui se dérobent au service militaire par des mutilations volontaires, par des maladies contractées à dessein;

Menteurs, les solliciteurs qui se donnent des titres et des talents qu'ils n'ont pas;

Mensonge, presque tout est mensonge.

Et dans notre petit monde scolaire :

Menteur, l'enfant qui lit sa leçon au lieu de la réciter;

Menteur, celui qui fait faire son devoir par un autre;

Menteur, celui qui, en composition, copie sur son voisin;

Menteurs, les aspirants aux examens de tout genre, qui apportent des devoirs tout faits ou qui mettent à contribution les aspirants serviables.

L'enfant ment pour excuser sa paresse, son étourderie, sa gourmandise, enfin tous ses défauts. Ce que La Rochefoucauld dit de l'amour-propre, on peut le dire du mensonge : tous les défauts, tous les vices, toutes les passions vont se cacher dans le mensonge, comme tous les cours d'eau vont se jeter et se perdre dans la mer.

A. V.

DEUXIÈME LEÇON

Dignité personnelle.

EXPOSÉ

Si nous devons respecter les autres hommes, parce qu'ils sont nos semblables, nous devons par conséquent nous respecter nous-mêmes.

Par sa nature, par toutes ses facultés, par sa destinée, l'homme est au-dessus des autres êtres; il ne doit donc rien se permettre qui le fasse déchoir du rang où l'a placé le Créateur. Se respecter soi-même, c'est agir en tout d'une manière conforme à la dignité humaine.

On peut manquer de dignité dans son extérieur, dans son langage et dans sa conduite. Avoir le visage et les mains malpropres, des vêtements sales ou déchirés; se tenir mal, s'étendre, se renverser sur sa chaise, allonger les jambes, s'accouder sur la table, et autres attitudes semblables; rire bruyamment, faire des gestes familiers, des grimaces, des singeries, des bouffonneries, c'est manquer de dignité dans sa personne, dans sa tenue, dans ses manières, en un mot dans son extérieur.

Employer des mots bas ou orduriers, proférer des jurons, lâcher des plaisanteries grossières, c'est manquer de dignité dans son langage.

Vivre aux dépens d'autrui, mendier quand on pourrait gagner sa vie; — solliciter des faveurs, chercher à obtenir par l'intrigue, par la flatterie, par des bassesses, les places et les emplois qui sont dus au mérite; — fréquenter les gens de mauvaise vie et les lieux mal famés; s'emporter, vociférer, crier à tue-tête, frapper du poing, trépigner avec fureur; — manger avec excès et gloutonnerie, boire jusqu'à perdre la raison et à ne pouvoir plus ni marcher ni se soutenir; — faire des bravades et des fanfaronnades, s'effrayer pour un rien, avoir peur de tout, reculer devant le danger, abandonner son poste; — mentir par peur du châtiment, n'avoir pas le courage de son opinion, être toujours de l'avis du dernier qui parle, tourner à tous les vents; — geindre et se lamenter à tout propos, c'est manquer de dignité dans la conduite et le caractère.

Tous les actes de faiblesse portent les autres à nous manquer de respect, à nous traiter sans façon ou avec dédain; tous les actes d'indécence, de bassesse et de lâcheté engendrent la honte et inspirent le mépris.

Si nous voulons conserver notre dignité personnelle, gardons-nous donc de faire ce qui, fait par les autres, diminue notre estime ou nous inspire du mépris pour eux.

PENSÉES. — MAXIMES

1. Si nous voulons qu'on nous respecte, commençons par nous respecter nous-mêmes.

2. La dignité personnelle, c'est le respect de soi-même.

3. Se respecter, c'est ne rien faire qui soit indigne d'un être libre et raisonnable.

4. Comme l'âme, le corps a sa dignité; il faut qu'il y ait accord entre eux et que le dehors réponde au dedans.

5. Les mots grossiers salissent la bouche.

6. Homme de bien, homme de cœur, homme d'honneur, voilà ceux qui sont respectables et respectés.

7. Fainéants, solliciteurs, flagorneurs, bouffons, poltrons, ivrognes, débauchés, menteurs, voilà les gens méprisables et méprisés.

QUESTIONNAIRE

Pourquoi devons-nous respecter les autres hommes? — Pourquoi devons-nous nous respecter nous-mêmes? — Qu'est-ce que se respecter soi-même? — Comment peut-on manquer de dignité dans son extérieur et dans sa manière d'être? — Comment manque-t-on de dignité dans son langage? — Quels sont ceux qui manquent de dignité dans leur conduite et leur caractère? — Quels sentiments inspirent à leurs semblables les fainéants, les mendiants, les solliciteurs, les gloutons, les ivrognes, les poltrons? — Quel est le moyen de conserver notre dignité personnelle?

LECTURES. — Le respect.

Il y a des hommes avec lesquels on croit tout pouvoir se permettre; il en est d'autres avec lesquels on ne se permet rien; ils sont entourés comme d'un rempart invisible, qui les protège non seulement contre les actes de la malveillance, mais aussi contre les impertinences et les hardiesses de la familiarité. Quiconque les approche ne peut se défendre d'un certain sentiment qui, sans aller jusqu'à la crainte, commande pourtant la réserve et la retenue; c'est le respect. Nul ne peut l'imposer, on n'impose que l'obéissance; mais personne non plus ne saurait le refuser à qui en est digne; mon ennemi même peut inspirer le respect.

Quelle est donc la source de ce sentiment irrésistible et subtil qui nous pénètre à notre insu et prend possession de notre âme en dépit de nous-mêmes? Le respect sort et se dégage en quelque sorte de toute la personne, de la tenue, des manières, du langage, du ton de la voix, de l'expression du regard, mais aussi et surtout de l'ensemble de la conduite. L'homme qui a réussi à donner de lui cette opinion qu'il est incapable de rien faire ni contre l'honnêteté, ni contre l'honneur, ni contre les convenances, celui-là est sûr d'inspirer l'estime, et l'estime engendre le respect.   A. V.

La véracité.

Le point de départ du bien au milieu des hommes, sa base la plus solide et la plus sûre, c'est la vérité. On jugera presque toujours de la valeur morale d'un homme par son degré de véracité. Il ne sera pas nécessairement bon parce qu'il sera vrai ; mais, pour devenir bon dans la pleine et belle acception du mot, il faudra d'abord qu'il soit vrai.

Ne dire que la vérité, c'est avoir au plus haut point le sentiment de sa propre dignité : c'est se respecter soi-même. Si nous nous aimons toujours assez, nous ne nous respectons jamais trop. Au moral comme au physique, on devient plus grand quand on se redresse. La fierté convient bien lorsqu'on la place ainsi. Celui qui ment se fait tout bas une injure à lui-même ; il se met volontairement au-dessous de ceux qu'il trompe ; il s'abaisse et se dégrade. Aussi, le plus sanglant affront que l'homme puisse faire à l'homme, c'est de lui dire : « Vous mentez. » Le mensonge est l'auxiliaire de tout ce qu'il y a de mauvais en nous. On est traître, on est parjure, on manque à la probité, à la loyauté, à l'honneur, à tous ses devoirs d'honnête homme parce que l'on ment.

Ch. ROZAN,
La Bonté.
(Ducrocq, éditeur.)

Rare délicatesse.

Henri II ayant offert une place d'avocat général au célèbre Henri de Mesme, ce magistrat prit la liberté de représenter au roi que cette place n'était pas vacante.

« Elle l'est, répliqua le roi, parce que je suis mécontent de celui qui la remplit.

— Pardonnez-moi, sire, répondit Henri de Mesme, après avoir fait l'apologie de l'accusé, qui pourtant était son ennemi, j'aimerais mieux gratter la terre avec mes ongles que d'entrer dans cette charge par une telle porte. »

Le roi eut égard à cette remontrance. A peine Henri de Mesme put-il souffrir qu'on lui fît des remerciements pour une délicatesse qui lui semblait toute naturelle.

TROISIÈME LEÇON

Amour-propre et vanité.

EXPOSÉ

L'amour-propre nous trompe doublement, car il nous cache les défauts que nous avons et nous prête des qualités que nous n'avons pas; sa forme la plus ordinaire est la *vanité*.

Les fables de La Fontaine abondent en vaniteux; le corbeau qui se croit une belle voix, la tortue qui se prend pour une reine, le rat qui s'estime l'égal de l'éléphant, la mouche qui se figure qu'elle fait aller le coche, le mulet tout fier de porter l'argent de la gabelle, le geai qui se pare des plumes du paon, l'âne chargé de reliques et qui s'imagine qu'on l'adore, voilà des vaniteux. Les uns s'exagèrent leur mérite, ou s'attribuent des qualités imaginaires, tels le corbeau, la tortue, le rat; d'autres tirent vanité des choses précieuses qu'ils portent, tels le mulet et l'âne; quelques-uns, comme la mouche et le geai, s'attribuent le mérite ou les avantages d'autrui.

Le *vaniteux* aime à attirer sur lui l'attention, les regards; il parle haut, il parle de lui surtout, il se fait valoir de toutes manières; il se *vante*, il est *vantard* et fanfaron. Comme dit un romancier anglais, c'est un coq qui croit que le soleil se lève pour l'entendre chanter.

La *vanité* s'attache à tout, mais de préférence aux choses de peu d'importance, aux choses extérieures, vêtements, bijoux, meubles, etc., aux avantages physiques, beauté, grâce, élégance, etc.; aux talents d'agrément, chant, danse, jeux d'adresse, etc., enfin aux choses *vaines*. Les épithètes qu'on joint d'ordinaire au mot vanité montrent l'idée qu'on a d'elle : on dit une *sotte* vanité, une vanité *puérile, ridicule,* une vanité *insupportable.* C'est qu'en effet le vaniteux manque de jugement ; il se croit quelque chose et n'est rien, il attache du prix à ce qui est sans valeur, il se figure qu'on l'admire tandis qu'on se moque de lui, il pense être agréable et n'est qu'ennuyeux et importun.

La *susceptibilité* est aussi une forme déplaisante de l'amour-propre. Les gens susceptibles croient toujours qu'on leur manque d'égards, qu'on veut les humilier ; ils se piquent, se blessent, se fâchent pour un rien ; ils sont chatouilleux, boudeurs, maussades ; aussi leur commerce est-il difficile et désagréable.

PENSÉES. — MAXIMES

1. L'amour-propre est un miroir trompeur, qui grossit les qualités et rapetisse les défauts.

2.   Imprudence, babil et *sotte vanité,*
      Et vaine curiosité
      Ont ensemble étroit parentage :
      Ce sont enfants tous d'un lignage.
             (*La tortue et les deux canards.*)

3. Se croire un personnage est fort commun en France,
      On y fait l'homme d'importance.
             (*Le rat et l'éléphant.*)

4. Se *vanter* à tout propos, s'admirer soi-même et se croire admiré des autres, attacher du prix aux choses *vaines,* c'est l'essence de la *vanité.*

5. La susceptibilité est une sorte de vanité honteuse et maladive. N'osant se produire, retirée en elle-même, elle attend les éloges, et voit partout des intentions blessantes et des marques de mépris.

QUESTIONNAIRE

Comment l'amour-propre nous trompe-t-il ? — Citez les fables où La Fontaine a mis en scène des vaniteux. — A quoi reconnaît-on le vaniteux? — Citez le mot du romancier anglais. — A quoi s'attaque de préférence la vanité? — Quels sont les qualificatifs qu'on joint d'ordinaire au mot *vanité*? — Qu'est-ce que la susceptibilité?

LECTURES. — **Sottise et vanité.**

LE GARÇON TAILLEUR. — Mon gentilhomme, donnez, s'il vous plaît, aux garçons, quelque chose pour boire.

M. JOURDAIN. — Comment m'appelez-vous?

LE GARÇON TAILLEUR. — Mon gentilhomme.

M. JOURDAIN. — Mon gentilhomme! Voilà ce que c'est que de se mettre en personne de qualité. Allez-vous-en demeurer toujours habillé en bourgeois, on ne vous dira point : « Mon gentilhomme. » Tenez, voilà pour mon gentilhomme.

LE GARÇON TAILLEUR. — Monseigneur, nous vous sommes bien obligés.

M. JOURDAIN. — Monseigneur! Oh! oh! Attendez, mon ami; monseigneur mérite quelque chose, et ce n'est pas une petite parole que monseigneur! Tenez, voilà ce que monseigneur vous donne.

LE GARÇON TAILLEUR. — Monseigneur, nous allons boire tous à la santé de Votre Grandeur.

M. JOURDAIN. — Votre Grandeur! Oh, oh, oh, attendez; ne vous en allez pas! A moi, Votre Grandeur? Ma foi, s'il va jusqu'à l'altesse, il aura toute la bourse. Tenez, voilà pour ma Grandeur.

LE GARÇON TAILLEUR. — Monseigneur, nous la remercions très humblement de ses libéralités.

M. JOURDAIN. — Il a bien fait, je lui allais tout donner.

MOLIÈRE,
le Bourgeois gentilhomme.

La herse.

Un fermier de nos campagnes envoya deux de ses domestiques emprunter une herse chez un de ses voisins, et leur donna ordre de l'apporter à eux deux sur leurs épaules. Quand ils la virent, l'un d'eux, qui ne manquait pas d'esprit, dit : « A quoi pensait notre maître de n'envoyer que deux hommes pour porter cette herse! Il n'y a pas sur la terre deux hommes en état de la porter. — Bon, dit l'autre, qui était fier de sa force, que me parlez-vous de deux hommes? Un seul suffit : aidez-moi à la charger sur mes épaules, et vous verrez. » Tandis qu'il marchait, chargé de son fardeau, son camarade s'écriait : « Comme vous êtes fort! Je ne l'aurais jamais cru! Vous êtes un Samson. Il n'y a pas deux hommes comme vous en Amérique. Quelle force étonnante le ciel vous a donnée! Mais vous vous tuerez, mettez la herse à terre et reposez-vous un moment, ou laissez-moi vous aider. — Non, non, reprit l'autre, plus encouragé par les compliments que fatigué par le fardeau, vous verrez que je suis en état de la porter jusqu'à la maison. » Et il y réussit en effet.

FRANKLIN.

Un riche vaniteux.

L'or éclate, dites-vous, sur les habits de Philémon : il éclate de même chez les marchands. Il est habillé des plus belles étoffes : le sont-elles moins toutes déployées dans les boutiques et à la pièce? Mais la broderie et les ornements y ajoutent encore la magnificence : je loue donc le travail de l'ouvrier. Si on lui demande quelle heure il est, il tire une montre qui est un chef-d'œuvre ; la garde de son épée est un onyx (1); il a au doigt un gros diamant qu'il fait briller aux yeux, et qui est parfait; il ne lui manque aucune de ces curieuses bagatelles que l'on porte sur soi autant par la vanité que pour l'usage, et il ne se plaint (2) non plus toute sorte de parure qu'un jeune homme qui a épousé une riche vieille. Vous m'inspirez enfin de la curiosité; il faut voir du moins des choses si précieuses : envoyez-moi cet habit et ces bijoux de Philémon ; je vous quitte (3) de la personne.

---

(1) *Onyx,* pierre précieuse, sorte d'agate.
(2) *Se plaint,* c'est-à-dire *se refuse.*
(3) Je vous *quitte,* je vous tiens *quitte,* je vous *dispense.*

Tu te trompes, Philémon, si, avec ce carrosse brillant, ce grand nombre de coquins qui te suivent, et ces six bêtes qui te traînent, tu penses que l'on t'en estime davantage. On écarte tout cet attirail, qui t'est étranger, pour pénétrer jusqu'à toi, qui n'es qu'un fat.

LA BRUYÈRE,
Caractères.

QUATRIÈME LEÇON

Orgueil. — Modestie. — Coquetterie. Frivolité.

EXPOSÉ

Le triomphe de l'amour-propre, c'est *l'orgueil;* c'est là qu'il éclate et s'étale. La Fontaine nous a aussi peint des orgueilleux : c'est le chêne qui du haut de sa grandeur répand sa pitié sur l'humble roseau; c'est l'éléphant qui, se trouvant en guerre avec son voisin le rhinocéros, s'imagine avoir accaparé toute l'attention des dieux.

L'orgueilleux a plus de mérite personnel que le vaniteux, mais il est plein de lui-même, et la haute opinion qu'il a de sa personne et de ses avantages se tourne d'ordinaire en mépris pour les autres. Non seulement il est suffisant, présomptueux, mais souvent il se montre hautain, dédaigneux, impérieux, arrogant, rogue, insolent. La vanité est ennuyeuse, mais inoffensive et point malveillante; au contraire, l'orgueil est volontiers agressif et provocant.

La *coquetterie* est chez les femmes une des formes de l'amour-propre. La coquette se croit belle; elle veut plaire, non par bonté, mais par égoïsme, car elle n'aime que soi, et ne cherche que compliments et hommages. Toujours occupée d'elle-même, de sa personne, de sa toilette, elle se laisse aller à des dépenses parfois ruineuses pour satisfaire sa vanité.

Le contraire de l'orgueil, c'est l'humilité. L'orgueilleux se place trop haut, l'*humble* trop bas; le premier s'estime au-dessus, l'autre au-dessous de sa valeur. Entre les deux et à égale distance se place l'homme *modeste*. Il se juge tel qu'il est sans se surfaire ni se rabaisser. Il a conscience de ses faiblesses, mais il a aussi conscience de sa valeur. Il ne se fait pas valoir, ne se met pas en montre, n'essaie pas d'éclipser les autres, mais, dans l'occasion, il sait montrer ce qu'il vaut. Le vrai mérite est modeste parce qu'il sait ce qui lui manque; aussi la modestie est-elle le gage de toute amélioration, tandis que la vanité en est le plus grand obstacle.

Frivolité et *vanité* vont ensemble; choses *vaines* et choses *frivoles*, c'est tout un. L'homme sérieux s'attache aux choses sérieuses; il ne dédaigne ni les amusements, ni les jeux, mais il leur fait la part qui leur convient et ne leur sacrifie ni son temps ni surtout ses devoirs.

PENSÉES. — MAXIMES

1. Elevé à sa plus haute puissance, l'amour-propre devient l'orgueil.

2. Se complaire dans l'idée de sa propre grandeur et de la petitesse des autres, c'est le propre de l'orgueil.

3. Le mépris est la doublure de l'orgueil.

4. La vanité est maniable, l'orgueil est intraitable.

5. La coquetterie n'est que de l'égoïsme sous des dehors aimables.

6. Modestie, marque de jugement; l'homme modeste n'ignore pas ce qu'il vaut, mais il songe surtout à ce qui lui manque.

QUESTIONNAIRE

La Fontaine n'a-t-il pas dépeint des orgueilleux? — Quelle différence y a-t-il entre la vanité et l'orgueil? — L'orgueilleux n'a-t-il pas plus de mérite ou d'avantage? — Quels sentiments l'orgueilleux témoigne-t-il d'ordinaire aux autres hommes? — De quoi la coquette s'occupe-t-elle surtout? — Pourquoi veut-elle plaire? — Qui aime-t-elle surtout? — Quel est le contraire de l'orgueil? — Où est placée la modestie? — Comment l'homme modeste se juge-t-il lui-même? — Comment se conduit-il envers les autres? — Pourquoi le vrai mérite est-il modeste? — Quelle est la condition de tout progrès moral? — Pourquoi? — En quoi consiste la frivolité? — L'homme sérieux est-il, par là même, ennemi des amusements?

LECTURES. — **Un orgueilleux guéri de son défaut.**

Un souverain d'Orient, célèbre par sa sagesse, recevait tous les jours des plaintes contre un de ses parents, gouverneur d'une province importante de son empire, nommé Iran. C'était un homme de haute naissance, dont le fond n'était pas mauvais, mais qui était corrompu par la vanité et par la mollesse. Il souffrait rarement qu'on lui parlât et jamais qu'on osât le contredire. Les paons ne sont pas plus vains; les tortues ont moins de mollesse. Il ne respirait que la gloire et les plaisirs. Le monarque entreprit de le corriger.

Il lui envoya un chef de musique avec douze chanteurs et vingt-quatre instrumentistes, un maître avec six cuisiniers, et quatre chambellans qui ne devaient pas le quitter. L'ordre du roi portait que l'étiquette serait inviolablement observée, et voici comment les choses se passèrent :

Le premier jour, dès qu'Iran fut éveillé, le maître de musique entra suivi des chanteurs et des instrumentistes; on chanta une cantate qui dura deux heures, et de trois en trois minutes le refrain dit :

Que son mérite est extrême!
Que de grâce, que de grandeur!
Ah! combien monseigneur
Doit être content de lui-même!

Après l'exécution de la cantate, un chambellan lui fit

une harangue de trois quarts d'heure, dans laquelle on le louait expressément de toutes les bonnes qualités qui lui manquaient. La harangue finie, on le conduisit à table au son des instruments. Le dîner dura trois heures. Dès qu'il ouvrait la bouche pour parler, le premier chambellan disait : « Il aura raison. » A peine avait-il prononcé quatre paroles que le second chambellan s'écriait : « Il a raison. » Les deux autres chambellans faisaient de grands éclats de rire des bons mots qu'Iran avait dits ou qu'il avait dû dire. Après le dîner, on lui répéta la cantate.

Cette première journée lui parut délicieuse. Il trouva que le roi l'honorait selon ses mérites. La seconde lui parut moins agréable, la troisième fut gênante; la quatrième fut insupportable; la cinquième fut un supplice.

> Ah! combien monseigneur
> Doit être content de lui-même!

Il se lassa d'entendre toujours dire qu'il avait raison, et d'être harangué tous les jours à la même heure. Il écrivit à la cour pour supplier le roi qu'il daignât rappeler ses chambellans, ses musiciens, son maître d'hôtel; il promit d'être désormais moins vain et plus appliqué. Il se fit moins encenser, eut moins de fêtes et fut plus heureux; car, comme a dit un auteur oriental : « Toujours du plaisir n'est pas du plaisir. »

VOLTAIRE.

Un homme qui se croit modeste.

Je vois de tous côtés des gens qui parlent sans cesse d'eux-mêmes; leurs conversations sont un miroir qui présente toujours leur impertinente figure; ils vous parlent des moindres choses qui leur sont arrivées, et ils veulent que l'intérêt qu'ils y prennent les grossisse à vos yeux; ils ont tout fait, tout vu, tout dit, tout pensé; ils sont un modèle universel, un sujet de comparaisons inépuisable, une source d'exemples qui ne tarit jamais. Oh! que la louange est fade, lorsqu'elle réfléchit vers le lieu d'où elle part.

Il y a quelques jours qu'un homme de ce caractère nous accabla pendant deux heures de lui, de son mérite, de ses talents; comme il n'y a point de mouvement perpétuel en ce monde, il cessa de parler. La conversation nous revint donc, et nous la prîmes. Un homme qui paraissait assez chagrin commença par se plaindre de l'ennui répandu dans les conversations : « Quoi! toujours des sots qui se peignent eux-mêmes, et qui ramènent tout à eux! — Vous avez raison, reprit brusquement notre discoureur, il n'y a qu'à faire comme moi : je ne me loue jamais; j'ai du bien, de la naissance; mes amis disent que j'ai quelque esprit; mais je ne parle jamais de tout cela; si j'ai quelques bonnes qualités, celle dont je fais le plus de cas, c'est ma modestie. »

Montesquieu.

Avantages de la modestie.

La modestie est une excellente qualité, et une de celles qui généralement accompagnent le vrai mérite; elle gagne et captive les esprits des hommes, comme, d'autre part, rien n'est plus choquant et repoussant que la présomption et l'impudence. Nous ne pouvons aimer un homme qui toujours se loue et dit du bien de lui, et qui est le héros de sa propre histoire. Au contraire, un homme qui s'efforce de cacher son mérite, qui met celui des autres en pleine lumière, qui ne parle que peu de lui-même et le fait avec modestie, un tel homme fait une impression favorable sur l'esprit de ses auditeurs, et gagne leur affection et leur estime.

Lord Chesterfield.

CINQUIÈME LEÇON

Ignorance et paresse.

EXPOSÉ

Travaillez, prenez de la peine,
C'est le fonds qui manque le moins,

dit à ses enfants le laboureur de La Fontaine, et ce laboureur a bien raison; car, à défaut de fortune, nous apportons tous en naissant un fonds d'une grande valeur : c'est notre esprit, ce sont nos facultés. Si nous voulons qu'il rapporte, il faut le cultiver, et la culture de l'esprit, c'est l'instruction.

Bien des animaux nous surpassent en force, en agilité, en adresse, mais nous les surpassons tous en intelligence; seuls, nous avons en partage la conscience et la raison. Les animaux font toujours tout de la même manière, parce qu'ils agissent par instinct; seuls, nous pouvons toujours mieux faire; seuls, nous sommes capables de progrès. Mais le progrès ne s'obtient que par le travail. Si donc nous voulons conserver notre dignité d'hommes, notre devoir est de développer les facultés intellectuelles et morales qui font notre supériorité.

L'homme inculte est à peine au-dessus de la bête, il est au-dessous des autres hommes, il reste au plus bas degré de l'échelle sociale; il est souvent moins utile à ses semblables que ne le sont certains animaux.

Autrefois l'ignorance pouvait être excusable, car il n'y avait pas assez d'écoles, et il fallait payer l'instruction première; aujourd'hui elle est sans excuse, car les écoles abondent et l'instruction se donne.

Celui donc qui reste dans l'ignorance y reste par sa faute ; il est inexcusable.

Il est coupable envers lui-même, envers les siens, envers la société ; il est en révolte contre les lois de son pays, qui lui font une obligation de s'instruire.

Si le législateur a voulu que l'instruction fût obligatoire, c'est parce qu'elle met l'homme en état de mieux servir sa patrie et d'être plus utile à lui-même et aux autres.

Sans instruction, un homme ne peut remplir convenablement ses devoirs de citoyen ; car, pour se tenir au courant des affaires de son pays, il faut savoir lire, et, pour exercer le droit de suffrage, il faut pouvoir écrire soi-même sur un bulletin de vote les noms des candidats que l'on préfère.

L'illettré est toute sa vie comme un petit enfant ; il ne peut faire un pas sans être obligé de demander quelque service ; il ne peut lire que par les yeux d'un autre, il ne peut écrire que par le secours d'une main étrangère. Sans cesse dans la dépendance d'autrui, il est exposé à être trompé sans cesse ; il est un objet de dédain et de pitié.

Ce n'est pas seulement pour assurer notre indépendance et pour éviter des humiliations sans nombre que nous devons nous instruire, c'est aussi pour satisfaire aux aspirations les plus nobles de notre nature. Nous avons tous le besoin inné de comprendre et d'apprendre ; cette curiosité naturelle, tout la sollicite autour de nous ; la nature et ses spectacles, la science et ses merveilles, l'art et ses chefs-d'œuvre, la société et son organisation. Pour un homme digne de ce nom, l'ignorance est une souffrance continuelle ; elle pèse sur lui comme une nuit ténébreuse ; en dissipant ces ténèbres, en faisant peu à peu la lumière autour de lui, l'instruction lui adoucit et lui embellit la vie, elle lui apporte mille jouissances et le préserve de l'ennui.

Mais entre tous les objets dignes de notre étude, le plus important c'est l'homme. « Connais-toi toi-même », disait un sage de l'antiquité; et, en effet, la connaissance de soi-même est la condition de toute amélioration morale.

Si nous devons tenir à nous connaître, nous, nos facultés, notre nature, notre destinée, nous ne pouvons rester indifférents à l'histoire de l'humanité, et, dans l'humanité, à l'histoire de notre pays.

Ainsi, la nature, la science, l'art, l'homme, l'histoire, voilà les grands objets sur lesquels nous devons porter notre activité intellectuelle; ce n'est pas être homme, qu'ignorer tout ce qui intéresse l'humanité; ce n'est pas vivre, que de croupir dans l'ignorance.

PENSÉES. — MAXIMES

1.   Laissez dire les sots : le savoir a son prix.

LA FONTAINE, liv. VIII, 19.

2. L'esprit est un patrimoine; le laisser inculte, c'est vouloir être pauvre.

3. Si parmi les êtres l'homme a le premier rang, il le doit à son intelligence; l'ignorance est une abdication.

4. Tout se perd, santé, fortune, honneurs; seule, l'instruction ne peut se perdre.

5. L'instruction est une force qui nous élève; l'ignorance est un poids qui nous fait descendre.

6. Aujourd'hui comme toujours il faut acheter la nourriture du corps; mais aujourd'hui la nourriture de l'esprit se donne, et c'est l'honneur de notre temps.

7. Autrefois on plaignait l'ignorance; aujourd'hui on la blâme et on la méprise.

8. S'instruire est un triple devoir: devoir envers la société, devoir envers la famille, devoir envers nous-mêmes.

9. Rester dans l'ignorance, c'est renoncer à l'exercice des droits du citoyen.

10. L'ignorant marche à tâtons, comme l'aveugle ; ses yeux sont ouverts, mais il ne voit pas.

11. Quand un train passe à travers les prairies, les bœufs lèvent la tête et regardent, étonnés, inquiets : c'est le regard de l'ignorance.

12. Etre homme, c'est vouloir apprendre et comprendre.

13. Pour l'ignorant, tout est mystère ; le soleil éclaire ses yeux, mais son esprit reste dans les ténèbres.

14. Ne rien savoir de l'homme et de l'humanité, c'est n'être pas homme ; ne pas connaître la France, c'est n'être pas Français.

QUESTIONNAIRE

N'apportons-nous pas tous en naissant un fonds d'une grande valeur ? — Par quoi l'homme l'emporte-t-il surtout sur les animaux ? — Ceux-ci sont-ils capables de progrès ? — Que devons-nous faire pour garder notre rang parmi les êtres ? — L'ignorance est-elle encore excusable ? — Envers qui l'ignorant se rend-il coupable ? — Pourquoi le législateur a-t-il rendu l'instruction obligatoire ? — L'instruction n'est-elle pas nécessaire à l'exercice des droits politiques ? — L'illettré n'est-il pas dans la dépendance d'autrui ? — Quelles sont les aspirations de notre nature ? — Pouvons-nous les satisfaire sans l'instruction ? — Celle-ci ne fait-elle pas le charme de la vie ? — Que devons-nous surtout chercher à bien connaître ? — Devons-nous rester indifférents à l'histoire de l'humanité et à l'histoire de notre pays ? — Énumérez les principaux objets qui doivent attirer notre esprit.

LECTURES. — Les deux mains.

Un jour, dans sa mauvaise humeur,
La Main droite en ces mots grondait sa pauvre sœur :
« Il n'est rien que pour vous tous les jours je ne fasse,
Mais de travailler seule à la fin je me lasse ;
    Vous ne savez rien toucher, rien tenir ;
Tant pis ! et si pour vous, ma sœur, tout est de verre,...
    Je n'en peux mais ! d'un repos salutaire
        A mon tour je prétends jouir,
    Et désormais je ne veux plus rien faire. »

D'un reproche aussi dur, avec quelque raison,
    La pauvre Main gauche s'offense ;

Mais sur son éducation
Elle rejette en vain son ignorance :
L'excuse alors n'était pas de saison ;
    Et sans différer davantage,
    Il fallut se mettre à l'ouvrage.
Elle essaya d'abord des travaux du ménage ;
    Devenus plus laborieux,
    Ses doigts devinrent plus agiles ;
Elle fit mal un jour, un autre jour fit mieux ;
    Puis, défiant les plus habiles,
    A la honte des paresseux,
    Les travaux les plus difficiles
Pour elle, enfin, ne furent que des jeux.

Vous qui de ne rien faire avez pris l'habitude,
Retenez cette fable, et rappelez-vous bien
    Qu'en fait de savoir il n'est rien
Dont ne viennent à bout le travail et l'étude.

NAUDET (1785-1847).

Diderot écolier.

Diderot, un des plus illustres écrivains français du dix-huitième siècle, était né à Langres, le 5 octobre 1713, d'une modeste famille d'artisans. Son père était coutelier et n'avait jamais quitté son établi ; mais il put faire donner à son fils une instruction très complète.

Diderot travailla avec ardeur pour récompenser son père des sacrifices qu'il s'imposait pour lui. Le succès le récompensa lui-même de son travail, et il se rappela toujours avec émotion le plaisir qu'il éprouvait lorsqu'il apportait à la maison paternelle ses prix et ses couronnes.

« Un des moments les plus doux de ma vie, disait-il, ce fut, il y a plus de trente ans, et je m'en souviens comme d'hier, lorsque mon père me vit arriver du collège les bras chargés des prix que j'avais remportés et les épaules chargées des couronnes qu'on m'avait données, et qui, trop larges pour mon front, avaient laissé passer ma tête. Du plus loin qu'il m'aperçut, il laissa son ouvrage, il s'avança sur la porte et se mit à pleurer. C'est une belle chose qu'un homme de bien et sévère qui pleure. »

DIDEROT.

Un ignorant ambitieux.

Les jeunes gens d'Athènes, éblouis de la gloire de Thémistocle, de Cimon, de Périclès, et pleins d'une folle ambition, après avoir reçu pendant quelque temps les leçons des sophistes qui leur promettaient de les rendre de très grands politiques, se croyaient capables de tout et aspiraient aux premières places. L'un d'eux, nommé Glaucon, s'était mis si fortement en tête d'entrer dans le maniement des affaires publiques, quoiqu'il n'eût pas encore vingt ans, que personne dans sa famille, ni parmi ses amis, n'avait eu le pouvoir de le détourner d'un dessein si peu convenable à son âge et à sa capacité. Socrate, qui l'affectionnait, fut le seul qui réussit à le faire changer de résolution.

Un jour, l'ayant rencontré, il l'aborda avec un discours si adroit, qu'il l'engagea à l'écouter : c'était déjà avoir beaucoup gagné sur lui. « Vous avez donc envie de gouverner la république? lui dit-il. — Il est vrai, répondit Glaucon. — Vous ne sauriez avoir un plus beau dessein, repartit Socrate; car, si vous réussissez, vous vous mettrez en état de servir utilement vos amis, d'agrandir votre maison et d'étendre les bornes de votre patrie. Vous vous ferez connaître non seulement dans Athènes, mais par toute la Grèce; et peut-être que votre renommée volera jusque chez les nations barbares, comme celle de Thémistocle. »

Un début si insinuant et si flatteur plut extrêmement au jeune homme, qui se trouvait pris par son faible : il resta volontiers sans qu'il fût besoin de l'en presser, et la conversation continua. « Puisque vous désirez vous faire estimer et honorer, il est clair que vous songez à vous rendre utile au public. — Assurément. — Dites-moi donc, je vous prie, quel est le premier service que vous prétendez rendre à l'Etat? » Comme Glaucon paraissait embarrassé et rêvait à ce qu'il devait répondre : « Apparemment, reprit Socrate, ce sera de l'enrichir, c'est-à-dire d'augmenter ses revenus. — C'est cela même. — Et, sans doute, vous savez en quoi consistent les revenus de l'Etat, et à combien ils peuvent monter. Vous n'aurez pas manqué d'en faire une étude particulière, afin que, si une ressource vient à manquer tout à coup, vous puissiez la remplacer par une autre. — Je vous jure, répondit Glaucon, que c'est à quoi je n'ai jamais songé. — Marquez-moi au moins les dépenses que fait la république : car vous savez de quelle importance il est de retrancher celles qui sont superflues. — Je vous avoue que je ne suis pas plus instruit sur cet article que sur l'autre. — Il faut donc remettre à un autre temps le dessein que vous avez d'enrichir la république : car il vous est impossible de le faire, si vous ignorez ses revenus et ses dépenses... »

Il parcourut ainsi plusieurs autres articles, non moins importants, sur lesquels il le trouva également neuf, et lui fit toucher au doigt le ridicule de ceux qui ont la témérité de s'ingérer dans le gouvernement, sans y apporter d'autre préparation qu'une grande estime d'eux-mêmes et une ambition démesurée de s'élever aux premières places.

« Craignez, mon cher Glaucon, lui dit à la fin Socrate, craignez qu'un désir trop vif des honneurs ne vous aveugle et ne vous fasse prendre un parti qui vous couvrirait de honte, en mettant au grand jour votre ignorance et votre incapacité. »

Glaucon profita des sages avis de Socrate, et prit du temps pour s'instruire en particulier, avant de se produire en public. Cette leçon est pour tous les siècles, et elle peut convenir à beaucoup de personnes de tout état et de toute condition.

ROLLIN.

CHAPITRE VIII (*suite*)

L'AME

SIXIÈME LEÇON

Des diverses formes de courage.

EXPOSÉ

Il n'est guère de devoirs dont l'accomplissement n'exige des efforts; il en est même qui exigent des sacrifices. Aussi la qualité maîtresse dans l'homme c'est la *volonté*.

Le courage se mesure à l'énergie de la volonté. Il y a bien des formes de courage; le plus nécessaire, c'est le courage *militaire*, parce que, sans lui, un pays ne peut subsister; il tombe au pouvoir de ses ennemis. Le premier des devoirs, c'est de défendre sa patrie, car nous devons tout à la patrie; de plus, en la défendant, nous défendons tout ce que nous avons de plus cher au monde, nos parents, nos amis, nos biens, nous-mêmes. Celui qui se montre lâche, se déshonore; il tombe dans le mépris, il perd sa propre estime.

Ce n'est pas sur les champs de bataille que la mort est le plus difficile à affronter; car l'ardeur du combat enivre le soldat, l'exemple l'entraîne, et il a des armes pour se défendre. Il faut plus de courage encore à celui qui seul, sans secours, sans témoins, affronte la mort par devoir.

Tels ces paysans français qui, arrêtés par l'ennemi, se laissaient fusiller plutôt que de donner les renseignements qu'il leur demandait.

Ils ont du courage aussi les médecins, et tous ceux qui, en temps d'épidémie, soignent les malades au péril de leur vie.

Plus courageux encore sont les hommes de cœur qui se jettent dans les flammes d'un incendie ou dans les flots d'une mer irritée pour arracher des malheureux au trépas; car leur dévouement est volontaire et n'est pas, comme le courage du soldat. et du médecin, une obligation professionnelle.

Il faut admirer aussi le courage des hardis explorateurs, qui, à travers mille dangers, vont planter le drapeau de la patrie dans des régions inconnues et lointaines; et ceux aussi qui, s'enfermant dans leur laboratoire, se livrent à des travaux dangereux, pour enrichir la science, ou armer leur pays de quelque invention nouvelle.

Quiconque s'expose à la mort pour la défense de sa patrie, pour le salut des siens, pour le bien de l'humanité, a droit à notre reconnaissance et à notre admiration.

Mais il n'en est pas de même de ceux qui, par vanité pure ou par intérêt, se livrent, comme les acrobates, à des exercices périlleux; la vie est chose précieuse, et ne doit être sacrifiée qu'à une chose plus précieuse encore, c'est-à-dire au devoir.

S'il faut du courage pour braver la mort, il en faut aussi pour supporter la douleur soit physique, soit morale. Un acte de vaillance ne demande souvent qu'un vigoureux mais court effort de la volonté; au contraire certaines maladies douloureuses, certaines infirmités incurables, exigent, pour être bien et dignement supportées, un long et continuel effort, une patience de tous les instants, et cette patience est plus rare peut-être que la bravoure.

Il est un autre genre de courage qui n'est pas moins méritoire ; c'est celui qui consiste à s'imposer, par amour pour les siens ou pour les malheureux, des privations quotidiennes et de tout genre. Ces dévouements obscurs et modestes, qui s'étendent à la vie entière, et n'ont d'autre récompense que le témoignage secret de la conscience, sont admirables entre tous les autres.

PENSÉES. — MAXIMES

1. La volonté fait l'homme.

2. Sans la force morale, c'est peu de chose que la force physique.

3. Le courage est le triomphe de la volonté sur tout ce qui s'oppose à l'accomplissement du devoir.

4. La vie morale, c'est la lutte de la volonté contre l'égoïsme.

5. Il n'est aucun bien dont le devoir ne puisse exiger le sacrifice, parce qu'il est lui-même le bien par excellence.

6. La lâcheté déshonore.

7. Perdre l'honneur pour sauver sa vie, c'est s'ôter toute raison de vivre.

8. Le lâche lit dans tous les yeux le mépris qu'il inspire ; sa vie n'est qu'une suite d'humiliations.

9. Lâche et Français sont deux mots qui jurent de se trouver ensemble.

10. Celui-là est courageux entre tous, qui seul, sans témoins, sans armes, affronte la mort tranquillement, froidement, résolument, par devoir.

11. La famille, la patrie, l'humanité, voilà les trois grandes sources du courage.

12. C'est l'amour qui engendre le dévouement ; se dévouer, c'est donner par amour ce qu'on a de plus cher, c'est souffrir par amour ce qu'il y a de plus cruel.

13. L'égoïsme sacrifie les autres ; la bonté se sacrifie.

14. Risquer sa vie par pure vanité, c'est faire tort à ses semblables, c'est se déprécier soi-même.

15. Les actes de vaillance ne durent qu'un moment; la patience est un courage de tous les instants.

16. Certaines souffrances sont si intolérables qu'elles poussent au suicide; supporter patiemment de telles souffrances, c'est le suprême courage.

QUESTIONNAIRE

Quelle est dans l'homme la qualité maîtresse? — Pourquoi? — Quel est le genre de courage sans lequel un pays ne peut subsister? — Défendre sa patrie, n'est-ce pas défendre tout ce qu'on a de plus cher? — N'y a-t-il pas un genre de courage plus méritoire que celui du soldat sur le champ de bataille? — Les médecins n'ont-ils pas souvent besoin de courage? — Que pensez-vous des sauveteurs? — Les explorateurs, les aéronautes ne donnent-ils pas aussi des preuves de courage? — Quels sentiments doit nous inspirer le courage sous toutes ces formes? — En est-il de même des hommes qui exposent leur vie par vanité ou par intérêt? — S'imposer des privations quotidiennes pour sa famille et pour les malheureux, n'est-ce pas aussi montrer un courage méritoire?

LECTURES. — **La peur.**

Il y a longtemps de cela, mais je m'en souviens comme d'hier; j'avais une douzaine d'années, j'étais allé à la forêt, à une heure de la ville, prendre des nouvelles de mon oncle le garde forestier qui était malade. Tout à coup j'entends derrière moi des pas précipités, une sorte de galop que je ne connaissais pas. Ce n'était pas un cavalier, ce n'était pas non plus la course d'un homme. La peur me prit, et l'imagination aidant, je me figurais quelque bête monstrueuse à ma poursuite; je me mis à courir à belles jambes; plus je courais, plus les formes de la bête que je ne voyais pourtant pas, car je n'osais me retourner, me paraissaient effrayantes.

Dans ma fuite, je me heurtai à une pierre et tombai; le galop s'arrêta net, mais si près de moi, qu'un frisson me secoua tout le corps. A la fin, n'entendant plus rien, je pris mon courage à deux mains, me relevai et regardai derrière moi : l'âne de mon oncle était tranquillement arrêté à deux pas de moi, droit sur ses quatre pattes. J'eus honte de ma couardise; je pris la bête échappée par le licol et la ramenai à son écurie, me jurant bien qu'on ne me reprendrait plus à trembler de la sorte.

Louis LIARD,
Cours de morale.
(Léopold Cerf, éditeur.)

Le vrai courage.

Ce matin, nous avons eu, mon fils et moi, un entretien qui me donne espoir. Je lisais la vie de Turenne (je ne quitte plus les biographies de héros)... pour y apprendre, pour y surprendre le secret du courage. Tout à coup me tombe sous les yeux un passage qui se détacha sur la page comme un éclair, comme une flamme qui sert de guide : je cours à la chambre de cet enfant : « Ecoute, lui dis-je, un fait bien étrange; ou plutôt, non, lis-le-moi toi-même. » Et je lui remis le volume entre les mains. Il le prit, un peu étonné de mon émotion, quoique je la continsse singulièrement, et il lut ce qui suit :

« Un matin, avant une bataille, Turenne parcourait les lignes de son armée. Tout était préparé; il donne le signal de l'attaque, et la canonnade commence; mais, au premier coup, il se sentit saisi d'une telle terreur que son visage pâlit, et ses membres se mirent à trembler. Les officiers qui l'entouraient s'en aperçurent. Lui, il se tut un moment, puis jetant sur tout son corps un regard de colère : « Ah! vieille carcasse, tu trembles! Eh! bien, je » vais te mener si loin qu'il faudra bien que tu ne trembles » plus! » Et, se précipitant à l'endroit où le feu était le plus terrible, il fut plus héroïque ce jour-là qu'il ne l'avait jamais été! »

L'enfant s'arrêta après ces mots et resta rêveur. Je le regardais sans l'interrompre, attendant ce qu'il dirait. Après un moment de silence, tout plein d'étonnement, il reprit :

« C'est bien singulier, père.

— Qu'est-ce qui te paraît singulier?

— Comment! Turenne a eu peur!

— Un homme qui a une très bonne santé peut être malade un jour.

— C'est vrai! je n'avais jamais pensé à cela... Pourtant, ajouta-t-il, j'y vois une grande différence, c'est que, quand j'ai la fièvre, j'ai beau lui dire : Va-t'en, elle reste, tandis que lui, il a chassé la peur! Il a eu du courage parce qu'il l'a voulu!

— C'est remarquable, en effet, mais qu'est-ce qui t'étonne là-dedans?

— Je ne sais... Je croyais que la peur était un sentiment qui ne dépendait pas de nous.

— La peur... sans doute! mais... les effets de la peur, non!

— Ah!

— L'homme n'est pas maître de ses sentiments, mais il est maître de ses actions; on ne peut pas se défendre d'être craintif, mais on peut se défendre d'être... lâche...

— Je comprends, reprit-il un peu pensif... La crainte et la lâcheté sont deux choses différentes. » Puis toujours rêveur : « Mais enfin, père, comment Turenne s'y est-il pris, ce jour-là, pour chasser cette peur... qui était bien forte cependant, puisqu'elle le faisait frissonner?

— C'est tout simple : il a appelé contre elle à son aide un sentiment plus fort qu'elle dans son âme : l'idée du devoir et de l'honneur. »

Il se tut un moment, comme si une idée toute nouvelle se présentait à son esprit, et puis il dit, avec une sorte d'enthousiasme :

« C'est beau cela, que l'homme puisse ainsi détruire un mauvais penchant par un bon, et qu'il ait dans le fond de son cœur des amis tout prêts à accourir, s'il a besoin d'eux, et à l'aider à vaincre ses plus grands ennemis, les défauts. »

A ces mots, tant de noblesse ingénue éclata sur son visage, que j'allais lui sauter au cou, quand il reprit :

« Pourtant, père, dis-moi : est-ce qu'il n'y a pas des

hommes qui sont braves... toujours, sans effort, malgré eux, pour ainsi dire?

— Il y en a même pour qui le danger est un plaisir, Duguesclin, par exemple : il ne riait guère que quand il voyait briller les épées, et, tout enfant, il aimait autant à recevoir des coups qu'à en donner.

— Eh! bien, père, quel est le plus beau, le courage de Duguesclin, ou celui de Turenne?

— Celui de Turenne, mon enfant : Duguesclin n'a eu que la gloire de l'héroïsme, Turenne en avait le mérite.

— C'est vrai, et il me semble pourtant... je le crois du moins, qu'on serait disposé à vanter davantage une vaillance comme celle de Duguesclin.

— Tu as raison.

— Alors elle est donc plus grande?

— Devant les hommes, peut-être, mais celle de Turenne est plus grande devant Dieu. »

Il se tut et s'éloigna, tête baissée. Cet entretien sera-t-il perdu pour lui? Je ne le crois pas. J'ai vu passer sur son front, pendant qu'il m'écoutait, des sentiments, des pensées inconnues pour lui, car elles y étaient toutes mêlées de surprise; ce grand mystère de la liberté humaine, de l'empire de l'homme sur lui-même... il l'a entrevu. Le germe est en lui, et moi, je me charge de le faire pousser. »

Ernest LEGOUVÉ,
Les pères et les enfants au dix-neuvième siècle.
(Hetzel, éditeur.)

SEPTIÈME LEÇON

Courage moral. — Patience. — Initiative.

EXPOSÉ

La douleur physique demande du courage, les douleurs morales n'en demandent pas moins.

Il n'est personne au monde qui n'ait des épreuves à souffrir; espérances trompées, tracasseries, persécutions, injustices, calomnies, déceptions, revers, ce sont là des maux communs à tous les hommes, et contre lesquels nous devons nous armer de patience et de fermeté. Il n'est personne aussi qui n'ait à déplorer la mort de quelqu'un des siens; nous devons regretter ceux que nous avons perdus, mais sans nous laisser abattre par la douleur. La meilleure manière d'honorer les morts, c'est de travailler au bonheur de ceux qu'ils ont aimés et qui leur survivent.

De même que notre devoir est de nous résigner à des pertes cruelles mais inévitables, ainsi nous devons nous-mêmes nous résigner à mourir puisque c'est le sort commun des hommes, et nous préparer d'avance à bien supporter la mort. La meilleure préparation à la mort, c'est une vie irréprochable; la paix de la conscience adoucit les derniers instants.

Il y a un genre de fermeté assez rare partout, mais surtout en France; nous autres Français, nous avons trop de respect humain, nous avons peur de la moquerie et du qu'en-dira-t-on. Il faut dans la vie avoir le courage de son opinion. Quand on a pour soi sa conscience et sa raison, il faut savoir résister à l'entraînement du mal. Se laisser mener par les autres, c'est un manque de dignité.

Si nous ne devons pas nous rendre, par faiblesse, complices des fautes d'autrui, nous devons par contre avoir le courage d'avouer nos propres fautes; l'aveu atténue la faute; le mensonge l'aggrave; le premier relève, l'autre avilit.

Parmi les maux de la vie, les uns sont inévitables et il faut les supporter patiemment; les autres peuvent être évités par la prudence ou adoucis par des mesures de prévoyance. De même parmi les malheurs, les uns sont irréparables et il n'y a qu'à s'y résigner ; les autres sont réparables, les revers de fortune par exemple, et ceux-là, nous devons tout mettre en œuvre pour les réparer. Se plaindre, gémir, ne sert à rien ; attendre, compter sur le hasard ou sur les autres, c'est sottise et lâcheté. Commençons par nous aider nous-mêmes ; ayons de l'initiative, montrons de la fermeté, c'est le plus sûr moyen de nous attirer l'estime et la sympathie de nos semblables, et d'obtenir leur appui. Un homme de cœur, résolu à se tirer d'affaire, ne reste pas longtemps dans le besoin; vouloir, c'est pouvoir.

PENSÉES. — MAXIMES

1. La meilleure manière d'honorer les morts, c'est de travailler au bonheur des survivants.

2. Les pleurs, les gémissements, les lamentations sans fin sont encore plus des marques de faiblesse que des preuves d'amour.

3. Il n'y a pas d'exemption pour la mort.

4. Bien vivre, c'est se préparer à bien mourir.

5. Il faut avoir le courage de son opinion, et se moquer des moqueurs.

6. L'aveu de nos fautes en est une expiation ; le mensonge en est l'aggravation.

7. Dans les circonstances difficiles, mieux vaut entreprendre qu'attendre.

8. Le plus sûr moyen de trouver des appuis, c'est de prouver qu'on en est digne; aidons-nous, l'on nous aidera.

QUESTIONNAIRE

Qu'entendez-vous par douleurs morales ? — Citez-en un certain nombre. — Ne faut-il pas du courage pour les supporter ? — Faut-il se laisser abattre par la mort des siens ? — Quel est le meilleur hommage à rendre à ceux qui ne sont plus ? — Du sort commun des hommes. — Manière de se préparer à bien mourir. — N'y a-t-il pas quelque courage à braver les moqueries, à résister aux entraînements, à avouer les fautes qu'on a pu commettre ? — N'y a-t-il pas des maux inévitables et d'autres qu'on peut éviter ? — De même, n'y a-t-il pas des malheurs irréparables et d'autres qu'on peut réparer ? — Quelle conduite doit-on tenir dans ces diverses situations ? — Qu'entendez-vous par esprit d'initiative ?

LECTURES. — **Avoir le courage de résister à ceux qui nous entraînent.**

Les enfants comme les hommes subissent ce qu'on peut appeler l'entraînement du mal. Quand ils vont par troupes, si quelque garnement a une mauvaise inspiration, il prend la tête, le gros suit et les meilleurs cèdent, tout en désapprouvant. En pareil cas, celui qui a le courage du bon sens, celui qui ne se laisse pas emporter par le courant et qui résiste, celui-là fait preuve d'une qualité rare partout, mais particulièrement en France. Si nous parvenons à obtenir de nos enfants qu'ils s'affermissent dans leur bon sens, qu'ils prennent leur point d'appui en eux-mêmes, dans leur conscience et leur raison, qu'ils prêtent une oreille moins inquiète à ce qu'on dira ou pourra dire d'eux, qu'ils bravent le qu'en-dira-t-on et la raillerie, qu'ils foulent aux pieds un sot respect humain, nous aurons contribué à faire des hommes propres à se gouverner eux-mêmes et partant gouvernables.

L'Éducation à l'école, ch. xiv.

La persévérance.

Samuel Smiles nous cite un exemple de persévérance et d'application très remarquable donné par un ouvrier français demeurant en ce moment à Londres.

Après avoir travaillé quelque temps comme maçon dans cette ville et dans les environs, cet ouvrier vint à manquer de travail et se vit aux prises avec la pauvreté. Il alla voir un de ses compatriotes, avantageusement occupé à donner des leçons de français, et le consulta sur ce qu'il devait faire. « Faites-vous professeur ! » lui dit celui-ci sans hésiter. « Moi, professeur ? » répondit le maçon, « moi qui ne suis qu'un pauvre ouvrier et qui ne parle guère qu'une espèce de patois ! Vous vous moquez. — Pas du tout, » reprit l'autre, « je parle très sérieusement, et je vous conseille de nouveau de vous faire professeur. Mettez-vous sous ma tutelle, et je me fais fort de vous apprendre, en très peu de temps, l'art d'enseigner. — Non, non, » répliqua le maçon, « c'est impossible ; je suis trop vieux pour apprendre, je n'ai pas fait d'assez bonnes études ; et je ne puis être professeur. » Et il se mit de nouveau à chercher du travail.

A cette époque l'ouvrage allait mal à Londres, et, ne trouvant rien, notre homme résolut d'aller voir s'il ne serait pas plus heureux en province. Il partit, fit, mais en vain, plusieurs centaines de milles, et nulle part ne trouva d'occupation. De retour à Londres, il s'en alla tout droit chez l'ami dont il avait la première fois refusé de suivre les conseils et lui dit : « J'ai cherché partout de l'ouvrage et partout j'ai échoué ; je suis déterminé maintenant à me faire professeur. » Et se plaçant immédiatement sous la direction de son ami, avec son application soutenue, sa vivacité de conception, sa vigoureuse intelligence, il ne tarda pas à se rendre maître des éléments de la grammaire, des règles de la construction et de la composition, et (ce qu'il avait encore en grande partie à apprendre) de la prononciation correcte du français classique.

Quand son ami et instituteur le jugea suffisamment avancé pour entreprendre d'instruire les autres, il demanda pour lui une place annoncée comme vacante dans les journaux, l'obtint, et voilà enfin notre artisan devenu professeur. *(Self-Help.)*

(Plon et Nourrit, éditeurs.)

Les héros ignorés.

Le véritable héroïsme est la force d'âme en action et portée à son plus haut degré d'énergie. S'il se produit d'une manière plus éclatante aux yeux du vulgaire par le mépris de la douleur et de la mort, dans ces grandes

scènes où leur image se montre so   mille formes terribles, le véritable héroïsme se manifeste d'une manière
plus certaine et plus réelle encore dans ce calme magna-
nime qui triomphe des vicissitudes du sort, de la tyrannie
du pouvoir, de celle des passions populaires, de celle de
l'opinion ; dans ce calme religieux qui supporte les peines
et les angoisses du cœur, les plus cachées mais les plus
cruelles de toutes. Il se manifeste surtout loin du théâtre
de la gloire, dans la retraite obscure où l'homme, n'étant
plus soutenu que par sa vertu, lutte seul contre des souffrances ignorées, sans relâche et sans espoir.

Ah ! sans doute, il est juste, il est utile d'élever des
monuments à ces hommes extraordinaires qui parurent à
la face du monde comme de brillants météores, laissant
après eux dans les siècles de longues traces de lumière :
la Providence permit que leur héroïsme se déployât aux
yeux de tous, pour que tous fussent excités par leurs
nobles exemples. Mais où seront les couronnes dignes des
héros ignorés ? Voilà cependant ceux que chacun de nous
est appelé à imiter, parce qu'ils vécurent dans la sphère
qui nous appartient, celle de la condition commune, parce
que les épreuves dont ils ont triomphé sont celles qui se
rencontrent sous nos pas, parce que la puissance qu'ils
leur opposèrent est la seule qui appartienne à tous les
hommes. Gloire à l'héroïsme obscur ! Héros ignorés !
vous dont on ne connaît ni la vie, ni même les noms, qui
n'eûtes pas de spectateurs, qui peut-être avez voulu être
inconnus, c'est à vous d'exciter et l'admiration et l'émulation du sage !

De Gérando,
Du perfectionnement moral.

Avoir le courage de son opinion.

C'est une chose rare en France que d'avoir le courage
de son opinion, et surtout le courage d'être, s'il le faut,
seul de son opinion. Nous avons le besoin de nous sentir
soutenus, appuyés ; si les autres nous donnent tort, si

nous nous trouvons seuls de notre avis, nous commençons à douter de nous-mêmes, nous devenons inquiets, nous sommes troublés, ébranlés; le respect humain, la crainte nous gagne, et nous passons parfois à l'avis contraire, non pas convaincus, mais entraînés. Il semble que la raison soit toujours du côté du nombre; il n'en est pourtant pas ainsi, et il peut arriver qu'on ait raison, seul contre tous.

Cette préoccupation constante de l'opinion d'autrui, cette défiance de son propre jugement, cette crainte pusillanime de la moquerie et de l'isolement, ce besoin de nous sentir les coudes, d'être toujours avec le nombre et à l'unisson des autres, affaiblit la volonté, détruit la personnalité; il fait des individus une sorte de poussière que le premier vent qui passe fait voler en tourbillons effarés; il ôte aux caractères cette trempe et cette solidité si nécessaires en pays de suffrage; il livre la nation aux dangers des revirements soudains, des paniques inexplicables; il crée ces courants aveugles, irrésistibles qui emportent tour à tour les masses d'un extrême à l'autre et qui font désespérer de la stabilité des gouvernements et du progrès de la civilisation. Avoir le courage de son opinion, voilà une qualité à encourager, à louer, à récompenser chez les enfants; car, si nous félicitons la classe tout entière de n'avoir pas suivi le mauvais exemple donné par un seul, à combien plus forte raison devons-nous louer l'enfant qui seul a résisté au mauvais exemple donné par tous les autres.

L'Éducation à l'école, chap. xiv.

HUITIÈME LEÇON

La colère.

EXPOSÉ

L'homme en proie à la colère est un spectacle pénible; c'est un objet de crainte et de pitié; de crainte, car, comme il ne se possède plus, on tremble qu'il ne se porte à quelque excès, à quelque violence; de pitié, car l'homme qui par sa faute perd la raison, perd du même coup sa dignité; tout en le blâmant, on ne peut s'empêcher de le plaindre.

L'homme en colère devient un être redoutable; non seulement il crie, il menace, mais, comme il ne sait plus ce qu'il dit, il injurie, il outrage les autres; comme il ne sait plus ce qu'il fait, il frappe, il maltraite, il blesse et parfois il tue ceux-là même qui lui sont le plus chers. La colère rend l'homme méchant, brutal, violent et parfois criminel.

Aussi les enfants enclins à la colère doivent-ils s'appliquer de tous leurs efforts à extirper en eux un défaut si dangereux; il y va de leur bonheur et de celui de leurs proches. Quand la colère a tourné en habitude, c'est un mal incurable.

Alors même que la colère ne va pas jusqu'à troubler la raison, elle reste un défaut nuisible à celui qui en est atteint, nuisible à ceux qui l'entourent. L'homme qui se fâche à tout propos se rend malheureux, lui et les autres, il devient insociable. Ne pouvant mesurer ses paroles, il est exposé sans cesse à blesser ses parents, ses amis, à perdre leur affection et parfois leur estime; agissant par emportement, il commet des imprudences, il fait des coups de tête, il se crée des ennemis, il se met sur les bras de fâcheuses affaires, il va souvent jusqu'à compromettre ou perdre son avenir; il se prépare des regrets et des remords. Rien n'est donc plus nécessaire à l'homme, dans son intérêt comme dans celui de ses semblables, que de rester maître de lui-même et de conserver le gouvernement de sa volonté.

La colère a presque toujours pour cause accidentelle une surprise désagréable. Mais dans la vie on doit s'attendre à des désagréments; il est absurde de s'imaginer que tout ira toujours au gré de nos désirs et que nos semblables ne diront et ne feront jamais rien qui nous déplaise. Mettons-nous donc bien dans l'esprit que les ennuis sont inévitables, afin que, lorsqu'ils arrivent, nous les recevions tranquillement, comme une chose attendue et toute naturelle.

Il n'est pas juste non plus d'exiger des autres qu'ils soient plus parfaits que nous-mêmes; et, comme plus d'une fois nous avons des torts envers eux, souffrons leurs imperfections sans étonnement et sans impatience.

Le point important, c'est de résister au premier mouvement et, avant de parler ou d'agir, de se donner le temps de réfléchir. Un instant de réflexion fait presque toujours tomber la colère, car nous comprenons bien vite ou que nous avons tort de nous fâcher, ou que cela ne servira à rien. Au contraire, si l'on cède au premier mouvement, on s'échauffe, on se monte, on se grise, et il devient impossible de s'arrêter.

Le tempérament est pour quelque chose dans la colère, et les hommes sanguins sont en général irascibles, mais le caractère y est pour beaucoup. Trop d'amour-propre rend chatouilleux ; on ne souffre rien des autres quand on croit mériter trop d'égards. La modestie et la réflexion sont donc les meilleurs préservatifs de la colère.

PENSÉES. — MAXIMES

1. La colère est un vin fumeux qui monte à la tête et trouble l'esprit.

2. Un accès de colère est un accès de folie.

3. A cheval fougueux il faut un mors solide.

4. Esclave ou maître, il n'y a pas de milieu ; si l'humeur n'est réduite à l'obéissance, elle commande en tyran.

5. La colère fait disparaître à nos yeux tout ce qui pourrait la calmer ; elle ne nous laisse plus voir que l'objet qui l'enflamme.

6. La réflexion est un jet d'eau froide qui éteint la colère.

7. S'abandonner à la colère, c'est se vouer aux regrets, à la honte, aux remords.

8. Pour la colère, la réflexion est un calmant ; la modestie, un préservatif.

9. La plus sûre garantie du bonheur c'est la possession de soi-même.

QUESTIONNAIRE

Pourquoi l'homme en proie à la colère est-il un objet de crainte et de pitié ? — Quels sont les effets de la colère ? — Jusqu'où peut-elle pousser l'homme qui s'y abandonne ? — Quel est le devoir des enfants enclins à la colère ? — Les gens irascibles sont-ils sociables ? — Ne sont-ils pas exposés à se nuire à eux-mêmes ? — Comment ? — Quelle est la cause accidentelle de la colère ? — Comment peut-on s'en prémunir ? — Quel est le moyen le plus sûr de résister à la colère ? — Qu'arrive-t-il si l'on cède au premier mouvement ? — La colère provient-elle uniquement du tempérament ? — Comment l'amour-propre peut-il rendre irascible ? — Concluez.

LECTURES. — Un remède contre la colère.

« Tu es irascible, tu t'emportes à tout propos ; tu te rends insupportable aux autres et tu compromets ta santé. Veux-tu que je te guérisse de ton mal ? »

Ainsi parlait un médecin à son ami.

« Volontiers, dit celui-ci; as-tu un remède? — Oui, et un remède infaillible : le voici. » Et lui tendant une bouteille pleine : « Quand tu sentiras venir l'accès, débouche et bois une cuillerée. »

Quelque temps après, l'ami revint trouver le médecin :

« Ton remède est bon, lui dit-il; mais la bouteille est vide, et j'en viens chercher une autre. — Va-t'en à la fontaine, répondit le docteur, et remplis toi-même ta bouteille, car elle ne contenait que de l'eau. Ce qui t'a guéri, ce n'est donc pas mon élixir, c'est que, pour le prendre, il t'a fallu résister au premier mouvement, et que ce tēmps d'arrêt a suffi pour refroidir ta colère. Suis mon traitement, et dans peu tu seras guéri radicalement. »

D'après MONTANDON.

Tu te fâches, donc tu as tort.

Cet axiome, souvent si injuste au fond, le « tu te fâches, donc tu as tort, » est vrai dans la pratique, sinon en droit; car un homme qui se met en colère, eût-il cent fois raison, donnera par sa colère tort même à sa raison.

Quand un droit est méconnu, qu'est-ce qui importe? C'est qu'il cesse d'être méconnu, c'est qu'il en arrive à être reconnu. Qu'est-ce qui peut amener ce meilleur résultat? Croyez-vous que ce soit la colère? Non, c'est son contraire, c'est le sang-froid.

Le sang-froid est le maître de ce monde.

Sa force est telle, qu'il fait triompher souvent, hélas! jusqu'aux mauvaises causes, et parvient à maintenir pendant de longues années leur apparent triomphe.

Vous tous qui avez raison, n'abandonnez donc pas cette arme si puissante à vos adversaires; ne faites pas ce tort à votre bonne cause d'avoir l'air de si peu compter sur elle que vous n'ayez plus pour la défendre que les injures, les invectives, que la colère.

Défiez-vous des colères, de celles même qu'on a appelées de saintes colères. La colère n'est jamais sainte, car, fût-elle juste dans son principe, elle ne saurait l'être dans ses résultats. J'ajoute que le coupable qui n'est châtié que par la colère semble bientôt une victime; il a été puni, non jugé. Il a été réduit au silence; qui sait ce qu'il aurait pu alléguer pour sa défense, diront jusqu'à la fin des siècles ceux qui trouvent que la justice c'est le juge, et non le châtiment?

STAHL,
Morale familière.
(Hetzel, éditeur.)

CHAPITRE IX

DEVOIRS ENVERS LES ANIMAUX

PREMIÈRE LEÇON

En quoi les animaux diffèrent de nous, en quoi ils nous ressemblent.

EXPOSÉ

Les animaux n'ont ni raison ni conscience, c'est-à-dire qu'ils ne peuvent distinguer ni le vrai du faux, ni le bien du mal. Soumis à l'instinct, ils ne sont pas libres de leurs actes, et par conséquent ne sont pas responsables.

Mais beaucoup ont de l'intelligence, et la preuve c'est qu'ils nous comprennent et qu'on peut les dresser; la preuve encore, c'est qu'ils se comprennent entre eux et que souvent ils agissent de concert.

Cependant c'est moins encore par l'intelligence qu'ils nous ressemblent que par la sensibilité. Comme nous ils sont sujets aux maladies ; comme nous ils ressentent les souffrances que causent la faim, la soif, les coups, les blessures. Bien plus encore, ils sont capables d'éprouver quelques-uns de nos sentiments les plus nobles; ils s'attachent à nous, ils s'aiment entre eux ; le chien, par exemple, est pour l'homme un serviteur docile, fidèle et dévoué; la poule veille sur ses petits avec une sollicitude vraiment maternelle. Plusieurs, comme les fourmis, les abeilles, ont l'instinct de société, et forment de petites républiques admirablement policées.

Puisqu'ils nous ressemblent sous tant de rapports, et puisque surtout ils souffrent des mêmes maux, nous devons donc les traiter avec bonté.

Parmi les animaux, il en est qui méritent d'être mieux traités que les autres; ce sont les animaux domestiques. Sans eux l'homme ne pourrait vivre; il ne pourrait cultiver la terre; il végéterait misérablement. Les animaux le nourrissent, le vêtissent, le défendent même. En retour de tant de services, il doit les traiter avec douceur, par reconnaissance d'abord et ensuite dans son propre intérêt.

Cependant il n'est pas rare de voir des hommes se conduire avec une brutalité révoltante envers les bêtes qui le servent docilement. Des charretiers ignorants et grossiers accablent de coups les chevaux qui trop chargés, épuisés de fatigue et d'efforts, n'ont plus la force d'avancer. Pourtant à qui la faute? N'est-ce pas à l'homme? La bête fait ce qu'elle peut; mais il ne faut pas exiger d'elle plus qu'elle ne peut faire.

Sans doute quand il s'agit de dresser les animaux, on n'est point blâmable de les frapper, à la condition toutefois qu'on le fasse par nécessité, avec modération et sans emportement. Mais se laisser aller à des violences inutiles, à des accès de fureur stupide, c'est descendre bien au-dessous de la bête qui en est l'objet et la victime.

Il y a certains animaux que nous avons le droit de détruire; ce sont ceux qui sont dangereux et malfaisants; nous sommes alors dans le droit de légitime défense. Nous pouvons aussi, pour sustenter notre vie, donner la mort à des animaux inoffensifs; mais c'est un devoir pour nous de leur épargner toute souffrance inutile, et de faire en sorte que leur mort soit rapide et qu'ils n'en voient pas les apprêts. La mort est sans doute moins pénible pour les animaux que pour l'homme, parce qu'ils ne la voient pas venir de loin et qu'ils ne connaissent pas le sort qui les attend; mais la vue des préparatifs peut leur en donner le pressentiment douloureux, et nous devons faire en sorte qu'ils n'aient à souffrir que de la mort même.

PENSÉES. — MAXIMES

1. L'homme est, dit-on, le roi des animaux; soit : mais un roi ne doit pas être le bourreau de ses sujets.

2. Puisque l'homme a sur les animaux l'avantage de la raison, il doit en faire preuve dans sa conduite à leur égard.

3. Les animaux supérieurs se rapprochent de l'homme par leur organisme, leur intelligence et leur sensibilité.

4. Frappez des mêmes coups un homme et un animal, ils éprouveront la même douleur; ôtez ses petits à une bête, ses cris vous prouveront qu'elle a un cœur.

5. Certains animaux, les chiens entre autres, ont tant d'intelligence, que leurs maîtres ont coutume de dire : « Il ne leur manque que la parole. » Ils ne parlent pas, mais leur regard parle. Qui n'a lu clairement dans les yeux d'un chien, l'affection, la joie, la soumission, la crainte, les regrets et même la prière?

6. Il est des animaux qui semblent s'élever jusqu'à l'homme; par contre il est des hommes qui descendent au dessous de la bête.

7. Parmi les services que les animaux domestiques nous rendent, il faut compter les exemples de courage, d'attachement, de prévoyance, de patience et de résignation qu'ils nous donnent.

8. Plusieurs ont de si grandes qualités que les fabulistes nous les proposent pour modèles et s'en servent pour moraliser l'espèce humaine.

9. Maltraiter les animaux, ce n'est pas seulement de la brutalité, c'est souvent de l'ingratitude.

10. Point d'animaux domestiques, point d'agriculture.

11. Pas de chiens, pas de chasse.

12. Sans le secours que lui ont prêté les animaux l'homme serait resté à l'état sauvage, et peut-être la race humaine eût-elle disparu de la surface du globe.

13. Supposez un instant que tout ce qui vit, hormis l'homme, vienne à disparaître, un silence de mort pèserait sur la nature.

QUESTIONNAIRE

Les animaux sont-ils libres et responsables? — Quelles preuves beaucoup d'entre eux donnent-ils de leur intelligence? — Par quoi surtout nous ressemblent-ils? — Quelques-uns d'entre eux n'ont-ils pas quelque chose de notre sensibilité morale? — N'ont-ils pas l'instinct de société? — Quel est le devoir qui découle de ces ressemblances? — Pourquoi devons-nous traiter les animaux domestiques avec plus de bonté que les autres? — Les exemples de brutalité sont-ils rares? — Est-il permis de frapper les bêtes? — Dans quels cas et dans quelle mesure? — Quels sont les animaux que nous avons le droit de détruire? — Comment l'homme doit-il se conduire à l'égard des animaux qui servent à le nourrir?

LECTURES. — Un cocher modèle ou le cheval ombrageux.

On dit trop de mal des cochers pour n'en pas dire un peu de bien, quand l'occasion s'en présente. Or, voici ce que j'ai vu, et ce que je me fais un plaisir de raconter.

C'était la nuit, vers dix heures, sur une avenue paisible, où je me promenais paisiblement.

Arrive un fiacre au petit trot; les sabots du cheval résonnaient sur l'asphalte, dans le silence de l'avenue déserte.

Tout à coup le bruit cesse; je me retourne et je vois le cheval qui reculait, reculait, et j'entends le cocher, qui, d'une voix douce, lui disait : « Allons, Coco, ce n'est rien, n'aie pas peur. » Mais Coco avait peur, il ne voulait rien entendre, il reculait toujours, et déjà la voiture, poussée à reculons, avait une roue sur le trottoir.

Je m'approche par curiosité; tout autre en eût fait

autant; mais ce qui m'attirait surtout, c'était la douceur inaccoutumée du cocher, qui, sans s'impatienter, continuait à dire : « Allons, Coco, ce n'est rien, n'aie pas peur. »

Combien, en pareil cas, prennent leur fouet par le petit bout, et frappent leurs pauvres bêtes avec le manche, à tour de bras, en dépit de la loi Grammont ! Mais de quoi Coco avait-il peur ?

Une de ces lourdes voitures, à gros rouleau de pierre, qui servent à écraser les cailloux et à niveler les chaussées, avait été laissée le long du trottoir, les bras en l'air. Sa forme insolite avait effrayé la bête, du reste un peu ombrageuse. Elle pointait les oreilles, ses genoux tremblaient.

Le cocher descendit, sans lâcher les rênes, et sans cesser de parler à la bête, comme il eût fait à un être raisonnable : — « Allons, Coco, tu t'effrayes pour rien ; » et le flattant d'une main, et de l'autre prenant la bride :

« Je vais t'y conduire, va, tu verras ce que c'est ; allons-y ensemble. »

Je m'étais encore rapproché et voulant participer, autant qu'il m'était possible, aux louables efforts du cocher, je m'étais placé près du rouleau, entre les bras de la voiture, et, sans y songer, je répétais, moi aussi : « Allons, Coco, allons, Coco, tu vois bien que ce n'est rien. »

Cependant Coco était arrivé, quoique non sans peine, auprès du rouleau, et il soufflait, soufflait, et jetait la tête à droite, à gauche, pour ne pas voir. Mais le cocher y mit tout ce qu'il fallait de patience. Une fois la bête un peu rassurée, il la fit avancer pas à pas, le long de la voiture, lui tenant la tête tout contre ; j'étais dans l'admiration.

Enfin, et ceci y mit le comble, quand Coco eut dépassé la machine, comme il manifestait un vif désir de s'en aller au plus vite : « Non pas, lui dit ce cocher modèle, allons-y encore une fois ; il faut que tu t'y habitues. »

Et il le fit retourner à l'épouvantail ; et il le tint quelques minutes en sa présence, toujours lui parlant, lui tapant sur le cou. Et quand Coco eut bien vu la chose, par devant, par côté et par derrière; quand ses genoux eurent cessé de trembler, quand ses oreilles furent au repos, et que sous ses œillères on vit ses yeux rassurés, alors, doucement, toujours doucement, ce maître cocher, bien digne de conduire des hommes, remonta tranquillement sur son siège, et dit : « Maintenant, Coco, tu peux aller, mais pas trop vite, nous aurions l'air de nous sauver. » Et Coco partit au petit trot, comme il était venu.

Pour nos enfants, par A. VESSIOT.

(Lecène et Cie, éditeurs.)

Le chien.

Le chien, indépendamment de la beauté de sa forme, de la vivacité, de la force, de la légèreté, a par excellence toutes les qualités intérieures qui peuvent lui attirer les regards de l'homme. Un naturel ardent, colère, même féroce et sanguinaire, rend le chien sauvage redoutable à tous les animaux, et cède dans le chien domestique aux sentiments les plus doux, au plaisir de s'attacher et au désir de plaire. Il vient, en rampant, mettre aux pieds de son maître son courage, sa force, ses talents; il attend ses ordres pour en faire usage; il le consulte, il l'interroge, il le supplie. Un coup d'œil suffit, il entend les signes de sa volonté; il est tout zèle, tout ardeur, tout obéissance. Plus sensible au souvenir des bienfaits qu'à celui des outrages, il ne se rebute pas par les mauvais traitements; il les subit, les oublie, ou ne s'en souvient que pour s'attacher davantage. Loin de s'arrêter ou de fuir, il lèche cette main, instrument de douleur, qui vient de le frapper, il ne lui oppose que la plainte, et le désarme enfin par la patience et la soumission.

L'on peut dire que le chien est le seul animal dont la fidélité soit à l'épreuve; le seul qui connaisse toujours son maître et les amis de la maison; le seul qui, lorsqu'il arrive un inconnu, s'en aperçoive; le seul qui entende son nom, et qui reconnaisse la voix domestique: le seul qui ne se confie point à lui-même; le seul qui, lorsqu'il a perdu son maître et qu'il ne peut le retrouver, l'appelle par ses gémissements; le seul qui, dans un voyage long qu'il n'aura fait qu'une fois, se souvienne du chemin et retrouve la route; le seul enfin dont les talents naturels soient évidents et l'éducation toujours heureuse.

BUFFON.

DEUXIÈME LEÇON

Des cruautés inutiles. — La loi Grammont. Sociétés protectrices des animaux.

EXPOSÉ

Quand nous donnons la mort aux animaux, la nécessité est notre seule excuse; aussi ceux qui les font périr sans que rien l'exige, sont-ils gravement répréhensibles; que dire de ceux qui prennent plaisir à les martyriser? Il y a des bêtes inoffensives sur lesquelles on voit parfois des enfants s'acharner avec une cruauté inouïe; les crapauds par exemple. D'où vient cet acharnement? Si ces bêtes sont laides, est-ce leur faute? N'y a-t-il pas une injustice cruelle à leur faire expier leur laideur? D'ailleurs, ce que les enfants ne doivent plus ignorer aujourd'hui, c'est que non seulement les crapauds ne sont pas malfaisants, mais qu'au contraire ils rendent les plus grands services à l'agriculture; ils détruisent force insectes nuisibles, comme les chenilles et les limaçons; de sorte que les détruire c'est faire un acte à la fois nuisible et barbare.

Il y a encore des êtres qui, loin d'être laids et repoussants, sont au contraire gracieux et charmants, comme les papillons et d'autres insectes, et que cependant les enfants font souffrir avec une légèreté cruelle; ils leur arrachent les pattes, les ailes, et les martyrisent de mille manières. Se faire un jeu de la douleur est odieux.

Un intérêt supérieur, comme celui de la science et de l'humanité, peut seul légitimer les souffrances qu'on fait endurer aux bêtes. Personne assurément ne songe à reprocher aux savants les expériences qu'ils tentent sur des animaux vivants pour arriver à découvrir au prix de leurs souffrances des remèdes aux terribles fléaux qui, comme la rage et le typhus, déciment l'espèce humaine ; mais quand la souffrance est inutile, et surtout quand on en fait un sujet de curiosité, un jeu, un spectacle, un plaisir, on est plus que blâmable, on est coupable. Tous ces combats où l'on met aux prises des animaux les uns avec les autres, comme les combats de coqs, et ceux où l'homme provoque la fureur des animaux en leur faisant mille blessures, comme les courses de taureaux, sont injustifiables, et bien que, par tolérance pour des habitudes locales, on les permette, la conscience les réprouve. Ils ne peuvent qu'endurcir le cœur; celui qui n'a point de pitié pour les bêtes devient moins sensible aux souffrances de ses semblables.

Depuis longtemps déjà les animaux ont trouvé des avocats éloquents et vous connaissez le plus illustre d'entre eux, celui qu'on a surnommé *l'ami des bêtes*, La Fontaine. De notre temps ils ont trouvé des défenseurs, et, grâce à eux, la loi les a pris sous sa protection. En 1850, le député Grammont a proposé et fait adopter une loi, qui porte son nom, et qui punit d'une amende de 5 à 15 francs, et d'un emprisonnement de 1 à 5 jours, ceux qui maltraitent publiquement et abusivement les animaux domestiques.

Mais si utiles que puissent être les lois, elles ne sauraient suffire à changer les mœurs. C'est l'éducation qui surtout peut opérer ce changement, et c'est pour cette raison que nous tous, qui sommes chargés d'instruire l'enfance, nous avons pour devoir de vous faire sentir et comprendre combien il est cruel de faire souffrir des êtres qui ne nous font aucun mal et dont beaucoup nous font du bien.

En plus d'un pays, il s'est formé des sociétés protectrices des animaux, qui par la parole, par les livres, par des récompenses, viennent en aide à la loi et à l'enseignement. Dans les écoles aussi il s'est formé de petites sociétés protectrices des nids, et les enfants qui autrefois étaient les plus dangereux ennemis des couvées en deviennent les protecteurs.

S'il y a encore des gens qui maltraitent les animaux, par contre il y en a qui les traitent mieux que leurs semblables; c'est l'autre extrême. Entre la brutalité et un attachement exagéré, il y a un juste milieu. Un chat, un caniche, une perruche ne méritent pas les soins, les caresses, les tendresses que certaines personnes leur prodiguent. Qu'on soigne ces bêtes, rien de mieux; mais les choyer comme des enfants, c'est le comble du ridicule.

PENSÉES. — MAXIMES

1. Donner la mort pour sauver sa vie, c'est le seul droit que l'homme ait sur les animaux; les tuer par colère, par jeu, par plaisir, c'est pure barbarie.

2. Sera-t-il plus compatissant pour ses semblables celui que les souffrances des animaux laissent insensible?

3. Le meilleur des sentiments, c'est la pitié; elle doit s'étendre à tout ce qui souffre.

4. Quand on veut donner une idée de la douceur d'un homme, on a coutume de dire : « Il ne tuerait pas une mouche. »

5. Faire du mal à des êtres qui ne nous en font pas et qui ne peuvent se défendre, ce n'est pas seulement de la cruauté, c'est de la lâcheté.

6. Autrefois la loi se bornait à défendre les hommes contre les hommes ; aujourd'hui elle étend sa protection aux animaux domestiques : c'est un progrès.

QUESTIONNAIRE

Que pensez-vous de ceux qui font souffrir inutilement les animaux? — La laideur de certaines bêtes est-elle une excuse? — Quelques-unes d'entre elles, les crapauds par exemple, ne sont-elles pas utiles? — Que penser des enfants qui martyrisent de pauvres insectes? — Les savants qui font des expériences sur des animaux vivants sont-ils à blâmer? — Que doit-on penser des combats de coqs, des courses de taureaux? — Qu'est-ce que la loi Grammont? — Quelle est la date de cette loi? — Les lois suffisent-elles pour changer les mœurs? — Comment faut-il leur venir en aide? — Comment les Sociétés protectrices des animaux viennent-elles en aide à la loi? — N'y a-t-il pas des gens qui poussent trop loin leur amour pour certaines bêtes? — Quelle est la meilleure conduite à tenir?

LECTURES. — Le charretier brutal.

Le pesant chariot porte une énorme pierre ;
Le limonier, suant du mors à la croupière,
Tire, et le roulier fouette, et le pavé glissant
Monte, et le cheval triste a le poitrail en sang.
Il tire, traîne, tire encore et s'arrête ;
Le fouet noir tourbillonne au-dessus de sa tête ;
C'est lundi ; l'homme hier buvait aux Porcherons (1)
Un vin plein de fureur, de cris et de jurons.
Oh ! quelle est donc la loi formidable qui livre
L'être à l'être, et la bête effarée à l'homme ivre?

(1) Nom d'un cabaret fameux autrefois, ainsi appelé parce qu'il se trouvait primitivement dans un hameau de ce nom, situé au nord de l'ancien Paris.

L'animal éperdu ne peut plus faire un pas ;
Il sent l'ombre sur lui peser ; il ne sait pas,
Sous le bloc qui l'écrase et le fouet qui l'assomme,
Ce que lui veut la pierre et ce que lui veut l'homme.
Et le roulier n'est plus qu'un orage de coups
Tombant sur ce forçat qui traîne des licous,
Qui souffre et ne connaît ni repos ni dimanche.
Si la corde se casse, il frappe avec le manche,
Et si le fouet se casse, il frappe avec le pied ;
Et le cheval, tremblant, hagard, estropié,
Baisse son cou lugubre et sa tête égarée ;
On entend, sous les coups de la botte ferrée,
Sonner le ventre nu du pauvre être muet.
Il râle ; tout à l'heure encore il remuait ;
Mais il ne bouge plus, et sa force est finie ;
Et les coups furieux pleuvent ; son agonie
Tente un dernier effort ; son pied fait un écart,
Il tombe, et le voilà brisé sous le brancard !

V. Hugo,
Les Contemplations.
(Hetzel-Quantin, éditeurs.)

Effet de la cruauté envers les bêtes sur le caractère de l'homme.

Il est impossible qu'un homme s'accoutume à voir souffrir des êtres sensibles, quoique revêtus d'une forme différente, sans devenir moins compatissant pour les souffrances de ses semblables ; ce danger deviendra bien plus grave s'il s'accoutume à les faire souffrir, s'il va jusqu'à se complaire en quelque sorte dans leurs souffrances. Car le principe de la sympathie en sera nécessairement altéré, et, si la sympathie n'est pas encore la sensibilité du cœur dans toute sa pureté, elle en est du moins le prélude et l'auxiliaire. Eh quoi ! peut-on consentir à créer gratuitement la douleur sur la terre ? Que nous ont-ils fait, ces êtres infortunés sur lesquels nous exerçons cette cruelle puissance ? Ceux que nous tourmentons davantage ne sont-ils pas quelquefois ceux-là même qui nous prêtaient avec docilité, avec une sorte d'empressement leurs utiles services, qui semblaient peut-être même s'associer à nos plaisirs et rechercher avec nous les rapports d'une singulière affection? Le mystère qui couvre pour nous leur existence ne nous commande-t-il pas une sorte de réserve ou du moins de timidité? L'homme est leur roi ou prétend l'être : lui est-il permis d'être leur bourreau?

De Gérando,
Du perfectionnement moral.

L'amour des animaux.

— Eh bien! oui, monsieur, quand j'ai bien aimé et bien servi, selon mes forces, le bon Dieu et les hommes, oserai-je vous le confesser? je me sens une tendresse bête, mais une tendresse que je ne puis pas vaincre, pour tout le reste de la création, surtout pour toutes ces créatures animées d'une autre espèce, qui vivent à côté de nous sur la terre, qui voient le même soleil, qui respirent le même air, qui boivent la même eau, qui sont formées de la même chair sous d'autres formes, et qui paraissent vraiment des membres moins parfaits, moins bien doués par notre père commun, mais enfin des membres de la grande famille du bon Dieu. Je veux parler de ces animaux, de ces chiens si fidèles et si bons serviteurs, que pour des gages mille fois supérieurs ils ne quitteraient jamais le maître indigent à qui ils sont dévoués ; de ces chèvres, de ces chevreaux, de ces brebis, qui montent le soir jusque sur la crête de ce rocher pour me voir revenir de plus loin à la hutte, qui m'appellent comme s'ils comprenaient que leurs bêlements hâteront mon retour vers eux, qui s'élancent pour me faire fête aussitôt que j'ai traversé les champs cultivés et que j'entre dans les bruyères incultes où je leur permets de paître et de bondir en liberté ; de ces oiseaux qui m'ont vu, tout petits, sans plumes, respecter leurs nids et émietter mon pain pour les couveuses à portée du bec ; de ces mouches

à miel à qui je laisse leur nourriture d'hiver et dont je
ne prends un peu le miel que pour les malades; de ces
lézards que le bruit de la pierre, sonnante sous le marteau
comme une cloche, attire au soleil, tout le jour, autour
de moi, et que je n'écrase jamais sous mes pieds; enfin de
tous les plus-petits insectes habitants des feuilles, des
pierres ou des herbes, à qui je ne fais jamais de mal,
parce que je vois en eux l'œuvre du bon Dieu, qu'il n'est
pas permis de briser en vain.

LAMARTINE,
Le tailleur de Saint-Point.
(Hachette et Cⁱᵉ, éditeurs.)

CHAPITRE X

DEVOIRS ENVERS NOS SEMBLABLES

PREMIÈRE LEÇON

Respect de la vie humaine.

EXPOSÉ

Ne faites pas à autrui ce que vous ne voudriez pas qu'on vous fît : tel est le principe de la justice. Les autres n'ont pas le droit de vous faire du mal, et vous n'avez pas le droit de leur en faire ; en d'autres termes, tous les hommes ont le devoir de se respecter les uns les autres.

Le plus grand mal qu'on puisse faire à autrui, c'est de lui ôter la vie, car c'est un mal irréparable. On peut recouvrer sa liberté, refaire sa fortune, rétablir sa réputation, tandis que, une fois enlevée, la vie ne peut être rendue.

D'un autre côté, la vie est le plus précieux des biens, puisque sans elle on ne peut ni jouir des autres biens, ni remplir sa destinée morale.

De plus, l'homicide ne frappe pas seulement la victime ; il atteint par contre-coup dans leur affection et leurs intérêts tous les membres de sa famille ; il fait des veuves, des orphelins, des malheureux ; il atteint aussi sa propre famille, qu'il déshonore et plonge dans le désespoir.

Les effets de l'homicide peuvent s'étendre plus

loin encore. Si la victime est un homme de talent, de mérité, sa mort est un dommage pour tous ceux auxquels il était utile. Si la victime est un homme de génie, un grand poète, un grand savant, un grand orateur, sa perte est un deuil pour la patrie, et même pour l'humanité entière. — Si la victime est un chef d'État, le président d'une République, un roi, un empereur, sa mort peut être funeste ou au moins nuisible à l'État qu'il gouvernait. Songez au bien que Henri IV eût pu faire encore à la France sans le poignard de Ravaillac.

En résumé, l'homicide est le plus grand des crimes, parce qu'il viole la justice dans son principe fondamental, parce qu'il cause un mal irréparable, parce qu'il enlève à l'homme le plus précieux des biens, parce qu'il n'atteint pas seulement la victime, mais sa famille et celle du coupable ; parce qu'il peut nuire à d'autres encore, à une partie de la société, à la patrie, à l'humanité même. Tels sont ses caractères et ses effets.

L'homicide a pour causes ordinaires le vol ou la haine et la vengeance ; celui qui tue pour dépouiller sa victime commet un double crime, l'homicide d'abord, le vol ensuite ; il est sans excuse. Celui qui se venge par le meurtre fait plus de mal qu'il n'en a reçu ; il se constitue juge dans sa propre cause. Or personne ne doit être juge dans sa propre cause : d'abord parce que l'homme est naturellement porté à s'exagérer les torts des autres à son égard ; ensuite parce que la haine, la colère, le ressentiment, troublent la raison et poussent à l'injustice. Pour être juste, il faut être exempt de passion. Voilà pourquoi tous les peuples ont toujours remis à des tribunaux le soin de juger les différends et les querelles. Du reste, si chacun avait le droit de se faire justice et de tuer impunément, les meurtres se multiplieraient à l'infini ; personne ne serait plus en sûreté, la vie deviendrait insupportable et la société ne tarderait pas à se dissoudre.

PENSÉES. — MAXIMES

1. Ne faites pas à autrui ce que vous ne voudriez pas qu'on vous fît à vous-mêmes.

2. Puisque la vie est le premier des biens, l'homicide est le plus grand des crimes.

3. Toutes les autres pertes peuvent se réparer; celle de la vie est irréparable.

4. L'homicide n'est pas seulement la mort d'un homme, il est un deuil et une ruine pour sa famille, un malheur pour ses amis, un dommage pour tous ceux auxquels il était utile, un déshonneur pour la famille du meurtrier ; il peut être une perte pour la patrie et pour l'humanité.

5. Personne n'est bon juge dans sa propre cause.

6. Si chacun avait le droit de se faire justice, il n'y aurait bientôt plus de justice; on vivrait en état de guerre, et la société retomberait dans la barbarie.

QUESTIONNAIRE

Quel est le principe de la justice? — Quel est le plus grand mal qu'on puisse faire à un homme? — Pourquoi la vie est-elle le plus précieux des biens? — L'homicide ne frappe-t-il que sa victime? — N'atteint-il pas sa propre famille? — Ne peut-il être nuisible à un grand nombre d'hommes et parfois à sa patrie entière, et même à l'humanité? — Récapitulez les raisons qui font de l'homicide le plus grand des crimes. — Quelles sont les causes ordinaires de l'homicide? — La vengeance est-elle excusable? — Doit-on se faire juge dans sa propre cause? — Pourquoi ne le doit-on pas? — Que deviendrait la société si chacun pouvait se faire justice et si le meurtre était impuni?

LECTURES. — **Le prix de la vie humaine.**

Un prince du Japon avait fait faire vingt vases de porcelaine d'une magnifique beauté. Il ne vivait que pour les admirer. Un jour, une servante en cassa un par mégarde. Le prince entra en fureur et la condamna à mort.

Ayant appris cela, un des sujets du prince se présente : « Je suis possesseur, dit-il, d'une recette précieuse pour réparer le vase brisé sans qu'on soupçonne la moindre fêlure. Il faut seulement qu'on me montre tous les vases ensemble. »

On le conduit dans la pièce où les précieux fétiches reposent sous une tenture de soie. Il soulève la draperie, et d'une seule poussée les jette tous à terre et les brise en mille pièces.

« Ces dix-neuf vases restants, dit-il au prince, auraient pu coûter la vie à dix-neuf personnes. Prenez la mienne, ce sera assez. »

Le prince comprit la leçon que lui donnait cet homme; et, pensant que tous les vases dorés ou sculptés de son palais ne pouvaient valoir la vie d'une personne humaine, il lui fit grâce ainsi qu'à la servante.

Simon Faivre.

A dix ans, habitant les bords de la Saône, Simon Faivre a sauvé un de ses frères plus jeune que lui. L'année suivante, il sauva un autre de ses frères qui, comme le premier, se noyait dans la Saône.

En 1833, il voit un caporal qui vient de tomber dans le fleuve, il se jette tout habillé dans l'eau et l'arrache à une mort presque certaine.

Depuis il ne s'est pas écoulé une année sans que Faivre, soit en les retirant de l'eau, soit en allant les chercher à travers les flammes, n'ait sauvé deux ou trois personnes.

En 1845, il sauve d'un incendie une pauvre veuve et ses deux enfants; puis il dispute au feu, pièce à pièce, le petit mobilier de cette femme, et, quand on lui remet une récompense en argent, il ne la reçoit que pour la donner à celle qui lui doit la vie.

En mars 1850, en plein hiver, un bateau que montaient six mariniers allait couler bas à la suite d'un choc qui avait crevé sa membrure. Aux cris que poussaient les hommes, Faivre ne prend conseil que de son courage, il se jette dans l'eau glacée, nage, disparaît sous le bateau et parvient à boucher la voie d'eau. Les six mariniers lui doivent la vie, mais il fait une maladie de six mois.

Il n'était pas encore entièrement remis quand, un jour où il faisait son service à l'écluse de la Monnaie, un prêtre tombe dans le bassin, il sauve ce prêtre.

Un mois plus tard, il plonge huit fois pour retirer de l'eau un pauvre charretier qui venait d'y tomber avec ses chevaux, mais il ne peut ramener qu'un cadavre. On lui offre la prime de sauvetage; il la distribue aux pauvres.

Le 9 janvier 1857, à huit heures du soir, un homme tombe par accident dans cette même écluse de la Monnaie, qui tant de fois déjà a été le théâtre de son dévouement. Faivre se précipite, plonge, trouve au fond l'homme que la submersion a déjà privé de mouvement; il remonte, soutient son fardeau au-dessus de l'eau jusqu'à ce qu'un sergent de ville vienne l'aider à sortir de l'eau avec le corps qu'il en a retiré. Il fait un froid très vif, mais Faivre ne songe encore qu'au malheureux qui est étendu immobile sur la berge; il l'emporte dans sa maison, le couche sur son propre lit, lui prodigue les soins et a enfin le bonheur de le voir se ranimer.

Mais ce n'est pas tout : joignant l'active compassion à l'héroïque dévouement, quand il apprend que celui qu'il vient de rappeler à l'existence est un brave père de famille plongé dans la plus triste misère, il s'emploie, il sollicite, il intrigue, — si l'on peut se servir d'une pareille expression, — pour que ce malheureux trouve quelques ressources, et il a le bonheur de réussir.

Ainsi, il a mieux fait que conserver le chef d'une pauvre famille, il a encore contribué à lui avoir du pain.

Cent trente-trois personnes doivent la vie à Simon Faivre.

SAINT-MARC GIRARDIN,
Prix Montyon 1858.

Basque d'Avignon.

Basque, d'Avignon (Vaucluse), est le fils d'un pauvre tailleur dont la mort, arrivée en 1837, le laissa, à l'âge de seize ans, sans ressources, avec sa mère et cinq autres enfants plus jeunes que lui. Se considérant comme le soutien de cette nombreuse famille, il se donne tout entier à cette tâche difficile.

Mais si nous en parlons ici, c'est qu'il s'est acquis d'autres titres à la reconnaissance et à l'admiration publiques.

A Avignon, le 2 avril 1833, il n'était alors âgé que de douze ans, s'élançant dans le Rhône, il parvint à retirer des flots un homme qui se noyait.

Dans la même ville, en 1840, il sauva un prêtre au moment où le bateau, dans lequel il passait le fleuve, venait de chavirer.

Quatre ans après, toujours à Avignon, un incendie s'étant déclaré dans une maison, il y pénétra en escaladant une fenêtre du premier étage, se précipita au milieu des flammes et arracha deux enfants à une mort qui semblait certaine.

En 1848, traversant une cour en feu, il sauva encore une femme avec un enfant de six mois.

En 1856, une diligence fut surprise par le violent débordement d'un cours d'eau ; Basque, se jetant au-devant des chevaux, les saisit par les rênes et il réussit, après une lutte désespérée, à les faire reculer : la diligence pût retourner à Bessèges, d'où elle était partie. Les huit voyageurs et le conducteur étaient sauvés.

Quelques années après, à Nîmes, il sauvait un homme qui conduisait un tilbury dont le cheval avait pris le mors aux dents. En 1861, il sauva encore un aéronaute dont le ballon, brusquement dévié, s'était déchiré en tombant sur un arbre.

Enfin, en 1864, dans la banlieue d'Avignon, il se jeta dans une mare à fumier et en retira vivant un enfant qui y était tombé.

Dix-neuf personnes lui devaient la vie.

En 1875, l'Académie a décerné à Basque le prix Montyon de 2 000 francs.

Enfants sauveteurs.

Le jeune et brave Larache Antoine, âgé de huit ans, élève de l'école communale de Beauregard-de-Terrasson (Dordogne), s'amusait à jouer au bord de la Vézère, lorsque son petit camarade, Jules Mayaudon, âgé de quatre ans, s'étant trop approché du bord, se laissa choir dans le courant où il aurait sûrement péri.

Aussitôt, cet intrépide et intelligent enfant (il est le premier de la classe quoique le plus jeune) se jeta tout habillé à l'eau et retint son camarade la tête hors de l'eau jusqu'à l'arrivée du secours.

Pour récompenser la belle conduite de cet enfant, M. le préfet lui a adressé une lettre de félicitations et un livret de caisse d'épargne de 25 francs.

Maria Poinsot, âgée de dix ans, et Apolline Remy, âgée de neuf ans, toutes deux élèves de l'école communale de Vaucouleurs, jouaient sur le bord du canal avec le jeune Remy, qui n'a que six ans. Ce petit garçon, ayant fait un faux pas, tomba à l'eau; sa sœur n'hésita pas à s'y précipiter à sa suite pour essayer de le sauver; malheureusement ses efforts demeuraient vains, lorsque la jeune Poinsot, entraînée par l'exemple héroïque de sa compagne, l'imita, voulant porter secours aux deux pauvres enfants. Mais l'eau était trop profonde en cet endroit, et ils auraient infailliblement péri tous les trois, si leurs cris n'avaient attiré une personne qui passait à quelque distance et qui s'empressa de les retirer.

DEUXIÈME LEÇON

Respect de la personne.

EXPOSÉ

Après la vie, le bien le plus précieux c'est la liberté, c'est-à-dire la libre disposition de soi-même, le pouvoir d'agir d'après sa propre volonté.

L'esclavage est la pire des conditions ; cependant, dans l'antiquité, l'esclavage était le fondement même des sociétés. La guerre entre les peuples était continuelle, et les vaincus devenaient esclaves. Si dans certains pays, comme par exemple dans la république d'Athènes, les esclaves étaient traités avec quelque douceur, presque partout ils avaient cruellement à souffrir de la brutalité des maîtres, qui avaient sur eux droit de vie et de mort.

Peu à peu, sous l'influence du christianisme les mœurs s'adoucirent ; beaucoup d'esclaves arrivaient à s'affranchir, et les autres passaient de l'esclavage au servage. Le serf était moins à plaindre ; attaché à la glèbe, il ne pouvait être vendu qu'avec la terre qu'il cultivait ; de plus, on lui permettait de contracter mariage et d'avoir une famille. Le servage ne prit fin en France qu'à la fin du dix-huitième siècle.

Mais, après la découverte de l'Amérique, on vit reparaître l'esclavage. En faisant la conquête du nouveau Monde, les Espagnols l'avaient en partie dépeuplé. Pour le repeupler ils se mirent à acheter des nègres sur la côte occidentale d'Afrique, et à les transporter en Amérique. Cet horrible trafic, qu'on appelait la *traite des noirs*, ne tarda pas à s'étendre, et les colonies anglaises, portugaises et françaises se peuplèrent d'esclaves. En plein dix-huitième siècle, il y avait à Paris même un marché public d'esclaves, et ce ne fut qu'en 1762 que ce honteux trafic fut interdit dans la capitale.

En 1794, la Convention proclama l'affranchissement des esclaves ; mais, sous le Consulat, l'esclavage colonial fut rétabli, et c'est la révolution de 1848 qui a eu l'honneur de le faire disparaître sans retour. En 1833, il avait été aboli dans les colonies anglaises ; dans l'Amérique du Nord, il fut supprimé en 1865 à la suite de la guerre dite de *sécession*. Mais il existe encore au Brésil et dans quelques pays de l'Afrique.

Quant au servage, il existait encore en Russie vers 1860 ; c'est l'empereur Alexandre II qui affranchit les serfs. Vous le voyez, c'est à peine si, après six ou sept mille ans, l'on est parvenu à délivrer l'humanité de ce fléau.

Sans aller jusqu'à réduire un homme en esclavage, on peut porter atteinte à sa liberté de plus d'une manière. Aujourd'hui encore on voit parfois disparaître un homme du milieu de ses semblables ; c'est qu'il a été *séquestré*, c'est-à-dire enlevé et enfermé pour un temps plus ou moins long. La loi punit la *séquestration* des peines les plus sévères.

Abuser de la situation d'un homme pour l'amener à agir contre sa conscience ou ses intérêts, c'est une manière de porter atteinte à sa liberté. Si, pressé par la faim, un malheureux vient demander du travail, et qu'on ne lui en donne qu'à vil prix, on est blâmable. Si un patron impose à son apprenti un travail excessif, il est coupable. Si des ouvriers viennent brusquement demander à leur patron une excessive augmentation de salaire et, en cas de refus, se mettent en grève, ils sont répréhensibles, car ils placent le patron dans l'impossibilité de tenir ses engagements et de livrer à l'époque fixée les commandes qu'on lui a faites. Si les grévistes emploient l'intimidation et la violence envers les ouvriers qui veulent travailler, ils portent une grave atteinte à leur liberté. Si des écoliers ont recours aux menaces, ou aux injures, ou à la moquerie pour forcer leurs camarades à les suivre, ils méritent d'être sévèrement punis.

En un mot, nous devons tous respecter la liberté des autres, et ne pas les contraindre, par voie directe ou indirecte, à agir contre leur propre volonté.

PENSÉES. — MAXIMES

1. Faire d'un homme un esclave, c'est le ravaler au rang des animaux domestiques.

2. L'habit ne fait pas le moine, la couleur ne fait pas l'homme.

3. Moralement, l'esclave est au-dessus du maître, car le premier souffre, l'autre fait souffrir.

4. Oter à quelqu'un le libre exercice de sa volonté, c'est le dépouiller de sa dignité d'homme.

5. Placer un homme entre sa conscience et son intérêt, c'est le pousser à mal faire.

6. Tout être faible a droit à la protection; abuser de la faiblesse, c'est se montrer inhumain.

7. Faire travailler les malheureux au rabais, c'est faire de la misère une source de profits. Si la loi n'atteint pas cette exploitation coupable, l'opinion la flétrit, la conscience la réprouve.

QUESTIONNAIRE

Après la vie, quel est le bien le plus précieux? — Quelle est la plus grave atteinte à la liberté? — Quelle est l'origine de l'esclavage? — Qu'était-il dans l'antiquité? — Vers quelle époque l'esclavage s'est-il adouci et transformé? — Quelle différence y a-t-il entre l'esclavage et le servage? — A quelle époque ce dernier a-t-il pris fin en France? — A quelle époque l'esclavage a-t-il reparu en Europe? — Dans quelles circon-

stances? — Qu'est-ce que la *traite des noirs?* — N'y a-t-il pas
eu à Paris un marché d'esclaves? — Qui est-ce qui a proclamé
en France l'affranchissement des esclaves? — Quelle est la date
de l'abolition définitive de l'esclavage? — Existe-t-il aux États-
Unis? — Existe-t-il encore ailleurs? — Qu'est-ce que la séquestration? — Comment les patrons peuvent-ils porter atteinte à la
liberté des ouvriers, et les ouvriers à celle des patrons? —
Comment les grévistes peuvent-ils porter atteinte à la liberté
des autres ouvriers? — Comment les écoliers peuvent-ils contraindre leurs camarades à agir contre leur volonté? — Concluez.

LECTURES. — Sort des esclaves dans l'antiquité.

Les Romains, nous dit Bruno, dans *Francinet*, recru-
taient par toute la terre leurs esclaves. Les généraux romains ramenaient en triomphe des troupeaux d'hommes
enchaînés que les citoyens riches achetaient et faisaient
travailler à leur service.

A Rome, le maître qui possédait un ouvrier cordonnier
lui coupait les nerfs des jambes pour lui ôter la possibi-
lité de s'enfuir. La loi le permettait.

Quand il s'agissait de tourner la meule pour moudre le
blé, on attelait l'homme comme aujourd'hui le cheval, et
on lui crevait les yeux.

Pour le plus léger délit, pour un caprice du maître,
l'esclave expirait sous les verges ou sur la croix, sus-
pendu en l'air par des crochets de fer, livré tout vivant
aux oiseaux de proie.

A Sparte, en Grèce, le nombre d'esclaves que devait
renfermer le pays était limité par la loi ; quand les esclaves avaient un trop grand nombre d'enfants, on orga-
nisait une chasse à l'homme. Les jeunes Spartiates, pour
s'exercer à la guerre, traquaient les esclaves désarmés
comme des bêtes farouches, les faisaient fuir devant eux,
fous de terreur, et les massacraient sans pitié.

La traite des nègres.

Mirabeau nous montre, dans l'un de ses plus éloquents
discours, la barbarie et l'iniquité d'un pareil commerce.

« Comptez, dit-il aux représentants du peuple, les dévastations, les incendies, les pillages auxquels il a fallu livrer la côte d'Afrique pour en tirer, avec des peines et des frais infinis, le petit nombre de noirs qui survivent à la capture; comptez aussi ceux qui, durant la traversée, se donnent la mort dans les révoltes du désespoir. Figurez-vous ce qu'est cette traversée de deux mille, quelquefois de trois mille lieues.

» Voyez le navire chargé de ces infortunés. Comme ils sont entassés les uns sur les autres! Comme ils sont étouffés par les entreponts. Ne pouvant se tenir debout, même assis, ils courbent la tête; bien plus, ils ne peuvent mouvoir leurs membres étroitement garrottés. Le vaisseau qui roule les meurtrit, les brise l'un contre l'autre. Les infortunés! je les vois, je les entends : altérés d'air, leur langue brûlante et pendante peint leur douleur et ne peut plus l'exprimer. Écoutez ces hurlements, suivez ce navire ou plutôt cette longue bière flottante, traversant les mers qui séparent les deux mondes. Arrivés à terre, ces malheureux ne seront considérés que comme des animaux, des bêtes de somme!

» Je demande quand nous abolirons l'infâme usage de la traite : songez qu'une année de retard autorise en Afrique des assassinats et condamne des millions d'hommes à l'esclavage. Représentants des Français, vous avez déclaré que tous les hommes naissent et demeurent égaux et libres. Soyez les tuteurs de l'humanité souffrante à la Jamaïque comme à Saint-Domingue, dans vos colonies comme dans celles des autres États européens; séchez d'un mot les larmes de ces infortunés; rendez-les meilleurs en leur ouvrant l'espoir d'être un jour plus heureux. »   MIRABEAU.

Respect de la liberté et de la dignité humaines.

Quelle est l'âme et l'essence du principe républicain? C'est le respect de l'homme pour l'homme. En effet, dans la conception républicaine les hommes sont égaux parce qu'ils sont tous doués du libre arbitre, c'est-à-dire libres

de bien ou de mal faire, et par conséquent responsables.
C'est là, c'est au fond de la conscience, dans le domaine
inaccessible et inviolable où se meut la volonté, que gît
la véritable, la seule et unique égalité naturelle, l'égalité
dans la liberté morale et par suite dans la dignité personnelle ; c'est là que se retranche l'homme qu'une puissance extérieure prétend contraindre ; c'est là qu'il puise
ce sentiment de fierté qui lui fait assumer la responsabilité de ses actes, quels qu'ils soient. Hors de là, commencent les innombrables et indestructibles différences
physiques et morales contre lesquelles vont et iront se
briser sans cesse les rêves insensés de l'égalité absolue.
Par contre c'est sur ce fondement inébranlable de l'égalité
dans la liberté morale que s'appuie la doctrine de l'égalité
civile et politique : c'est parce que tous les hommes sont
moralement libres qu'ils doivent être placés tous dans les
conditions indispensables à l'exercice normal de leur liberté ; c'est parce qu'ils sont libres moralement, c'est-
à-dire parce qu'ils ont des devoirs, qu'ils doivent aussi
posséder les droits nécessaires à l'action de leur volonté,
au développement de leurs facultés, à la plénitude de la
vie intellectuelle et morale.

L'Éducation à l'école, chap. xx.

TROISIÈME LEÇON

Respect de la propriété.

EXPOSÉ

Dans tous les pays du monde le vol est puni par les
lois, parce que le respect du bien d'autrui est la condition de l'existence des sociétés.

Mais ce respect n'est pas seulement nécessaire, il
est légitime ; car, ou la propriété est le fruit du travail,
et dans ce cas elle ne saurait sans crime être ravie à

celui qui l'a acquise ; ou bien elle provient d'un héritage, et on ne saurait sans injustice dénier à un homme le droit de laisser son bien à ses enfants, ou, s'il n'a pas d'enfants, de le laisser à ceux qu'il aime ou qui l'ont obligé. A tous ces titres, la propriété doit être respectée, et c'est avec raison que la déclaration des droits de l'homme la proclame « un droit inviolable et sacré ».

De tous les attentats contre la propriété le vol à main armée est le plus criminel, parce qu'il est accompagné de menaces de mort ; criminel aussi est le vol avec effraction, parce qu'il implique la violation du domicile.

Mais c'est au moyen de la ruse que se commettent la plupart des vols. Tricher au jeu, capter un testament, voler la bourse ou la montre d'un passant, dérober quelque objet dans un magasin ou à un étalage, sont des vols commis par adresse et par ruse.

Nombreux aussi sont les vols commis par fraude, comme la vente à faux poids, la falsification des boissons et denrées, l'emploi de la fausse monnaie.

Non moins coupables sont ceux qui manquent à leurs engagements écrits ou oraux ; car chose promise est chose due, et une promesse vaut un écrit.

On vole aussi par indélicatesse ; garder pour soi un objet trouvé, ne pas signaler une erreur commise à son avantage, c'est s'approprier le bien d'autrui.

A ces vols commis au préjudice des particuliers, il faut ajouter ceux qu'on commet au préjudice de l'État. L'Etat, c'est tout le monde ; le trésor public est l'argent des contribuables. Ne pas acquitter les droits de douane, d'octroi, d'enregistrement, c'est frauder le trésor, c'est nuire à ses concitoyens, puisque l'argent du trésor est employé dans l'intérêt général.

L'opinion publique est trop indulgente pour ce genre de vols, qui, en creusant des déficits dans le budget, nécessitent la création de nouveaux impôts.

Aucun droit ne peut être perçu qu'en vertu d'une loi, et tant qu'une loi existe, c'est le devoir strict des citoyens de s'y soumettre.

Il y a certains vols qui paraissent sans conséquence, parce que l'objet volé est de peu de valeur; mais ce qui constitue le vol, ce n'est pas l'importance des objets qu'on s'approprie, c'est l'appropriation elle-même. Si insignifiant que soit l'objet, du moment qu'il appartient à autrui, celui qui le prend n'est ni excusable, ni innocent.

D'ailleurs il faut, en cela comme en toute chose, redouter le danger de l'habitude. On ne commence pas par voler de fortes sommes, mais on y arrive progressivement. Un petit vol en amène un autre, et celui-ci d'autres encore. Le simple vol contient le crime en germe.

La plus stricte probité doit donc être la règle invariable et inviolable de notre conduite.

PENSÉES. — MAXIMES

1. Le travail a créé la propriété, l'amour paternel a créé l'héritage.

2. Il y a bien des manières de voler, il n'y a qu'une manière d'être honnête homme.

3. Qui tue pour voler est deux fois criminel.

4. Mieux vaut encore tendre la main que la porter sur le bien d'autrui.

5. Si l'on est coupable de voler pour apaiser sa faim, que dire de ceux qui volent pour accroître leur richesse?

6. Travaillerait-on, si l'on n'était pas sûr de garder le fruit de son travail?

7. Bien mal acquis ne profite guère.   (*Proverbe.*)

8. Ruse, fraude, mensonge, hypocrisie, tous les auxiliaires du vol sont des vices.

9. Si le voleur attrape, il finit par être attrapé.

10. Tricheur, voleur.

11. Il y a des voleurs d'occasion, il y a des voleurs de profession ; aux premiers il faut ôter l'envie de voler, aux autres il faut en ôter le moyen.

12. Voleur, ennemi public.

13. L'Etat, c'est l'ensemble des citoyens ; le Trésor public, c'est l'argent de tout le monde ; voler tout le monde ou voler quelqu'un, c'est toujours voler.

14. Si peu qu'on vole, on vole toujours trop.

15. Entre les petits vols et les grands, il n'y a que des différences de degré, il n'y a pas de différence de nature.

16. Le principe et la cause du vol, c'est toujours un désir ; il faut donc s'habituer de bonne heure à régler ses désirs et à les maîtriser.

QUESTIONNAIRE

Y a-t-il un pays où le vol ne soit pas réprimé par les lois ? — Pourquoi ? — Quelle est l'origine de la propriété ? — Qu'est-ce qui fait la légitimité de l'héritage ? — Comment la Déclaration des droits de l'homme appelle-t-elle la propriété ? — Quel est le vol le plus criminel, et pourquoi ? — Citez des exemples de vol par ruse ; — par fraude ; — par indélicatesse. — Que faut-il penser de ceux qui fraudent le Trésor ? — Les propriétés publiques sont-elles moins respectables que les propriétés privées ? — Du maraudage. — Quel est le danger des vols les plus petits ? — Conclusion.

LECTURES. — La probité.

Pendant la retraite de Russie, la caisse du 18e de ligne contenait six mille louis d'or. Le 12 octobre 1812, il fallut abandonner sur la route tous les fourgons : comment sauver ce trésor ? Le colonel Pelleport eut l'idée de le partager entre ses hommes, chacun d'eux s'engageant par serment à garder jusqu'à son dernier moment la somme qu'on lui confiait et à en remettre alors le dépôt à un camarade. Au terme de cette longue route, parcourue au milieu des neiges, des glaces, avec le tourment de la faim et sous les attaques incessantes de l'ennemi, de ce beau régiment qui avait compté trois mille hommes, une cinquantaine survivaient seuls, mais des six mille pièces d'or, pas une ne manquait !

La propriété.

Chez tous les peuples, quelque grossiers qu'ils soient, nous dit Thiers dans son livre de *la Propriété*, on trouve la propriété, comme un fait d'abord, puis comme une idée, idée plus ou moins claire suivant le degré de civilisation auquel ils sont parvenus, mais toujours invariablement arrêtée. Ainsi, le sauvage chasseur a du moins la propriété de son arc, de ses flèches et du gibier qu'il a tué. L'Arabe qui a élevé de nombreux troupeaux entend bien en être le propriétaire, et vient en échanger le produit contre le blé qu'un autre Arabe, déjà fixé sur le sol, a fait naître ailleurs. La propriété immobilière n'existe pas encore chez lui. Quelquefois seulement, on le voit, pendant deux ou trois mois de l'année, se fixer sur des terres qui ne sont à personne, y donner un labour, y jeter du grain, le recueillir, puis s'en aller en d'autres lieux. Mais, pendant le temps qu'il a employé à labourer, à ensemencer cette terre, à moissonner, le nomade entend en être le propriétaire, et il se précipiterait avec ses armes sur celui qui lui en disputerait les fruits. Sa propriété dure en proportion de son travail. Peu à peu, cependant, le nomade se fixe et devient agriculteur, car il est dans le cœur de l'homme d'aimer à avoir son chez lui, comme aux oiseaux d'avoir leurs nids et à certains quadrupèdes d'avoir leurs terriers. Il finit par choisir un territoire, pour le distribuer en patrimoines, où chaque famille s'établit, travaille pour elle et sa postérité. De même que l'homme ne peut laisser errer son cœur sur tous les membres de la tribu, et qu'il a besoin d'avoir à lui sa femme, ses enfants qu'il aime, soigne, protège, sur lesquels se concentrent ses craintes, ses espérances, sa vie enfin; il a besoin d'avoir son champ, qu'il cultive, plante, embellit à son goût, enclôt de limites, qu'il espère livrer à ses descendants, couvert d'arbres qui n'auront pas grandi pour lui, mais pour eux. Alors la propriété immobilière naît et avec elle des lois compliquées, il est vrai, que le temps rend plus justes, plus prévoyantes, mais sans en changer le principe, qu'il faut faire appliquer par des juges et par une force publique. La propriété, résultant d'un premier effet de l'instinct, devient une convention sociale, car je protège votre propriété pour que vous protégiez la mienne ; je la protège ou de ma personne comme soldat, ou de mon argent comme contribuable, en consacrant une partie de mon revenu à l'entretien d'une force publique.

L'homme se partage ainsi la terre, s'attache fortement à sa part, et, si des nations la lui disputent en masse, il combat en corps de nation ; si, dans l'intérieur de la cité où il vit, son voisin lui dispute sa parcelle, il plaide devant un juge. Mais sa tente et ses troupeaux d'abord, sa terre et sa ferme ensuite, attirent successivement ses affections et constituent les divers modes de sa propriété.

Ainsi, à mesure que l'homme se développe, il devient plus attaché à ce qu'il possède, plus propriétaire en un mot. A l'état barbare, il l'est à peine ; à l'état civilisé, il l'est avec passion. THIERS.

(Jouvet, éditeur.)

Des préjugés en matière de vol.

La fraude et la contrebande, si fort en usage pour ne pas dire en honneur, surtout dans les pays frontières, sont des vols véritables, qui ne diffèrent des vols ordinaires et qualifiés crimes, qu'en ce que ceux-ci sont commis au préjudice des particuliers, tandis que ceux-là se commettent au préjudice des communes et de l'Etat. Or, voler quelqu'un ou voler tout le monde, c'est toujours voler, et, au point de vue moral, la faute est la même ; ce sont des espèces différentes de vol, mais ce sont l'une et l'autre des vols.

Ajoutons que ces fautes, qui autrefois pouvaient paraître légères ou moins répréhensibles, ont pris sous le régime républicain un caractère de gravité nouveau et sont aujourd'hui sans excuse. En effet, dans un temps où

les droits de douane ou d'octroi étaient fixés arbitraire-
ment, on pouvait jusqu'à un certain point se croire auto-
risé à garder pour soi un argent dépensé sans contrôle et
parfois sans profit pour la nation. Mais aujourd'hui ces
impôts sont, comme tous les autres, votés ou approuvés
par les Chambres, c'est-à-dire par le peuple lui-même,
ils sont affectés à l'entretien des services de l'Etat ou à
des travaux d'utilité publique ; leur emploi est soumis au
contrôle le plus minutieux et le plus actif ; retenir ou détourner un argent légalement voté, légalement perçu,
légalement employé, ce n'est pas seulement porter préjudice à ses concitoyens et se voler soi-même, c'est se
mettre en révolte ouverte contre la volonté nationale, c'est
violer à la fois la loi morale et la loi civile.

Les mœurs sous ce rapport, comme sous bien d'autres,
sont en retard sur les institutions, car il ne manque pas
de prétendus républicains qui élisent fort consciencieusement leurs députés, leurs conseillers généraux, leurs
conseillers municipaux, c'est-à-dire qui leur confèrent
par l'élection le droit de voter les impôts, et qui ensuite,
par une contradiction sans doute inconsciente, s'ingé-
nient à ne point acquitter ces impôts votés par leurs représentants, c'est-à-dire par eux-mêmes.

A. V.

QUATRIÈME LEÇON

Justice et charité. — Bonté, fraternité.

EXPOSÉ

La justice, c'est-à-dire le respect de la personne et
des biens d'autrui, est le premier de nos devoirs,
parce que sans la justice il n'y aurait pas de société
possible ; mais c'est en même temps le moindre de
nos devoirs, parce qu'il n'y a pas grand mérite à
n'être ni assassin, ni voleur, ni calomniateur.

Si les hommes se bornaient à ne pas se faire de mal les uns aux autres, ils n'auraient pas grand avantage à vivre ensemble ; ils seraient réunis sans être unis. La justice n'est qu'un préservatif, ce n'est pas un lien. C'est l'amour (la charité) qui lie les hommes entre eux, qui les rend sociables et qui en fait une véritable *société*.

La justice dit : *Ne faites pas de mal à vos semblables;* la charité ajoute : *Faites-leur du bien;* faites-leur-en autant que vous voudriez qu'on vous en fît à vous-mêmes. Il y a donc des devoirs de charité, comme il y a des devoirs de justice.

Le plus grand mal qu'on puisse faire à autrui étant de lui ôter la vie, le plus grand bien est de la lui sauver. Aussi ceux qui exposent leur propre vie pour arracher leurs semblables à la mort, ceux-là sont-ils les meilleurs. Après la vie, ce que nous avons de plus précieux, c'est la liberté, la santé, la propriété; aussi, quand nos semblables sont menacés dans leur personne ou leurs biens, devons-nous voler à leur secours.

Mais ce sont là de grands devoirs qu'on a rarement l'occasion de remplir; il en est d'autres, au contraire, dont la pratique est plus fréquente et plus facile. Il n'est guère de jours, en effet, où quelque pauvre ne vienne frapper à notre porte, ou ne nous tende la main dans la rue. A ceux qui sont valides, il faut nous efforcer de procurer du travail; à ceux qui ne peuvent plus travailler parce qu'ils sont vieux ou infirmes, ou qui ne peuvent pas travailler encore parce qu'ils sont trop jeunes, il faut venir en aide par tous les moyens. Si peu que l'on possède, on peut toujours donner quelque chose.—

Quand ces malheureux viennent à nous, nous

devons les secourir ; mieux encore, quand ils se tiennent à l'écart, nous devons aller à eux. Il y a des infortunes fières et discrètes, des infortunes cachées ; cherchons à les connaître, car ce ne sont pas les moins dignes de notre compassion.

C'est notre devoir de donner ; celui qui donne fait une bonne œuvre, mais il y a une manière de donner qui rehausse le prix de la moindre aumône. Les malheureux ont besoin de consolations autant que de secours. Quand on se montre touché de leur malheur, quand on s'intéresse à leur sort, quand on leur parle avec bonté, on adoucit leurs souffrances. Quelques paroles venues du cœur sont comme un baume sur leurs blessures. Nous aussi, ne l'oublions pas, nous pouvons tomber dans le malheur : « Tu aimeras ton prochain comme toi-même », dit l'Évangile. Les malheureux sont nos *semblables*, ils sont nos *frères*. Des trois mots de la grande devise républicaine, liberté, égalité, fraternité, le dernier est le plus beau. A lui seul il contient les deux autres ; car celui qui traite le prochain en *frère*, le traite en *égal*, et se montre vraiment digne de la *liberté*.

PENSÉES. — MAXIMES

1. Faites à autrui ce que vous voudriez qu'on vous fît à vous-mêmes.

2. Aimez-vous les uns les autres.

3. Aimez votre prochain comme vous-mêmes.

4. Sans la bonté, la société ne serait qu'une réunion sans union.

5. La devise républicaine est gravée sur la façade des édifices publics, mais c'est surtout dans nos cœurs qu'il faut la graver profondément.

6. Sans la fraternité, l'égalité n'est qu'un vain mot.

7. Ne pas faire de mal, c'est peu ; faire du bien, c'est tout.

8. La vraie charité vient de plus loin que la bourse; elle vient du cœur.

9. Donner, c'est bien; donner en consolant, c'est mieux.

QUESTIONNAIRE

Qu'est-ce que la justice? — La justice suffit-elle à une société? — Qu'est-ce qui lie les hommes entre eux? — Que dit la justice? — Qu'ajoute la charité? — Quel est le premier des biens? — Pourquoi? — Parmi les hommes, quels sont les meilleurs? — Après la vie, quels sont les biens les plus précieux? — Sous ce rapport, quels sont nos devoirs envers nos semblables? — Comment devons-nous secourir les pauvres qui sont en état de travailler? — Comment devons-nous secourir les autres? — N'y a-t-il pas des malheureux particulièrement dignes de notre compassion et de notre assistance? — N'y a-t-il pas une manière de donner qui ajoute du prix au don? — Quel est le précepte évangélique? — Des trois mots de la devise républicaine, quel est le plus beau? — Pourquoi?

LECTURES. — La fraternité à l'école.

L'école est assurément le lieu le plus propice au développement de la fraternité; le lien fraternel est plus fort entre les enfants, les différences sont moins nombreuses et moins accusées qu'entre des hommes mûrs, et ces différences, la vie commune tend encore à les amoindrir; l'école est presque une famille.

Que font les frères entre eux? l'aîné protège le plus jeune, il veille sur lui, le relève s'il tombe, le console s'il pleure, le porte s'il a peine à marcher, prend sur sa part pour augmenter la sienne. Sont-ils du même âge, ils se soutiennent, s'entr'aident, se conseillent. Eh bien, qu'à l'école tous les enfants soient habitués à sentir et à agir en frères.

Dans les travaux, se réjouir du succès de ses camarades; dans les jeux, se plier à leurs goûts, à leurs préférences; s'ils ne connaissent pas le jeu, prendre la peine de le leur apprendre, au lieu de les laisser s'ennuyer à l'écart; s'ils ont des défauts, ne pas les relever; s'ils ont quelque difformité ou quelque infirmité, ne pas paraître s'en apercevoir, et surtout ne pas s'en moquer, ne pas souffrir que les autres s'en moquent; s'ils sont trop bons enfants, ne pas en faire des jouets et des souffre-douleurs; s'ils sont malades, s'enquérir de leur santé, chercher à les voir; s'ils sont souffrants, les reconduire à la maison; s'ils ont le goût de la lecture, leur prêter ses meilleurs livres; s'ils font des herbiers, des musées, des collections, contribuer à les enrichir; s'ils ont la bourse mal garnie, les aider sans qu'il y paraisse; ne pas souffrir qu'on les batte, qu'on leur cherche querelle ou qu'on les injurie, voilà comment les écoliers peuvent se former à la pratique de la fraternité.

L'Éducation à l'école, chap. xx.

La vraie charité.

Il ne s'agit point d'épuiser sa bourse et de verser l'argent à pleines mains : je n'ai jamais vu que l'argent fît aimer personne. Il ne faut point être avare et dur, ni plaindre la misère qu'on peut soulager; mais vous aurez beau ouvrir vos coffres, si vous n'ouvrez aussi votre cœur, celui des autres vous restera toujours fermé. C'est votre temps, ce sont vos soins, vos affections, c'est vous-même qu'il faut donner; car, quoi que vous puissiez faire, on sent toujours que votre argent n'est point vous. Il y a des témoignages d'intérêt et de bienveillance qui font plus d'effet et sont réellement plus utiles que tous les dons. Combien de malheureux, de malades ont plus besoin de consolations que d'aumônes! Combien d'opprimés à qui la protection sert plus que l'argent! Raccommodez les gens qui se brouillent, prévenez les procès, portez les enfants au devoir, les pères à l'indulgence; empêchez les vexations, employez, prodiguez le crédit en faveur du faible à qui on refuse justice et que le puissant accable; déclarez-vous hautement le protecteur des malheureux; soyez juste, humain, bienfaisant. Ne faites pas seulement l'aumône, faites la charité; les œuvres de miséricorde soulagent; aimez les autres, et ils vous aimeront; servez-les, et ils vous serviront. Soyez leur père, et ils seront vos enfants.

J.-J. ROUSSEAU.

La vraie fraternité.

A côté de bien des défauts la nature a mis en nous un fonds de bonté, elle a pétri le cœur de douceur et de pitié; elle nous fait trouver du plaisir dans le commerce de nos semblables, elle fait de ce commerce un besoin, une nécessité; elle met une saveur exquise dans le plaisir d'obliger et une volupté sublime dans l'abnégation même; ce sont là les éléments et comme les sucs nourriciers de ce divin sentiment de la fraternité qui, s'il remplissait toutes les âmes, nous rendrait superflue la déclaration des droits et la déclaration des devoirs.

La fraternité consiste à donner plus qu'on ne doit; elle contient l'égalité et la dépasse. Elle consiste aussi à ne pas faire tout ce qu'on pourrait faire; elle domine donc la liberté et la modère; elle oublie ses droits ou feint de les ignorer; elle voit dans l'homme non un égal ou un rival, mais un frère; elle ne commande pas, elle demande; elle n'exige pas, elle offre, elle donne; ce n'est pas dans la raison superbe qu'elle réside, mais dans le cœur, elle se résume en un mot : l'amour.

L'Éducation à l'école, chap. xx.

CHAPITRE X *(suite)*

DEVOIRS ENVERS NOS SEMBLABLES

CINQUIÈME LEÇON

De la bonne et de la mauvaise réputation. Calomnie. — Médisance.

EXPOSÉ

Parmi les biens les plus précieux il faut encore compter la réputation. Une bonne réputation nous vaut l'estime et la confiance ; une mauvaise réputation inspire le mépris et.la défiance. On évite, on fuit les gens mal famés ; on ne veut avoir avec eux aucune relation ni de société, ni d'affaires. Une mauvaise réputation enlève au marchand ses pratiques ; à l'ouvrier, son travail ; à l'avocat, au médecin, leurs clients ; à l'employé, au fonctionnaire elle peut faire perdre leurs places, leurs emplois ; il n'est personne enfin dont elle ne ruine ou ne compromette la fortune et l'avenir.

Mais elle n'est pas seulement préjudiciable à nos intérêts matériels, elle nous atteint dans notre bonheur, elle est un obstacle à notre amélioration morale. En effet l'homme ne peut vivre heureux sans l'affection de ses parents, de ses proches, sans la sympathie de ses semblables ; pour celui qui n'est aimé de personne, la vie n'est qu'un fardeau, et souvent qu'un supplice. Or une mauvaise réputation engendre le mépris, et le mépris tue l'affection et la sympathie ; on ne peut aimer véritablement ceux qu'on méprise.

L'estime des autres ne nous rend pas seulement plus heureux, elle contribue à nous rendre meilleurs. En effet, l'approbation, les éloges, tous les témoignages d'estime nous excitent à bien faire, à mieux faire ; ils sont pour nous des stimulants d'amélioration morale. Or celui qui nous fait perdre la réputation, nous enlève du même coup les témoignages d'estime ; car on ne peut ni approuver, ni louer, ni encourager ceux qui passent pour mal faire. Vous voyez donc combien la réputation est chose précieuse, nécessaire, et combien sont coupables ceux qui ne craignent pas d'y porter atteinte.

Il y a deux moyens de nuire à la réputation d'autrui : la *calomnie* et la *médisance*. Le calomniateur dit ce qui est faux, il invente, il ment ; le médisant dit ce qui est vrai, mais ce qu'il devrait taire par charité pour son prochain. La *calomnie* est une imputation mensongère ; la *médisance* est une divulgation nuisible.

Le calomniateur est poussé par la haine, par l'envie, par la méchanceté, sentiments bas et odieux ; il ne parle pas en face, mais par derrière ; il est hypocrite et lâche. Le médisant médit par malveillance ; car, s'il aimait son prochain, il ne révélerait pas ses défauts ou ses fautes ; il médit encore par vanité, croyant se relever lui-même en rabaissant les autres ; il peut aussi médire par légèreté, ne songeant pas au mal qu'il peut faire. Le premier commet *un crime*, le second *une faute grave*.

La calomnie peut se répandre soit par la parole, par les conversations, soit par la presse, les livres et surtout les journaux. Dans les deux cas, il est presque impossible à l'homme calomnié de se laver des imputations dont il est l'objet. Si la calomnie est orale, comment atteindre et arrêter des bruits qui courent et dont on ignore l'auteur? Si elle est écrite et imprimée, comment faire parvenir sa défense partout où l'accusation arrive? Aujourd'hui surtout, la calomnie se propage avec une rapidité terrible. En quelques heures la vapeur l'emporte à tous les coins du pays; en quelques minutes l'électricité l'envoie au bout du monde; la calomnie va comme la foudre, et fait un mal irréparable.

Si elle n'est pas criminelle, la médisance est cependant coupable; elle nuit d'abord à celui dont elle divulgue les fautes; ensuite au médisant lui-même, dont elle développe le défaut, et qu'elle mène insensiblement à la calomnie; car, lorsqu'on dit du mal d'autrui, on est naturellement porté à aller au delà de la vérité; l'on exagère d'abord, et l'on finit par inventer. Enfin la médisance est nuisible à ceux mêmes qui l'écoutent, parce qu'elle les pousse à répéter ce qu'ils entendent. Elle est donc trois fois malfaisante.

Retenez donc bien votre langue; c'est quand il s'agit de la réputation d'autrui qu'il faut suivre le conseil du sage et retourner sa langue sept fois dans sa bouche avant de parler.

PENSÉES. — MAXIMES

1. Bonne renommée vaut mieux que ceinture dorée.

2. L'estime est aussi nécessaire au bonheur que l'air pur l'est à la santé.

3. L'honnête homme tient plus à l'honneur qu'à l'argent.

4. Dire du mal, c'est faire du mal.

5. Les mauvaises paroles sont des mauvaises actions.

6. La langue est ce qu'il y a de meilleur ou de pire au monde; tout dépend de l'usage qu'on en fait. Esope.

7. Mauvaise langue, mauvais cœur.

8. La calomnie est un vol, puisqu'elle nous enlève des biens précieux entre tous les autres : l'estime, la confiance et l'affection de nos semblables.

9. La calomnie est lâche et perfide; elle frappe par derrière.

10. Celui qui prête l'oreille au médisant ne tardera guère à médire.

QUESTIONNAIRE

Outre la vie, la liberté, la propriété, n'y a-t-il pas un bien précieux? — Quels sont les effets d'une mauvaise réputation? — Citez des exemples. — Pouvons-nous être heureux sans l'estime et l'affection de nos proches et de nos semblables? — La mauvaise réputation ne nous fait-elle pas perdre ces biens? — L'estime ne tend-elle pas à nous rendre meilleurs? — Pourquoi? — Que concluez-vous de là? — Quels sont les moyens de nuire à la réputation d'autrui? — Quelle différence y a-t-il entre la calomnie et la médisance? — Quelles sont les passions qui poussent à la calomnie? — Quelles sont les causes de la médisance? — Le calomniateur n'est-il pas plus coupable que le médisant? — Comment se propage la calomnie? — Est-il facile d'arrêter la calomnie? — N'est-ce pas plus difficile aujourd'hui qu'autrefois? — La médisance n'est-elle nuisible qu'à celui de qui l'on dit du mal? — Ne conduit-elle pas à la calomnie? — Que concluez-vous de ce qui précède?

LECTURES. — Peinture de la calomnie.

Beaumarchais, dans le *Barbier de Séville*, nous montre comment se propage la calomnie.

« La calomnie! dit Basile... J'ai vu les plus honnêtes gens près d'en être accablés. Croyez qu'il n'y a pas de plate méchanceté, pas d'horreurs, pas de conte absurde, qu'on ne fasse adopter aux oisifs d'une grande ville en s'y prenant bien; et nous avons ici des gens d'une adresse!

» D'abord un bruit léger, rasant le sol comme l'hirondelle avant l'orage, *pianissimo* murmure et file, et sème en courant le trait empoisonné. Telle bouche le recueille, et *piano, piano*, vous le glisse en l'oreille adroitement.

Le mal est fait ; il germe, il rampe, il chemine, et *rin-forzando* de bouche en bouche il va le diable ; puis, tout à coup, je ne sais comment, vous voyez la calomnie se dresser, siffler, s'enfler, grandir à vue d'œil. Elle s'élance, étend son vol, tourbillonne, enveloppe, arrache, entraîne, éclate et tonne, et devient, grâce au ciel, un cri général, un crescendo public, un chorus universel de haine et de proscription. Qui diable y résisterait ? »

La médisance.

C'est un méchant métier que celui de médire ;
A celui qui l'embrasse il est toujours fatal ;
Le mal qu'on dit d'autrui ne produit que du mal.

BOILEAU.

Ceux de qui la conduite offre le plus à dire
Sont toujours sur autrui les premiers à médire.

MOLIÈRE.

L'envie et l'émulation.

De l'émulation distinguez bien l'envie ;
L'une mène à la gloire et l'autre au déshonneur ;
   L'une est l'aliment du génie,
   Et l'autre est le poison du cœur.

VOLTAIRE.

Effets de la médisance.

Quels sont les effets de la médisance ? Suivant Bourdaloue, ils sont également funestes « à celui qui médit, à celui dont on médit, et à celui devant qui l'on médit ». Oui, la médisance est funeste à tout le monde, car c'est une semence de défiance et de haine ; elle empoisonne la vie sociale. En vain dirait-on qu'il faut faire tomber les masques. Il ne nous appartient pas de nous ériger en juges des autres et en justiciers. En premier lieu, nous sommes rarement bien informés de ce que nous avançons : qui donc est assuré de ne pas se tromper et quelle n'est pas la gravité de telles erreurs? — Puis nous parlons le plus souvent de choses où nous n'avons rien à voir : nous n'avons pas le devoir de les dire, donc nous n'en avons pas le droit! — Qu'on imagine enfin le désordre d'une société dans laquelle la médisance serait érigée en loi universelle! Car quel est celui d'entre nous qui n'a pas besoin d'indulgence? N'avons-nous donc rien à nous reprocher? On ne médirait jamais si l'on réfléchissait sérieusement à cette belle parole : « Que celui qui est sans péché lui jette la première pierre! »

MARION,
Leçons de morale.
(A. Colin et Cie, éditeurs.)

Comment les médisances se propagent.

Ces médisances, que vous appelez légères, sont criminelles dans leurs motifs, elles le sont encore plus dans leurs suites.... Vous n'avez révélé qu'à un seul les vices de votre frère, je le veux; mais ce confident en aura bientôt à son tour plusieurs autres, qui, de leur côté, ne regardant plus comme un secret ce qu'ils viennent d'apprendre, en instruiront les premiers venus; chacun, en les redisant, y ajoutera de nouvelles circonstances, chacun y mettra quelque trait envenimé de sa façon; à mesure qu'on les publiera, ils croîtront, ils grossiront; semblables à une étincelle de feu, qui, portée en différents lieux par un vent impétueux, embrase les forêts et les campagnes; telle est la destinée de la détraction.

MASSILLON.

SIXIÈME LEÇON

De la tolérance.

EXPOSÉ

I. — Chacun de nous a sa façon de penser, et il y tient, parce qu'il la croit bonne, et qu'en fait de jugement, il ne s'estime inférieur à personne. Assurément tous les hommes ne sont pas égaux en raison ; mais ils prétendent l'être, et ils veulent qu'en toutes choses on respecte leurs opinions. Ils doivent donc respecter celles d'autrui, car les autres ont les mêmes droits qu'eux, et la tolérance doit être mutuelle.

C'est manquer d'égards envers les autres que de témoigner du dédain, du mépris pour leurs opinions ; que d'en faire un sujet de moqueries, de railleries ; c'est manquer de tolérance que de ne pouvoir souffrir qu'on exprime des opinions contraires aux nôtres, ou de prendre plaisir nous-mêmes à contredire les autres ; c'est manquer de simple politesse que de donner des démentis, et de dire sèchement, rudement, à quelqu'un : « Ce n'est pas vrai, ou c'est faux », ou autre chose de ce genre.

Notre but étant d'amener les autres à adopter les opinions que nous croyons vraies, nous devons éviter avec soin de leur déplaire, de les choquer, de les piquer, de les humilier, et à plus forte raison de les blesser profondément. Quant à employer les menaces, les coups, les violences, non seulement c'est chose condamnable, mais c'est peine perdue, car la raison ne cède qu'à la raison ; on peut l'éclairer, on ne peut la contraindre. Quand donc un homme nous paraît dans l'erreur, le seul moyen de l'en tirer, c'est de lui montrer la vérité.

II. — Il faut nous habituer à la diversité des opinions, car, à l'exception des vérités évidentes et des vérités scientifiquement démontrées, sur tous les autres sujets, même les plus importants, les hommes n'ont pu réussir à s'entendre. C'est ainsi qu'en tout ce qui touche le gouvernement des sociétés, c'est-à-dire en politique, les esprits sont divisés non seulement d'un pays à l'autre, mais dans un même pays.

PENSÉES. — MAXIMES

1. Nos opinions, c'est nous-mêmes ; celui qui nous blesse dans nos opinions, nous blesse dans notre amour-propre et notre dignité.

2. L'intolérance est une des formes de l'injustice. En effet, la justice c'est le respect des droits de l'homme ; or la liberté de penser est un de nos droits : toute gêne, tout obstacle, toute entrave, apportés à l'exercice de ce droit, c'est-à-dire tous les actes d'intolérance, sont donc des actes d'injustice.

3. Si nous voulons qu'on respecte nos opinions, commençons par respecter celles des autres.

4. La tolérance est inscrite dans nos lois, mais elle n'est pas encore entrée dans nos mœurs.

5. Sans la tolérance, il ne peut y avoir de paix, car sur presque tout ce qui les touche, les hommes ont des opinions différentes ou même contraires.

QUESTIONNAIRE

Pourquoi chacun de nous tient-il à son opinion ? — Ne doit-on pas aux autres le respect qu'on demande pour soi ? — En quoi consiste le manque d'égards ? — En quoi consiste l'intolérance ? — En quoi consiste le manque de politesse ? — Si l'on veut convertir les autres à son opinion, comment doit-on s'y prendre ? — Les menaces, les violences peuvent-elles conduire au but ? — Pourquoi faut-il s'habituer à la diversité des opinions ?

LECTURES. — Rôle de l'Etat en matière de croyances.

L'objet des lois est de faire régner la justice et de faire respecter par tous le droit de chacun : elles ne doivent être au service d'aucun *credo*. Instituées pour protéger également tous les membres de la société, pour faire l'unité et la force de la nation, elles la dissolvent au contraire et tendent à la détruire, si elles se font l'instrument d'une opinion contre les autres opinions, d'un groupe de citoyens dont elles défendent les prétentions, contre un autre groupe de citoyens dont elles immolent les droits.

Interrogeons l'histoire : l'intolérance y apparaît toujours funeste aux Etats dans lesquels elle triomphe. Le plus grand bien peut-être pour une nation est de compter un grand nombre de citoyens libres d'esprit et de caractère, doués d'initiative, capables de penser par eux-mêmes, d'agir sous leur responsabilité, d'entreprendre et d'accomplir sans tutelle (pourvu qu'ils soient sans entraves) ce qu'ils croient juste. Si donc l'Etat par son intolérance brise le ressort des volontés, impose la servilité aux caractères et l'hypocrisie aux esprits, n'est-il pas évident qu'il tue dans la nation les meilleurs germes de grandeur et de prospérité publiques? Aussi n'y a-t-il jamais eu de plus sûre cause de décadence dans les Etats que le triomphe de l'intolérance? Partout où ce triomphe a été partiel et momentané, la nation a été affaiblie (songeons aux conséquences de la Révocation de l'Edit de Nantes); partout où il a été définitif, la chute a été irrémédiable.

MARION,
Leçons de morale,
(A. Colin et Cie, éditeurs.)

Une leçon de tolérance.

Un jour, le roi Pierre d'Aragon demanda à un Juif, pensant l'embarrasser :

« Quelle est la meilleure religion?

— Pour moi, dit le Juif, c'est la mienne, puisque grâce à l'intercession de notre Dieu notre peuple a été tiré de l'esclavage d'Egypte. Pour vous, c'est la vôtre, puisque votre Dieu a donné la puissance aux chrétiens.

— Il me faut une réponse catégorique, dit le roi. A ton avis, quelle est la meilleure religion? Si tu ne réponds pas, on te mettra à la torture. »

Alors le Juif demanda un jour pour réfléchir.

Le lendemain, il revint et dit : « Sire, je vous demande justice. On vient de me maltraiter odieusement.

» Un père avait deux fils. Avant de partir en voyage, il leur donna à chacun un diamant. Les fils se sont pris de querelle, parce que chacun d'eux voulait que son diamant fût de plus grand prix que l'autre.

» J'ai essayé de les apaiser en leur remontrant que leur père seul pourrait leur dire la valeur exacte des cadeaux qu'il leur avait faits, et qu'ils n'avaient qu'à attendre son retour pour être renseignés; au lieu de m'écouter ils sont tombés sur moi et m'ont battu.

— Il ont eu tort, dit le roi, je les punirai.

— Eh bien! dit le Juif, n'agissez-vous pas comme eux, en me menaçant de la torture? Notre père qui est aux cieux a donné aux chrétiens et aux juifs chacun un diamant, une religion.

» Attendons d'être devant lui pour savoir laquelle est la meilleure. »   L. T.

___

SEPTIÈME LEÇON

De la tolérance (*suite*).

EXPOSÉ

Aujourd'hui encore en tout ce qui touche à Dieu et à l'univers, à l'origine de l'homme et à sa nature, à sa destinée, à la vie présente et à la vie future, c'est-à-dire en matière de religion et de philosophie, les croyances et les convictions sont loin d'être les mêmes.

Autrefois on persécutait, on exilait ceux qui ne partageaient pas les croyances régnantes ; on a fini par comprendre que la contrainte et la violence sont des moyens aussi impuissants que coupables, et que seuls la persuasion, le raisonnement sont efficaces et légitimes. Alors le principe de la tolérance a été reconnu, adopté ; et, en 1789, dans la Déclaration des droits de l'homme, on a inscrit le droit de penser librement. Chacun maintenant peut donc avoir, exprimer, professer, répandre les opinions qu'il croit vraies, et c'est notre devoir à tous de ne point rendre impossible, ou difficile, ou pénible à nos semblables l'exercice de leur droit, c'est-à-dire que nous devons être *tolérants*.

Si l'on ne peut plus faire appel à la force pour convertir un homme, on a bien des manières encore de pratiquer l'intolérance : on peut d'abord, comme nous l'avons vu, se montrer dédaigneux, hautain, méprisant pour ses opinions ; on peut les tourner en ridicule, on peut prendre plaisir à les heurter, à les contredire ; mais, ce qui est plus grave et qui n'est pas rare, on peut faire expier à un homme ses convictions politiques ou religieuses, soit en lui retirant du travail, soit en le privant de l'avancement auquel il a droit, soit en lui refusant tout secours, soit en rompant toutes relations avec lui ; en un mot, on peut le placer entre sa conscience et son intérêt, et le pousser ainsi à agir contre lui-même. L'intolérance en paroles est irritante ; mais l'intolérance en actes est odieuse.

PENSÉES. — MAXIMES

1. Nous ne pouvons plus contester aux autres le droit d'avoir leur opinion à eux ; mais nous leur savons parfois

mauvais gré de ne pas penser comme nous; nous en prenons de l'humeur, nous en témoignons du dépit, de l'impatience, de la rancune même; quelques-uns vont jusqu'à en tirer vengeance; ils poursuivent de leur malveillance ceux dont les opinions politiques ou religieuses leur déplaisent; ils cherchent à leur nuire dans leur réputation et dans leurs intérêts. L'humeur intolérante est blâmable; l'intolérance haineuse et vindicative est odieuse.

2. Le seul moyen efficace et légitime que nous puissions employer avec ceux qui n'ont pas nos opinions, c'est de leur prouver qu'ils sont dans l'erreur.

3. La contradiction irrite, la moquerie blesse, les menaces révoltent, les mauvais procédés exaspèrent; bref, l'intolérance en paroles et en action ne fait qu'enfoncer les hommes plus avant dans leurs opinions; seules, la douceur et la persuasion peuvent changer les esprits.

4. La raison ne cède qu'à la raison.

5. Pour juger les hommes, regardons à leur conduite plus qu'à leurs opinions; on peut se tromper sur la valeur d'une opinion, on ne se méprend guère sur la valeur d'une action.

A. V.

QUESTIONNAIRE

En matière de religion et de philosophie, les croyances sont-elles les mêmes? — Comment traitait-on autrefois ceux qui ne partageaient pas les croyances régnantes? — Quand le principe de la liberté de conscience a-t-il été reconnu? — Quel est notre devoir à tous? — Sans faire appel à la force, ne peut-on se montrer intolérant? — Sommes-nous excusables de chercher à nuire à ceux qui ne partagent pas nos croyances? — Quelles sont les deux espèces d'intolérance? — Quelle est la plus blâmable?

LECTURES. — Le pauvre colporteur.

Le pauvre colporteur est mort la nuit dernière.
Nul ne voulait donner des planches pour sa bière.
Le forgeron lui-même a refusé son clou :
« C'est un Juif, disait-il, venu je ne sais d'où,
Un ennemi du Dieu que notre terre adore,
Et qui, s'il revenait, l'outragerait encore.
Son corps infecterait un cadavre chrétien :
Aux crevasses du roc traînons-le comme un chien.

La croix ne doit point d'ombre à celui qui la nie,
Et ce n'est qu'à nos os que la terre est bénie. »
Et la femme du Juif et ses petits enfants
Imploraient vainement la pitié des passants,
Et, disputant le corps au dégoût populaire,
Retenaient par les pieds le mort dans son suaire.
Du scandale inhumain averti par hasard,
J'accourus, j'écartai la foule du regard.
Je tendis mes deux mains aux enfants, à la femme;
Je fis honte aux chrétiens de leur dureté d'âme,
Et, rougissant pour eux, pour qu'on l'ensevelît :
« Allez, dis-je, et prenez les planches de mon lit... »
Ces deux mots ont suffi pour retourner leur âme;
Et l'on se disputait les enfants et la femme.

LAMARTINE.

(Hachette, éditeur.)

La liberté de conscience.

La liberté de conscience, pour laquelle sont morts tant de martyrs, ce n'est pas le droit intérieur de penser ce qu'on pense, c'est le droit de manifester sa pensée. Personne, par exemple, ne peut m'empêcher de croire en un seul Dieu; mais on peut m'ordonner, sous peine de mort, de faire un sacrifice aux dieux de l'empire; voilà la persécution contre le christianisme, ou, disons mieux, contre la liberté de conscience. En un mot, la manifestation de la croyance est si nécessaire au croyant que, de cela seul que ma conscience me donne le droit de penser librement, je conclus que la loi humaine doit me garantir le droit d'exprimer librement ma pensée.

En lisant le récit de la mort du comte de Lally (1), ce qui effraye le plus, c'est le bâillon qu'on lui met dans la bouche; quand Louis XVI meurt, ce qui fait frémir, c'est le roulement de tambour qui étouffe sa voix;

____

(1) Lally-Tollendal, gouverneur des possessions françaises dans l'Inde, condamné à mort sans avoir pu se défendre, en 1766. Sa mémoire fut réhabilitée sous Louis XVI, à la sollicitation de son fils.

dans l'histoire, ce qui fait prendre en pitié le sort de l'humanité, ce sont les églises fermées, les chaires abattues, les écrits brûlés, les grandes voix réduites au silence. Il semble qu'on renoncerait plutôt à tous les droits, qu'à celui de se plaindre et d'en appeler à Dieu.

On ne peut comprendre qu'une force se place entre la conscience de l'homme et ces deux étoiles de sa vie : Dieu et la vérité.

Jules Simon,
Le Devoir, IVe partie.
(Hachette et Cie, éditeurs.)

HUITIÈME LEÇON

De la politesse.

EXPOSÉ

Les formules de politesse, comme *bonjour, bonsoir* et autres semblables, ne doivent pas être dites du bout des lèvres, mais exprimer des sentiments vrais et sincères. Ces formules et les saluts dont on les accompagne, ne sont que les dehors de la politesse ; la politesse digne de ce nom ne consiste pas seulement en mouvements de la main, de la tête, ou des lèvres, elle demande des preuves de bienveillance, et ces preuves sont des actes.

En société d'abord, il faut éviter de rien faire qui puisse être désagréable aux autres ; or le sans-gêne, le laisser-aller, la malpropreté ne peuvent que choquer et déplaire. Elever la voix, prendre un ton tranchant, couper la parole aux autres, sont aussi des actes d'incivilité.

Il y a dans une société des personnes de tout âge, de tout rang, et de mérites divers ; il y a aussi des personnes des deux sexes : l'âge a droit au respect, le rang à la déférence, le sexe à la courtoisie.

Si l'on ne prend garde à l'âge, au sexe et au rang des personnes, à leur condition et à leur situation présente, on ne risque pas seulement de leur déplaire, on s'expose à les blesser. Vanter sa fortune devant ceux qui sont pauvres, son bonheur devant ceux qui sont dans le malheur, sa santé devant ceux qui sont malades ou infirmes, c'est être plus qu'impoli, plus que maladroit, c'est être cruel.

Mais la vraie politesse ne se borne pas à éviter de déplaire et de blesser, elle va plus loin, jusqu'à la complaisance, jusqu'à l'obligeance. Ainsi, céder son tour à quelqu'un qui est pressé, céder la meilleure place à une femme, ou à une personne plus âgée, se priver d'un plaisir pour ne pas incommoder des personnes délicates ou souffrantes, voilà des actes de vraie politesse. Vous le voyez, un égoïste ne peut être poli, parce qu'il est incapable de s'imposer la moindre gêne pour le plaisir d'autrui ; la bonté est la source même de la politesse.

Sans la civilité, les rapports des hommes entre eux seraient désagréables et difficiles. La société ressemble à une grande machine aux innombrables ressorts ; la politesse est comme l'huile qui adoucit les frottements et assure le jeu de la machine.

PENSÉES. — MAXIMES

1. La politesse n'est pas plus dans les dehors que le fruit n'est dans l'écorce.

2. Les bonjours, les bonsoirs, les saluts et les poignées de main ne sont que la menue monnaie de la politesse.

3. Il y a une civilité sèche, froide et correcte qui éloigne au lieu d'attirer.

4. Quand on se croit au-dessus des autres, on est porté à le leur faire sentir et à les humilier.

5. Sans un peu de modestie, il n'y a pas de politesse.

6. Urbanité, affabilité, courtoisie, respect, déférence, voilà les formes de la politesse; bienveillance, complaisance, obligeance, en voilà le fond.

7. On peut être impoli par étourderie, par manque de jugement; mais presque toujours on l'est par égoïsme.

8. L'égalité mal entendue est le fléau de la politesse.

QUESTIONNAIRE

Quel est le sens de ces mots : *bonjour, bonsoir, au revoir* et autres semblables? — Les formules et les saluts sont-ils toute la politesse? — Quelle est la vraie? — N'exige-t-elle pas une tenue convenable, un extérieur propre, des manières réservées? — Dans la conversation, comment se conduit un homme poli? — Que doit-on à l'âge, au sexe, au rang, au mérite? — Le malheur, les infirmités, les difformités, la misère, n'exigent-ils pas certains égards? — La politesse consiste-t-elle seulement à éviter de déplaire? — Jusqu'où doit-elle aller? — Citez des exemples. — Sans la politesse, que seraient les rapports des hommes entre eux? — Quelle est donc l'importance de la politesse?

LECTURES. — La source de la politesse.

La politesse est à l'esprit
Ce que la grâce est au visage;
De la bonté du cœur elle est la douce image,
Et c'est la bonté qu'on chérit.

VOLTAIRE.

Une série d'incivilités.

Choisir la place la plus commode, prendre ce qu'il y a de meilleur sur la table; interrompre ceux qui parlent; parler trop haut; montrer par quelque air du visage que ce que l'on dit vous fâche ou vous ennuie, et qu'on le trouve trop long; parler de soi, de ses sentiments, de ses aventures, de sa naissance, de sa famille, de ses répugnances, de ses inclinations, de sa santé, de ses maladies; non point que l'on ne puisse faire quelquefois quelques-unes de ces choses-là, mais il faut que cela soit rare; dire dans ce que l'on raconte des circonstances inutiles; allonger ce que l'on dit au lieu de le raccourcir; ne pas montrer d'attention à ce que l'on nous dit; parler bas à l'oreille devant quelques personnes à qui l'on doit du respect; parler ou faire du bruit à un spectacle, en cérémonie; parler de quelque défaut devant ceux qui l'ont; parler pour parler, sans qu'il y ait de l'utilité ou du plaisir pour les autres; rire immodérément; se mettre devant le jour de quelqu'un qui travaille ou qui fait quelque chose; s'approcher de trop près de quelqu'un qu'on respecte; ne pas écouter une lecture où l'on se trouve; ne pas attendre la fin d'une histoire qui nous ennuie; se trop presser de dire ce qu'on vient d'apprendre; montrer qu'on savait ce qu'on veut dire; se servir de ce qui est aux autres; parler trop vivement; hasarder de gâter ce qui est aux autres; montrer qu'on voit et qu'on entend ce qu'on veut vous cacher; écouter quelqu'un qui parle bas; faire des questions inutiles; montrer qu'on sait un secret; montrer qu'on devine ce qu'on ne veut pas dire; ne pas craindre de faire attendre; ne pas craindre d'incommoder les autres; autant d'impolitesses.

Mme DE MAINTENON.

Que l'impolitesse n'est qu'une des formes de l'égoïsme.

En réalité il n'y a rien ou presque rien d'insignifiant dans ce monde. Nous sommes si nombreux sur cette planète et nous sommes si près les uns des autres, que nous ne pouvons, pour ainsi dire, nous mouvoir sans être exposés à heurter ou à froisser le prochain. C'est notre devoir de regarder autour de nous, et de faire en sorte que nos mouvements ne gênent et ne blessent pas nos semblables.

Les choses ne nous paraissent indifférentes que par notre propre indifférence, elles ne nous paraissent sans importance que par notre propre légèreté. Laisser la porte ouverte quand on entre ou qu'on sort, n'est pas un crime assurément; mais l'air qui vient du dehors est plus froid que celui du dedans et les courants d'air ne sont pas du goût de tout le monde; ils ne sont pas du reste sans inconvénient ni même sans danger. Un mal de gorge, un mal de dents, et autres maux semblables s'attrapent vite et s'en vont moins vite qu'ils n'arrivent. Un enfant mal élevé (et sous ce rapport combien d'hommes sont enfants!) ne songe pas aux suites possibles, probables de sa négligence; c'est-à-dire qu'il songe à lui et non aux autres. L'incivilité est presque toujours de l'égoïsme, voulu ou involontaire.

L'Éducation à l'école, chap. xv.

Définition de la politesse.

La politesse est un désir de plaire aux personnes avec qui on est obligé de vivre, et de faire en sorte que tout le monde soit content de nous : nos supérieurs, de nos respects; nos égaux, de notre estime, et nos inférieurs, de notre bonté. Enfin elle consiste dans l'attention de plaire et de dire à chacun ce qui lui convient.

Mme DE LAMBERT.

La politesse dans la conversation.

Ce qui fait que peu de personnes sont agréables dans la conversation, c'est que chacun songe plus à ce qu'il a dessein de dire qu'à ce que les autres disent, et que l'on n'écoute guère quand on a bien envie de parler.

Néanmoins il est nécessaire d'écouter ceux qui parlent. Il faut leur donner le temps de se faire entendre et souffrir même qu'ils disent des choses inutiles. Bien loin de les contredire et de les interrompre, on doit au contraire entrer dans leur esprit et dans leur goût, montrer qu'on les entend, louer ce qu'ils disent autant qu'il mérite d'être loué, et faire voir que c'est plutôt par choix qu'on les loue que par complaisance.

Pour plaire aux autres, il faut parler de ce qu'ils aiment et de ce qui les touche, éviter les disputes sur des choses indifférentes, leur faire rarement des questions, et ne leur laisser jamais croire qu'on prétend avoir plus de raison qu'eux.

Après avoir satisfait de cette sorte aux devoirs de la politesse, on peut dire ses sentiments, en montrant qu'on cherche à les appuyer de l'avis de ceux qui écoutent, sans marquer de présomption ni d'opiniâtreté.

Évitons surtout de parler souvent de nous-mêmes et de nous donner pour exemple. Rien n'est plus désagréable qu'un homme qui se cite lui-même à tout propos.

Il n'est point défendu de conserver ses opinions si elles sont raisonnables. Mais il faut se rendre à la raison aussitôt qu'elle paraît, de quelque part qu'elle vienne : elle seule doit régner sur nos sentiments, mais suivons-la sans heurter les sentiments des autres et sans faire paraître du mépris de ce qu'ils ont dit.

La Rochefoucauld,
Maximes.

TABLE DES MATIÈRES

CHAPITRE VI

Devoirs envers soi-même. — Le corps.

CHAPITRE VII

Les biens extérieurs.

CHAPITRE VIII

L'âme.

CHAPITRE VIII (*suite*).

L'Âme.

CHAPITRE IX

Devoirs envers les animaux.

CHAPITRE X

Devoirs envers nos semblables.

CHAPITRE X (*suite*).

Devoirs envers nos semblables.

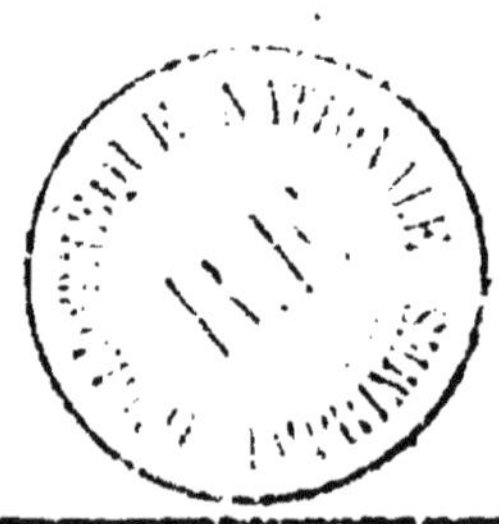

SAINT-CLOUD. — IMPRIMERIE BELIN FRÈRES.

OUVRAGES DU MÊME AUTEUR

L'Éducation à l'école. 12ᵉ édition. 1 vol. in-18 jésus, broché. (Lecène et Oudin.)   3 fr. 50 c.

L'Enseignement à l'école. 12ᵉ édition. 1 vol. in-18 jésus, broché. (Lecène et Oudin).   3 fr. 50 c.

Pages de pédagogie. 1 vol. in-18 jésus, broché. (Lecène et (Oudin.)   3 fr. 50 c.

Chemin faisant. 1 vol. in-18 jésus, broché. (Dentu.) 3 fr. 50 c.

La question du latin et les professions libérales. Une brochure in-18 jésus. (Lecène et Oudin.)   1 fr.

Documents manquants (pages, cahiers...)
NF Z 43-120-13